ダニエル・L・エヴェレット

# ピダハン

「言語本能」を超える文化と世界観

屋代通子訳

みすず書房

# DON'T SLEEP, THERE ARE SNAKES

Life and Language in the Amazonian Jungle

by

Daniel L. Everett

First published by Pantheon Books,
a division of Random House, Inc., New York, and in
Canada by House of Canada Limited., 2008

この本は過去の出来事を記している。
しかし人生は今と、そして未来へと続く。
だからわたしはこの本を妻であり、常にわたしを励ましつづけてくれる
リンダ・アン・エヴェレットに捧げる。
ロマンスはいいものだ。

子どもが笑顔で遊ぶ姿は、ピダハンの村でよく見かける光景。

このようにしてわたしが学んだことは、知見の明らかでない領域に踏み込んでいくにあたっての第一番に大きな教訓になった。すなわち、偉人たちが、明らかに正気で誠実なる人物の度重なる観察の結果を信じようとしないとき、ぺてんだの低能だのと非難するときは、偉人たちの言を鵜呑みにするなということだ。科学の歴史を見通してみれば、いつの時代にあっても、教育もあり科学的思考のできる人物たちが他者の研究から得られた事実をくだらないとか不可能だと一蹴した場合、結局のところ間違っているのは常に否定した側なのだ。

——アルフレッド・ウォレス（一八二三—一九一三）

人間を人間たらしめている最も大切な要素は、人類のあらゆる文化に普遍的に見られる特徴に最も顕著に示されるのであって、個々の文化の特質のなかにではないと考えるのは偏見であり、そのような考え方に加担する必要はない。……もしかしたら民族の文化的特質のなかに——彼らの風変りなところにこそ——人間とは何かを最もよく教えてくれる発見が見いだせるのかもしれない。

——クリフォード・ギアツ（一九二六—二〇〇六）

ピダハン◆目次

第二部　言語



第三部　結び

# この本で用いられるピダハン言語について

ピダハン（*Pirahã*）語の音声（音素）群は諸言語のなかでも最も少ない部類になるが、発音するのはかなり難しい。ここに、発音のごく初歩的なガイドを示す。表記は、伝道団でピダハンのもとに赴いた前任者のアルロ・ハインリクスとスティーヴ・シェルドンらから受け継いできた方法に基づいている。

*b*　語頭では、mama のmのように発音される。母音iとoの間にくるとふるえ音となり、（アメリカの子どもたちが車のモーター音をまねるときのような）唇の振動が加わる。それ以外の場所では、baby のbと似た音になる。

*g*　語頭ではnoのnのような発音になる。*xibogi*（乳）のように母音oとiの間にくると、gあるいは、世界のほかの言語では見られないlに似た音のどちらかになる。後者の音は、lの音を作ろうとして上口蓋につけた舌をそのまま唇の間から突き出し、舌の下側を下唇に触れさせて出す音である。それ以外の場所ではgodのgに近い音になる。

*p*　英語のpotのpのように発音する。

*t*　英語のtarのtのように発音する。

*k*　英語のskirtのkのように発音する。

*x*　声門閉鎖音。英語の否定的な間投詞uh-uhの-の部分の音に近い。この音は英語では独立した子音

ではなく、英語のアルファベットには表されない。国際音声字母では/で示される。

*s*　英語の sound の s のように発音されるが、i の前だけは例外で、sugar の sh のような音になる。

*h*　アメリカ英語で発音する here の最初の音に近い。

*i*　英語の hit の i 音のように発音される場合が多いが、bed の e の音のように発音される場合もある。時には、bead の ea のような音になることもある。

*a*　イギリス英語の father の a に似た音。

*o*　英語の who の o 音のように発音されるが、時として abode の o に近い音になる。

強勢記号（´）は高い声調であることを示し、音調が高くなる母音の上に付してある。たとえば英語の PERmit（免許、許可状）と perMIT（許可する）を比べてみると、大文字で書かれた音節は英語ではふつう高い声調になる。ピダハン語ではすべての母音が声調をもっていて、機能や文中に語が現れる位置によって声調が決まっている。

本書のなかではピダハン語をおおむね慣用的な英語に訳すよう努めている。そのために、ピダハンの人々が実際に口に出すのとは違った言い回しになっているのは否めない。たとえば、訳文には原語にない再帰表現が含まれる。文法に関心をお持ちの方は、挿入してあるピダハンの物語や、ピダハンに関する専門文献を読まれることをお勧めする。わたし自身も、『アマゾン言語ハンドブック』（*Handbook of Amazonian Languages*, vol.1, Desmond Derbyshire and Geoffrey Pullum eds., Mouton）の第一巻にピダハンの章を書いている。本書に引用したピダハンの物語には逐語訳をつけているので、多くの読者にとって、ピダハン語を知る充分な資料になると思うが、このような訳は、ピダハン語を知らない方々にはかえって難解かもしれない。

子どもたちとともに、「娘のもの」と呼ばれる小屋カイーイ＝イイーでくつろぐカアボホアアーとイバイーソアの娘。カイーイ＝イイーはピダハンの伝統的な家屋のうち、もっともしっかりしたもの。

# はじめに

白衣をまとった研究チームが、天才科学者の指導のもとに勤しむものだけが科学ではない。たったひとりで苦闘し、困難な地に赴いて途方に暮れたり危険に直面したりしながら、新たな知識を果敢に探りだそうとすることで求められる科学もある。

この本は後者のタイプの科学探求を描いたものであり、ブラジルの先住民、*Pirahã*（ピーダハンと発音する）〔発音上は「ハン」に強勢を置く。以下、本書では単にピダハンと表記する〕の人々と暮らし、アマゾン文化にどっぷり浸かるなかで、知性がいかなる成長を遂げるかを描いたものである。ピダハンの人々のこと、彼らがわたしに教えてくれた科学的知見と人としての教え、さらにはそうした教えに導かれてわたしの人生がいかに大きく変わり、それ以前とはまったく違う生き方をするようになったかを記している。

それは「わたしが」得た教えだ。ほかの人ならまた違った受け取り方をしただろう。あとに続く研究者たちは彼らなりの物語に出会えることだろう。結局のところわたしたちは、自分にできるかぎり率直に、またはっきりと語る努力をするしかない。

# プロローグ

「見ろ！　やつがいる、*Xigagaí* イガガイーだ、精霊だ」
「そうだ、見えるぞ。おれたちを脅している」
「みんな、来てイガガイーを見るんだ。早く！　岸辺にいるぞ！」

わたしは深い眠りから揺り起こされた。夢を見ているのか、実際にこんな言葉のやりとりを聞いたのか、はっきりしない。それは八月の土曜日の朝、一九八〇年の乾季のことだった。太陽は照りつけていたが、まだ暑すぎるほどではなかった。かすかな風が、土手の空地に建つ簡素な我が家のすぐ前を流れるマイシ川から吹き上げてくる。目を開くと屋根を葺いたヤシの葉が見えた。もともとの黄色は何年もの埃と煤とですっかり灰色がかってしまっている。わたしの住まいは、造りは同じだがもっと小さなピダハンの小屋二軒に挟まれていて、それぞれには *Xahoábisi* アホアービシと *Kóhoibiíihiai* コーホイビイーイヒーアイが家族と暮らしていた。

ピダハンたちとともに迎える朝は——なんと多くの朝を迎えたことだろう——まずわたしの鼻が煮炊きする焚火の煙のかすかな匂いを捉え、そして顔に、ブラジルの太陽の熱を感じる。日差しは蚊帳のおかげで少しはやわらげられている。普段なら子どもたちが笑いながら追いかけっこしたり、おっぱいをせがんで泣きわめいたりして、その声が村じゅうに響き渡っている。犬の吠える声もする。夢からやっとの思いで抜け出して目を開けると、真っ先に飛び込んでくるのはたいていピダハンの子どもか時には大人までが、よそよりは大ぶりなわたしの小屋の壁代わりになっているパシューバヤシの板すだれの隙間から覗き込んでいる顔だ。この朝は違った。

そのころには意識もはっきりしていた。ピダハンたちの立てる物音や叫び声に目を覚まさせられたのだ。体を起こしてあたりを見まわした。村人たちはわたしのベッドから五、六メートルほどのマイシ川の高い土手に集まっていて、みんな盛んに手を振りまわしたり大声をあげたりしていた。全員の目が、わたしの家のちょうど対岸にあたる場所に注がれている。わたしはもっとよく見ようとベッドから出た。この騒ぎではとてもおちおち眠っていられなかったこともある。

床の短パンを拾い上げ、何はともあれ、タランチュラやサソリやムカデなどなど、ありがたくない客がパンツのなかに潜り込んでいないかをまず確かめた。短パンを穿くとサンダルに足を突っ込んで外に出た。ピダハンたちはわたしの家のすぐ右側の土手になんとなく固まっていた。興奮の度合いは増していく。懸命におっぱいにすがりつく乳児をぶら下げたまま、母親たちも走ってきていた。

女たちが着ているのはどれも似たような、袖も襟もついていないひざ丈の服で、動きまわるにも寝るにも同じ格好なので、埃や煙でこげ茶色のシミができている。男たちは短パンをはくかロインクロースを付けるかしているが、弓と矢を手にしている者はひとりもいなかった。これは安心材料だった。思春期前の子どもは裸で、空気や水、日光にさらされてきた肌は革のようになっている。赤ん坊は地面に座り、片足で漕いで動きまわるので、臀部がかさぶたになっている。なぜかピダハンの赤ん坊は這うより片足漕ぎが好きなのだ。どの顔も、焚き火の周りの地べたで寝起きしているせいで、煤と埃にまみれていた。

このときの気温は、蒸してはいたがまだ二二度くらいで、三八度を超える日中よりずっと低かった。わたしは眠気を払おうと目をこすり、一番の言語の師であるコーホイ〔2ページのコーホイビイーイヒーアイのこと〕に尋ねた。「何事だ?」

彼はわたしの右手に立っていて、力強くて茶色い痩せたその体は、見ているもののせいで緊張にこわばっていた。

「あそこにいるのが見えないか?」彼はじれったげに切り返してきた。「イガガイー、雲の上の存在が川べりに立ってこちらに叫んでいる。おれたちがジャングルに入ったら殺すと言っている」

「どこだ? 見えないよ」

「すぐそこだ!」一見何もない川辺を凝視しながら、コーホイは言い放った。

「川向こうのジャングルのなかか?」

「違う! あの川べりだ。見ろ!」コーホイはいらだちをあらわにする。

ピダハンとともにジャングルに入ると、彼らには見えている野生動物がわたしには見えないことがよくある。不慣れなわたしの目は、ピダハンの目のようには利かないのだ。

だが今回は様子が違った。一〇〇メートルと離れていない真っ白な砂の川辺に何者もいないことはこのわたしにだってわかる。ところがあそこに何もいないのはわたしにとって間違いないのと同じくらい確かに、ピダハンたちは何かがいることを確信していた。もしかしたらあそこにはついいましがたまで何かがいて、わずかな差でわたしが見逃したのかもしれないが、みんな、自分たちが見ているもの——イガガイー——はなおもあそこにいると言い張った。

全員が向こう岸を注視しつづけている。するとすぐそばから、六歳になる娘、クリステンの声がした。

「みんな、何を見ているの？」

「わからない。お父さんには何も見えないんだ」

クリスはつま先立ちになり、川の向こうに目を凝らした。それから視線をわたしに移し、ピダハンたちに移した。わたしと同じで、狐につままれたような表情だ。

クリステンとわたしは、ピダハンたちを残して家に戻った。いま自分が目撃したものは何だったのだろう。あの夏の朝から二〇年以上もの間、わたしは自分の西洋文化とピダハンの文化とでは、現実をこんなにも別々に捉えることができるということの意味の重大さをつかむために、努力してきた。わたしには、川岸には誰もいないとピダハンを説得することはできなかった。一方彼らも、精霊はもちろん何かがいたとわたしに信じさせることはできなかった。

科学者として客観性はわたしが最も重んじる価値だ。かつてわたしは努力しさえすれば互いに世界を相手が見ているように見られるようになり、互いの世界観をもっとやすやすと尊重できるようになると考えていた。しかし、ピダハンから教えられたように、自分の先入観や文化、そして経験によって、環境をどう感知するかということさえも、異文化間で単純に比較できないほど違ってくる場合がありうるものなのだ。

ピダハンたちは夜わたしの小屋から立ち去るとき、いろいろな言い方でお休みの挨拶をする。たんに「行くよ」と言うだけのこともある。けれども彼らがよく使う表現で、はじめは驚かされたもののわたしがすっかり気に入った言い方があって、それは「寝るなよ、ヘビがいるから」というものだ。こんな言い方をする理由はふたつある。ひとつには、彼らは睡眠を少なくすることで「自分たちを強くする」ことができると信じているのだ。強くなるのはピダハン共通の重大事なのである。ふたつめの理由は、彼らを取り巻くジャングルがそこらじゅう危険だらけで、ぐっすり眠り込むと村の周りにあふれている敵の攻撃に無防備になってしまうことだ。ピダハンたちは夜もかなりの時間、笑ったりおしゃべりしたりして過ごす。一度に長い時間続けて眠らない。夜、村が静まり返ることはめったにないし、数時間以上眠りつづけている者もほとんど見かけない。ピダハンにはじつに多くを教えられてきた。そしてわたしがとりわけ気に入っているのがこの教え――そう、人生は厳しく危険に満ちているものだ、時にはそのせいで、眠りを削られることもあるかもしれない。でも楽しむがいい。人生は続くのだ。

二六歳のとき初めてピダハンの村に行った。いまは高齢者割引が受けられるような年だ。わたしは自分の若さを彼等に捧げた。マラリアにも何度もかかった。ピダハンだけにではないものの、命を脅かされたことも一度や二度ではない。思いだすのもうんざりするほどの重い箱やカバン、荷物を背負ってジャングルを歩いた。それでも孫たちは全員ピダハンを知っている。子どもたちのいまの人となりは、部分的にはピダハンの影響を受けている。かつてはわたしを殺すと脅した（わたし同様）いまや老いた男たちのなかには、生涯最高の友に数えられる者がいて、いまではわたしのために体を張ってくれる。

この本は、三〇年以上にわたってピダハンとともに暮らし、学んだことをまとめたものだ。その三〇年、わたしは精一杯の努力をして、彼らが世界をどう見、どう理解し、どのように言葉にしているかを理解し、そこから得たことを自分の研究仲間たちに伝えようとしてきた。この旅は、わたしを目を見張るほどに美しい場所へといざない、はたまた、自分からは決して望まない状況へと引きずり込んでくれた。だがわたしは、この旅ができたことをとてもうれしく思っている。生命や言語について貴重でかけがえのない洞察をもたらしてくれたし、他のやり方では決して得られなかった考え方を体得させてくれた。

ピダハンはわたしに、天国への期待や地獄への恐れをもたずに生と死と向き合い、微笑みながら大いなる淵源へと旅立つことの尊厳と、深い充足とを示してくれた。そうしたことをわたしはピダハンから教わり、生きているかぎり、彼らへの感謝の念をもちつづけるだろう。

第一部

# 生活

# 第一章　ピダハンの世界を発見

一九七七年十二月一〇日、ブラジルの朝は明るく晴れ渡り、わたしたちは夏期言語協会（ＳＩＬ）が手配した六人乗りの飛行機が飛び立つのを待っていた。パイロットのドウェイン・ニールがフライト前の点検をしている。飛行機の周囲を歩き、荷物がバランスよく積まれているか、目に見える傷はないか確認していく。燃料タンクから小さな瓶を引き出して、燃料中の水分量をチェックした。そしてプロペラの動きを確かめる。いまではこの点検作業も出勤前に歯を磨くのと同じくらい馴染んだ光景だが、このときが初めてだった。

離陸準備を待ちながらわたしは一心にピダハンのことを考えていた。これからわたしがともに暮らすことになるアマゾンの一部族。わたしは何をすればいいのか。どうふるまえばいいのだろう。わたしを見て、ピダハンの人たちはどういう反応を示すのか。わたし自身の反応はどうなのか。自分とはいろいろな意味で違う人たちと出会うことになる——違っているところを、ある程度は予測できるけれども、想像もつかない部分もあった。じつのところ、空を飛んでいくのは、ただ会いに行くためではなかった。伝道師として赴くのだ。経費と給料がアメリカの福音派教会から払われる。だからわたしは、わたしが信じている神を崇め、キリスト教の神を信仰することにともなう倫理や文化を受け入れるように、「ピダハンの心を変える」ことに専念するのだ。わたしはピダハンについて何ひとつ知らなかったけれども、きっとできるし、変えなければならないと思っていた。それが伝道の仕事に携わる者を結びつけている思いだった。

ドゥェインが操縦席に座り、全員が飛行の無事を祈るドゥェインに合わせて頭を垂れた。それが終わると操縦席の窓から外に向かって「リーヴリ！（ポルトガル語で「離れて！」）」と叫び、彼はエンジンを始動した。エンジンを温めながらポルト・ベリョの航空管制と交信し、やがて滑走路へと進んでいく。ポルト・ベリョはブラジル、ロンドニア州の州都で、これから先ピダハンの元を訪れる際の基点となる。未舗装の滑走路の端まで来ると、飛行機は向きを変え、ドゥェインが回転数を上げた。スピードが上がっていくと赤錆色のカスカリョ（砂利敷き）の滑走路がかすみはじめ、瞬く間に下に離れていった。

見つめるうちに、街の周辺の開かれた土地はジャングルに呑み込まれていった。ポルト・ベリョの周辺の平地は次第に小さくなり、代わりに木々の数が増えていく。偉大なるマデイラ（木）川を越えると、変化は完結した。下界は緑の海だ。どの方向を見ても、ブロッコリーを思わせる木々が視界いっぱいに盛り上がっている。ちょうどいま、わたしたちの下にはどんな生き物がいるのだろう。もし飛行機が墜落して生き残ったとしたら、ジャガーに食われてしまうのだろうか。飛行機事故の犠牲者が、墜落したせいでなく動物のせいで命を落としたという噂はたくさんあった。

これから訪ねていく人々は、世界で最も研究されていないほうの部族で、世界の言語のなかでもかなり特異な言葉を操る——少なくとも失意のうちに去った何人もの言語学者や人類学者、伝道団を見るかぎり、そのようだ。ピダハン語は現存するどの言語とも類縁関係がないという。それに関してはわたしにはほとんど知識はなかった。ただピダハン語の響きをテープで聞いたのと、これまでこの言語とそれを話す人々を調査しようとした言語学者や伝道団が、結局ほかの場所で働くようになっていることを知っていただけだ。テープで聞いた音は、かつて耳にしたことのある言葉とはまるで似ていなかった。相当に手ごわそうな言語だ。

セスナ機の天井にある換気口から冷たい空気が降りてきた。高度が上がっているのだ。わたしはなるべく楽な姿勢を探した。背もたれに背中を預け、自分がこれからしようとしていること、同じ飛行機に乗り合わせているとはいえ、このフライトの意味が、わたしとわたし以外の人たちとではずいぶんと違っていることに思いをはせた。操縦士にとっては一日の仕事をこなしているだけで、夕食に間に合うように帰っていくだろう。彼の父親が観光のために一緒に来ていた。わたしに同行しているドン・パットンは伝道団の機械技師で、伝道団居住地の維持管理という激務からの息抜き代わりに来ている。だがわたしは生涯の仕事のために飛んでいくのである。これからの人生を共にしようと考える人たちに初めて会うために、ともに天国へ連れていってあげたいと考えている人たちに会うために。だから彼らの言葉も、自在に話せるようにならないといけない。

小型機は午前中の上昇気流にもまれはじめ——雨季のアマゾンでは毎度のことだ——わたしの物思いはぞんざいに中断された。もっと切迫した心配事が出てきたのだ。飛行機に酔ったのである。それから一〇五分間というもの、そよ風に乗って森の上空を飛ぶ間わたしは吐き気に悩まされた。なんとか意志の力で胃を黙らせようとしていると、ドウェインが前を向いたまま、玉ねぎをたっぷり混ぜたツナサンドイッチを持った手を伸ばしてきた。「腹減ってないか?」いたって親切な申し出だ。「いや、結構だ」声を出すと口に胃液があふれだしてきた。

やがてポスト・ノヴォのピダハンの村に近い滑走路を見ながら、視界をよくするために飛行機は旋回した。そのせいで、わが胃袋にさらに遠心力が加わった。すでにありったけの抑制力を駆使して吐きもどすのをこらえているのに。着陸するまでの目がくらみそうな数瞬間、わたしはこんな吐き気が続くならいっそのこと墜落して爆発してしまったほうが楽だと思った。なんとも短絡的な思考だが、真剣にそう思ったのだ。

滑走路はその二年前、スティーヴ・シェルドンとドン・パットン、それにアメリカの教会から派遣された一〇代の若者グループの手で造られたものだ。ジャングルのなかにこうした滑走路を造るには、何よりも最初にまず千本以上も木を切り倒さなければならない。それから根っこを掘り出す。そうしないと根が地中で腐ってその上の地面が沈み、飛行機の部品がもぎ取られたり、乗っている人間の命がもぎ取られたりするからだ。千個あまりの根を掘り出すわけだが、なかには直径が一、二メートルにもなるような株もある。その跡の穴を今度は埋めなければならない。最後に、重機の助けも借りず、できるかぎり滑走路を平らにしていくのだ。うまくいけばおおむね幅九メートル、長さにして六〇〇から七〇〇メートルほどの滑走路ができあがる。わたしたちがまさに着陸しようとしていたピダハンの滑走路はだいたいそのくらいの規模だった。

わたしたちが着いた日、滑走路に生えた草は腰くらいの丈だった。草の間に丸太か犬か鍋か、とにかく飛行機――それとわたしたち――に損傷を与えるような何かが転がっていたとしても知る由もない。ドウェインはエンジンをうならせて、いったん滑走路の上を飛びすぎた。スティーヴが根気よく説明したことだが、飛行機が来たら滑走路に危険な落とし物がないかどうかピダハンが出てきて確かめなければならない、それを村人たちに知らせるためだ（一度ピダハンが滑走路の真ん中に家を建ててしまい、着陸する前に壊さなければならなかったことがあった）。すると何人かのピダハンが現れ、小さな丸太を抱えると滑走路から走って飛び出していった。小さいとはいえ運悪く飛行機がその上に乗ってしまったらひっくり返ってしまうような代物だ。だがそれ以外は何事もなく、ドウェインは滑らかに機体を着陸させてわたしたちを地面に降ろしてくれた。

飛行機がようやく完全に停止すると、無風状態のジャングルの熱気と湿気が一気に襲ってきた。眩しさに目を細め、まだ吐き気でげんなりしながら降りていくと、ピダハンたちがわたしを取り囲んだ。大声をあげている者、笑っている者、見知っているドウェインとドンを指差している者。ドンがポルトガル語で、わたしが彼らの言語を学びたがっていることをなんとか伝えようとした。ポルトガル語の知識がほとんどなくとも、何人かがわたしがスティーヴ・シェルドンの後釜であることに気づいてくれた。シェルドンが最後にここに来たとき、赤毛の背の低い男がここで暮らしにくること、みんなと同じように話せるようになりたがっていることをピダハン語で説明してくれていたことも役に立った。

滑走路から村への道を歩いていくと、驚いたことに膝までめり込むぬかるみになった。荷物を抱えたまま、足に食いつき、はいのぼってくるおぞましいものがいるかもわからない、淀んで生暖かい水をかき分けていく。それが雨季の終わりのマイシの洪水初体験だった。

わたしの記憶のなかで、初めてピダハンに出会ったときに何より印象的だったのは、みんながそれは幸せそうに見えたことだ。どの顔も笑みに彩られ、ふくれっつらをしている者やふさぎ込んでいる者はひとりもいない。異文化が接触する機会には、よくそうした表情が見受けられるものなのだが。誰もかれもがあちこちを指差し、熱心に話してわたしが興味をもちそうなものに目を向けさせようとする。頭上を飛んでいく鳥とか、狩りの道、村人たちの小屋や子犬などなど。男たちのなかには、ブラジルの政治家の名前やスローガンが入った帽子をかぶっている者もいたし、川をたどってやってくる行商人からもらった派手な色のシャツや短パンをはいている者もいた。女性の服装はみんな同じで、袖が短く、膝のすぐ上までの丈のワンピースを着ていた。もとはいろいろな色だったようだが、小屋の床が土なので、どの女性の服も一様に茶色っぽくなっていた。一〇歳くらいまでの子どもはみんな、裸で走りまわっている。誰もが笑い声をたてていた。わたしに近づき、そっと触ってくる。まるで新しく来たペットの動物を迎えるように。こんなに温かい歓迎を受けるとは想像もしていなかった。村人たちは口々に自分の名前を言ってくれたが、ほとんど覚えることはできなかった。

最初に覚えた名前は***Kóxoí***コーオイーだ。彼は小道をはずれた右手のあたり、光が燦々と降り注いでいる空地にしゃがんでいた。日の光の下、焚火の傍らで何やら手入れしているように見えた。コーオイーが身に着けていたのはくたびれた短パンひとつで、シャツも靴もなかった。痩せていて、とりたててたくましそうではない。深い茶色をした膚には、上質の革のように皺が走っていた。足は幅広くて分厚いタコに覆われ、見るからに頑丈そうだ。顔をあげてわたしを見つけると、彼は自分のそばへわたしを呼んだ。砂地は足の裏が焦げ付きそうに熱く、そこで彼はネズミに似た大型の動物の毛をむしっていたのだった。コーオイーの面差しは穏やかで、目も口も、顔全体に笑みを浮かべ、新しい土地でまったく新しい世界に遭遇しているわたしを歓迎し、包み込んでくれた。機嫌よさそうに話しかけてくるのだが、一言もわからない。飛行機酔いの治まっていなかったわたしは、獣の放つ刺すような臭気に空えずきがこみ上げてきた。獣の舌が歯の隙間から垂れ下がり、舌先は地面について血が滴っていた。

わたしは自分の胸を指し、「ダニエル」と言った。相手はそれが名前だと察して、すかさず自分の胸を指差し、名前を名乗った。次にわたしは焚火であぶられようとしているげっ歯類に指を向けた。

「*Káixihí* カイィヘー」彼は、わたしが示しているものの名前を言ってくる。

　わたしも間をおかず、彼の言葉を繰り返した（内心、一〇キロもあるネズミのバーガーか！　と身震いしながら）。シェルドンによればピダハンの言葉は声調言語だということで、同じ特色をもつ言語は中国語やヴェトナム語など何百となくある。この場合、子音と母音の音だけでなく、ひとつひとつの母音の高さにも注意を払わなくてはならない。わたしは生まれて初めてのピダハン語の単語を口にしていた。

　そのあと、わたしは身をかがめて棒きれを拾い上げ、「枝」と言った。

　コーオイーはにっこりとし、「*Xii* ィイー」と言う。

「イイー」と繰り返してから、棒きれを落とし、「わたしはィイーを落とした」と言ってみる。

　コーオイーは目を瞠って考えてから、すぐに思い当ったように、「*Xii xi bigi káobii* ィイー　イッ　ビギー　カーオビーイ」と返してきた（のちに、この文の文字どおりの意味は「枝　それ　地面　落ちる」であることを知った）。

　わたしはこの文を発音し、ポルト・ベリョで尻ポケットに突っ込んだノートとペンを引っ張りだした。まさにこのために用意してきた筆記具だ。国際音声字母を用いて、いま習ったことを書きとめていく。この時わたしは最後の一文を、「枝が落ちる地面に」あるいは「あなたが落とす枝を」と訳した。それから棒きれをもう一本拾って、二本同時に落としてみた。

　コーオイーは、「イイー　ホイヒオ　イッ　ビギー　カーオビーイ」と言った。「二本の枝が落ちる地面に」というような意味だろうとそのときは思った。実際には「少し量の多い（*hoíhio* ホイヒオ）枝が落ちる地面に」であることを知ったのは後のことだ。

　今度は落ちていた木の葉を拾い上げ、ひととおり同じ実験を繰り返した。さらに「跳ぶ」「座る」「打つ」などなどの動詞を聴き取っていく。コーオイーはまたとないほど熱心で協力的な先生だった。

わたしはスティーヴ・シェルドンからもらったピダハン語のテープを聞いていたし、彼が作った短い単語の一覧表も見ていた。シェルドンは、自分の成果は質の点で自信がないからあてにしないようにとは言っていたものの、ピダハン語がわたしにとってまったく未知の言葉だったというわけではない。それでも書かれている文字を見るのと、実際の発音を聴くのとでは大きな違いだった。

声調の違いを聞き分けられているかどうか試してみるために、知るかぎりではおもに声調で区別されている単語を聞いてみることにした。まず「ナイフ」に当たる言葉を訊いた。

「*Kahaíxíoi* カ ハーイー イー オイ」

次は「矢柄」だ。

「*Kahaixíoi* カ ハイ イー オイ」小屋のそばにあった矢柄をわたしが指差したのを見て、コーオイーは答えた。

ブラジルに来る前にＳＩＬで受けた言語学調査法の授業はひじょうにためになるもので、わたしはそれまで気づかなかった語学の才能が自分にあることを発見していた。コーオイーやほかの村人たち（ピダハンの人たちは好奇心いっぱいでわたしたちの周りに群がってきていた）との一時間ほどの間に、シェルドンやその前任のアルロ・ハインリクスの調査が間違っていなかったことを確認できた。つまり、ピダハン語には十一ほどしか音素がなく、文章の基本構造はＳＯＶ（主語＋目的語＋動詞）であること――これは世界のさまざまな言語で最も標準的な語順だ――、そして動詞がひじょうに複雑であること（いまではピダハン語の動詞にはそれぞれ少なくとも六万五〇〇〇もの活用があることがわかっている）。不安は薄れてきていた。これならなんとかやれそうだ！

言語の習得に加えて、わたしはこの部族の人々の文化を吸収したかった。最初にわたしは、家々の空間的な配置がどうなっているのかを観察した。村の造りは、一見ほとんど規則性がないように見える。滑走路から、以前スティーヴ・シェルドンが使っていて今度はわたしのものになる家までの間に、小屋が道のわきにてんでに固まって建っている。だがやがて、小屋がどれも道の片側、川に近いほうの側にしかないことに気づいた。そしてどの小屋からも、川が曲がり目から曲がり目まで見渡せる。川の土手からほんの二〇歩ほどのところに建てられ、その長い辺は川と平行になっていた。どの家の周りも、ジャングルと下生えが生い茂っている。小屋は全部で一〇ほどあり、ここでは男系の兄弟が近くに住んでいた（女系の姉妹が近くに住み合う村もあり、また、近隣関係と血縁関係に何ら脈絡のない住み方をしている村もあることはあとになって知った）。

■

運んできた荷物をすべておろしたあと、ドンとわたしはシェルドンの小さな物置を片付けて、備蓄品（食用油、粉末スープ、コーンビーフの缶詰、インスタント・コーヒーにクラッカー、パン、米と豆など）を置いた。それからふたりで、一帯を見物して写真を撮り終えたドウェインと父親を滑走路まで送っていき、飛び立つ飛行機に手を振った。セスナが浮き上がるとピダハンたちは大喜びで叫びだした。「*Gahióo xibipíio xisitoáopí* ナヒウー　イビピーオ　イシトアーオピー！（飛行機がいま離れた、真上に）」

時間は午後の二時ごろだった。そのころになって初めてエネルギーがわき起こり、冒険心が頭をもたげてくるのを感じはじめた。マイシの流域でピダハンの人々とともにいると、いやでも感じる興奮と冒険心だ。ドンはスティーヴがシアーズ・アンド・ローバックで仕入れた釣り船（幅が広くて安定性があり、一トン近くも積み込めるアルミ製ボートだ）を川に持ち出し、外付けのエンジンが動くかどうか確かめている。わたしはスティーヴの小屋の居間でピダハンの男たちの真ん中に陣取った。スティーヴの小屋はピダハンの家々と同じ造りだが、少しばかり大きい。支柱を組んだ上に床が乗り、壁は半分までしかなく、子ども部屋と物置以外は扉もないので、プライバシーも何もない。わたしは言葉の勉強を続けるために、メモ用箋と鉛筆を取り出した。男たちはそれぞれみんな健康そうで、痩せて引き締まった体つきをしている。きっと筋肉と骨と軟骨以外の余分なものがついていないのだろう。全員これでもかとばかりににこにこしていて、まるで誰が一番幸せな雰囲気を醸しだせるか、競い合ってでもいるかのようだった。わたしは自分の名前をダニエル、と何度か繰り返した。男たちのひとり *Kaaboogí* カアブーギーが、周りと相談したうえで立ち上がり、片言のポルトガル語で告げた。「ピダハンはおまえを *Xoogiái* ウーギアーイと呼ぶ」ピダハンの名前をもらったのだ。

ピダハンの人々がわたしに呼び名をつけるだろうとは知っていた。ピダハンの人たちは外国語の名前を好まず、外国人には誰にでも独自の呼び名をつけるのだとドンから聞いていたからだ。のちになって、名前はその外国人とよく似たピダハンの人物にちなんで選ばれることを知った。その日集まった男たちのなかに *Xoogiái* という名の若者がいて、確かにわたしとどことなく面差しが似ていた。ウーギアーイはそれからピダハンの村でのわたしの名前になったが、一〇年後、その時は *Xahóápati* アホーアーパティという名になっていた当のカアブーギーから、その名前は古くなったのでこれからは *Xaíbigaí* アイービガイーだと告げられた（その後六年ほど経ってさらにもう一度改名があり、いまの *Paóxaisi* パオーアイシ——とても年老いた男性の名前——になった）。

ピダハンは折にふれて名前を変える。たいていはジャングルで会った精霊と自分の名前を交換するのだ。

その日わたしは、その場にいた男たちの名前を教わった。*Kaapási, Xahoábisi, Xoogiái, Baitigií, Xaikáibaí, Xaaxái.*（カアパーシ、アホアービシ、ウーギアーイ、バイティギイー、アイーカーイバイー、アアアーイ）女性たちは小屋の外に立って中を覗き込んでいる。話はしたがらないが、こちらが直接話しかけるとくすくす笑う。わたしは「鉛筆を落とした」とか、「紙に書く」「立ち上がる」「わたしの名前はウーギアーイ」といった文を書き出していった。

ドンがボートのエンジンをかけると、男たちはたちまち全員が駆けだし、小屋の前の川で旋回しているボートにさっさと乗り込んでしまった。村を見まわすと、自分があっという間にひとりきりになっていることに気づいた。見ると村には中央広場と呼べるような場所はなく、小屋が二、三軒ほとんどジャングルに隠れるようにして建っているだけで、他の家々と結ぶ細い道が通じていた。家々で焚いている火から立ち上る煙の臭いがしていて、犬が吠え、赤ん坊が泣いていた。午後のこのくらいの時間は気温がとても高い。そして蒸し暑い。

こうしてピダハンの村に入って仕事を始めたからには、言語データをできるかぎり素早く、また丁寧に集めようと気持ちを固めた。ところが誰かピダハンをつかまえて、「記録を取る（勉強する――*kapiiga kagakai* カピイガ　カガカイ）」のを手伝ってくれないかと頼んでみると、喜んで手伝ってくれはするものの、決まって記録を取るなら別のピダハンがいいと、「コーホイビイーイヒーアイ　イー　オバアハイー。カピイガ　カアガカアーイーバアイー」という具合に言われるのだった。徐々に事情が呑み込めてきた。コーホイビイーイヒーアイなる名前で、わたしにピダハン語を教えてくれる人物がいるらしい。伝道団の同僚に、そういう名前の男を知っているか尋ねてみた。

「ああ、ブラジル人たちにはベルナルドって呼ばれている」

「どうしてまたベルナルドと？」

「ブラジル人はピダハンの名前が発音できないんで、みんなにポルトガル語の名前をつけているんだ」

同僚はさらにこうも言った。「ピダハンの人たちがよそ者に自分流の呼び名をつけるのと同じことじゃないかな」


そこでわたしは一日じゅう、ベルナルドことコーホイビイーイヒーアイが漁／猟から戻るのを待ち受けた。日が沈みかけたころ、ピダハンたちが大声で何か言いながら、最も下流よりの川の湾曲部分を指差しはじめた。薄れかけた日の下に、かろうじて、カヌーとその漕ぎ手が村に近づいてくるのが見分けられた。マイシ中央部の強い流れにのまれないように、岸辺すれすれを上ってくる。村のピダハンたちはカヌーの男に呼びかけ、漕ぎ手が答える。みんな笑い声をあげて興奮しているが、わたしにはわけがわからなかった。男がカヌーを岸につないで初めて理由が見て取れた。魚の山とサル二匹、それに大きなホウカンチョウが船底を埋めていた。

岸辺のぬかるみをカヌーに近づいていき、帰ってきた漁／猟師に昼間覚えたばかりの言いまわしで話しかけた。「*Tii kasaagá Xoogiái* ティイ カサアガー ウーギアーイ（わたしの名前はウーギアーイ）」コーホイ（ピダハンもわたしたち英語民がやるように、名前を簡略化する）は顔をあげてこちらを見ると、胸の前で腕を組み、感情のこもらない唸りを発した。コーホイは見たところ、アジア系に見える多くのピダハン——たとえばカアブーギーなどはカンボジア人のようだ——に比べると、ずっとアフリカ系よりの風貌だ。縮れ毛で肌は淡い黒、それにあごひげを生やしている。カヌーに身をあずけてはいるものの、筋肉は張りつめ、いかにもすぐさま動きだせそうなそぶりで意味深長にわたしを見ていた。ほかのピダハンたちより強靭そうに見えるのだが、かといって際立って背が高いわけでも肉がついているわけでもないようだ。がっちりした顎、ひたと見据える目線から、悠揚たる自信のほどが醸しだされていた。食料を受け取ろうと駆け寄ってくるピダハンたちに、誰にどの部位がいくか、いちいち指図しながら手渡していく。オレンジ色のショーツの外は、裸足でシャツも着ていなかった。

村に着いて二日目から、午前中はジャングルハウスにしては大きいシェルドンの小屋の居間でコーホイと勉強し、午後には村の周辺を歩きまわり、ピダハンをつかまえては言葉について聞きだす日課を始めた。言語データを採集する側とされる側とが共有する言語をもたない場合に使う標準的な方法で、つまり、何かを指差してそれを表す言葉を訊ね、相手が言ってくれたことを正しいデータであると祈りつつとにかく書きとめていくという方法で調査を進めていった。そして書きとめた言葉を別の話者に対してすかさず使ってみるのだ。

ピダハン語で真っ先に興味を引かれたのは、言語学で言う「交感的言語使用」が見られないことだった。交感的言語使用というのは、主として社会や人間同士の関係を維持したり、対話の相手を認めたり和ませたりといった働きをする。「こんにちは」「さようなら」「ご機嫌いかが」「すみません」「どういたしまして」「ありがとう」といった表現は、これといった新しい情報を提供するものではなく、むしろ善意を示したり敬意を表したりするものだ。ピダハンの文化は、こうしたコミュニケーションを必要としていない。ピダハンの表現は大まかに言って、情報を求めるもの（質問）、新しい情報を明言するもの（宣言）、あるいは命令のうちのどれかだ。「ありがとう」や「ごめんなさい」に相当する言葉はない。歳月とともにわたしもこうした表現形態にすっかり慣れてしまって、それが外の人間を面くらわせることを普段は忘れている。ピダハンの村に誰かを連れていこうとすると、決まって、「ありがとう」

や「すみません」と言ったあいさつの言葉を教えてくれと頼まれる。ピダハンはそういう類の言葉は交わさないのだと説明すると、さも不審そうに見返されてしまうのである。

たとえばピダハンが村にやってきたとする。男であれ女であれ、「いま着いた」と宣言する場合もあるが、たいていは何も言わない。人から物を渡されたら、「これでいい」とか「これなら大丈夫だ」というようなことを口にする者が多いけれども、それも「ありがたい」という意味ではなく、どちらかといえば「取引成立」という意味で言われているのだ。感謝の気持ちはあとから、返礼の品とか荷物運びの手伝いといった親切な行為の形で示される。また、人を傷つけたり怒らせたりした場合も同じだ。「申し訳ない」に相当する言葉はない。「わたしは悪かった」と言われる場合もないことはないが、きわめてまれである。後悔の気持ちや罪悪感を表すのは、言葉ではなく行動だ。西洋社会においても、交話的なコミュニケーションが用いられる頻度は文化によってさまざまだろう。ポルトガル語を習っているときブラジルの人たちによく言われたものだ。アメリカ人は「ありがとう」を言いすぎる、と。

■

ピダハンの村に来て二日目の午後、一日じゅう根を詰めて言葉の勉強に励んだわたしは、インスタント・コーヒーを濃い目に淹れて急な土手の際に腰を下ろし、マイシの流れに目をやった。ピダハンの男たちがドンのボートで連れ立って漁に出ていたので、村は比較的静かだった。五時四五分。一日のうちでも最も美しい刻限だ。太陽はオレンジ色に輝き、光をはね返して暗い川面が、赤錆色の空と青々したジャングルの豊かな緑に囲まれて際立って見える。熱いコーヒーをすすりながらぼんやりと川を眺めていると、驚いたことに小さな灰色のイルカが並んで川から跳び出してきた。川に棲むイルカがいるとは知らなかった。ほぼ時を同じくして、カヌーが二艘曲がり目から姿を現した。乗り手は懸命にパドルを動かしてイルカを追いかけ、パドルでなんとかイルカに触ろうとする。鬼ごっこだ。イルカ鬼だ。

どうやらイルカたちも鬼ごっこを楽しんでいるとみえて、カヌーからあと一息で手が届きそうなところに何度も何度も顔を出す。それが三〇分ほど続いたが、あたりが暗くなって追いかけっこは終わった。カヌーのピダハンたちも、いつの間にか岸辺に集まってきていたピダハンたちも、正体なく笑い転げている。ピダハンがイルカを追いかけるのをやめると、イルカたちもどこへとなく去っていった（長年にわたって、人間とイルカの追いかけっこを見てきたけれども、いまだかつてイルカが捕まったためしはない）。

わたしは自分の特権をしみじみ思った。自分はいま、こんなにも素晴らしいピダハンの世界にいて、自然に囲まれている。まだたったの二日にしかならないのに、もう数え切れないほどの新しい体験をしたのだ。あたりをつんざく金属的なオオハシの声やコンゴウインコのきしるような叫びも聞いた。これまでに見たこともない木々や植物の放つ匂いも吸い込んだ。

■

その後何日か、わたしは言葉の採集の合間にピダハンの日常生活を観察した。ピダハンの朝は早く、五時くらいには活動が始まる。もっとも彼らは夜あまり寝ないので、それを一日の始まりというべきか、たんに一日を終わらないというべきか迷うところだ。どちらにせよ、朝は家々で女たちがしゃべっている声に起こされるのが常だった。女たちは誰にともなく大声で一日の予定を話しはじめる。誰それが狩りや漁に行く、自分が欲しいのはこれこれの肉だ、とひとりが言えば、別の女性がよその家から同じことを繰り返したり、自分の欲しい肉を言いたてたりする。

いったん一日が始まると、男たちはふつう漁をする。ほとんどの者が夜明けの前に村を出て、自分の気に入りの漁場へと上流なり下流なりへ数時間移動する。漁が泊まり掛けになりそうな場合は家族も一緒に行くが、通常は単独で、あるいはごく少数の友人同士連れ立って出かけていく。川の水が引いて水たまりができると、大勢の男が集まる。そういう池には魚がたくさんいるうえ、逃げ場がないからだ。漁の道具は主として弓矢だが、交換で釣り糸や釣り針が手に入ったら、それも使う。男たちはたいがい、けたたましく笑い、互いにカヌー競争をけしかけ合いながら、夜明け前の薄明のなかを漕ぎ出していく。留守を守るために、ひとりは男が村にとどまる。

男たちが出かけて行ってしまうと、今度は女たちと子どもたちが出かけていく。食料を集めに、あるいはジャングルの畑でマニオク――キャッサバともいい、命の糧になる塊茎だ――を収穫するために。食料集めは時間のかかる重労働で相当な忍耐力が必要だが、女たちは（連れ合い同様）冗談を言い、笑いながらジャングルに入っていく。たいていは昼過ぎに村に戻ってくる。漁に出かけた男たちがまだ戻っていなければ、女たちが焚き木を集めて、連れ合いが採ってきてくれるに違いない魚を料理する支度にとりかかる。

■

ピダハンの村への初めての旅は、ほんの数日で終わりを迎えた。一九七七年の十二月、ブラジル政府が先住民居住地にいるすべての伝道団に退去命令を出したのだ。わたしたちも荷物をまとめなければならなかった。もっともこのときわたしは、どのみち長期間滞在する予定ではなかった。村の様子とピダハン語について、感じをつかむのが目的だった。その最初の一〇日間で、ピダハン語のなんたるかについてわずかながら身をもって知ることができた。

ただ強制的に退去させられたために、村をあとにするとき、ふたたび訪ねるチャンスがあるのかどうかわたしにはわからなかった。ＳＩＬも事態を憂慮して、政府の伝道禁止令を回避する手立てを探そうとした。そこでＳＩＬはわたしに、ブラジル、サンパウロ州にある州立カンピナス大学（ＵＮＩＣＡＭＰ）の大学院言語学コースに応募するよう言ってきた。伝道団には禁足令が出ているが、ＵＮＩＣＡＭＰを通じてわたしに長期間のピダハン滞在許可が下りることを期待したのだ。とはいえ、もともとピダハンの村を再訪するのが目的で入った大学院だったが、ＵＮＩＣＡＭＰでの経験は、学問的にも知的にもまたとないほど素晴らしいものだった。

研究生活はＳＩＬの狙ったとおりに報われることになった。ブラジル国立インディオ保護財団（ＦＵＮＡＩ）代表のイスマルト・ディ・アラウージョ・オリヴェイラ将軍が、ＵＮＩＣＡＭＰの修士論文のデータを集めるために、家族を連れて半年間ピダハンの村に滞在する許可を出してくれたのだ。十二月、妻のケレン、当時七歳の長女シャノン、四歳の次女クリス、そして一歳だった息子のケイレブとわたしの一家はバスに乗り、ポルト・ベリョに向けて一緒にサンパウロを出発した。家族そろっての初めてのピダハン訪問だった。ポルト・ベリョまで三日かかった。この町にはＳＩＬの伝道師のグループがいて、ピダハンの村への出発準備を手伝ってくれた。わたしたちは一週間かけて旅支度を終え、目の前に迫っている冒険への心の準備も整えた。

西洋人の一家がアマゾンの村で暮らすための準備を整えるのは容易ではない。旅の計画は、出発する何週間も前から始められた。携行品は伝道団がＰＶと呼ぶポルト・ベリョで買い求める。ケレンとわたしはジャングルで半年間家族が籠城するのに必要なものは何かをその場で見定めて購入しなければならなかった。洗濯石鹸のような日用品からクリスマス・プレゼントにいたるまで、実際に使うのは数ヵ月先になるものまで、考えておかなければならない。一九七七年から二〇〇六年にわたってピダハンの人々と過ごした間、自分たちだけでなくピダハンの人々のための医薬品も、ほとんどはわたしたちが用意した。だからピダハンの村に赴く前には、そのたびにそれこそ何百ドルも薬に費やしたものだ。アスピリンやヘビの解毒剤をはじめとして、なかでも真っ先に買い求めるのがダラプリム、クロロキン、キニーネといったマラリアの治療薬だ。

子どもたちが村でも勉強できるように、教科書と教材も持っていかなければならなかった。村からポルト・ベリョのＳＩＬセンターに戻ると、子どもたちはそのつどＳＩＬの学校でテストを受ける。学校はカリフォルニア州の認可を受けているのだ。本（百科事典と辞書も）とそのほかの教材が、わたしたちの日々の暮らしを支える日用品の山に加わった。山は——大量のガソリンと灯油、プロパン、それにプロパンで動かす冷蔵庫一台、何ダースもの肉の缶詰に粉末ミルク、小麦粉、米、豆、トイレットペーパー、ピダハンのための交易品の数々などからなっていた。

買出しその他の準備を終えた段階で、わたしは一足先にＳＩＬの伝道師ディック・ニードと村に入り、家に子どもたちを迎えられる支度をしておくことにした。ディックとわたしは毎日朝六時から夕方六時まで、ほとんどブラジルナッツだけ食べて働いた（ピダハンに頼んで魚を分けてもらうこともできたかもしれないが、わたしはまだ彼らの文化に充分精通していたわけでなく、魚をくれというのをどう受け取られるかわからなかったので、いくらでも喜んで分けてくれるブラジルナッツだけをありがたくいただいておくことにしたのだ）。食べ物がなかったのは、道具や機材が重すぎて飛行機に食品を積む余地がなかったためだ。わたしたちはシェルドンの家の屋根と床を直し、新しくキッチンカウンターをこしらえた。またふたりほど村人にも手伝ってもらい、無事にセスナが降りられるように、数日間マチェーテをふるって滑走路の草を刈り取った。妻はともかく子どもたちがここにいたいと思うかどうかは、第一印象にかかっている。ただでさえ子どもたちには、充分すぎるくらいの無理難題を押し付けているのだ――友だちとも都会生活とも引き離し、数ヵ月もの間、聞いたこともない言葉を話す見知らぬ人々とのジャングル暮らしをさせようというのだから。

家族が到着する予定の日、わたしは夜明け前に起きだした。空が明るみはじめると早速、わたしは滑走路を往復して穴があいていないか確かめた。油断するとすぐに地面が陥没して穴があく。ピダハンが薪のような大きな木切れを滑走路に落としていっていないかも点検した。うきうきしていた。今度こそ、わたしのピダハンへの伝道のほんとうの始まりだ。家族といっしょでなければ自分の使命はまっとうできない。わたしには家族の支えが必要だ。それにこれは子どもたちに課された使命でもある。西洋文明の恩恵のない世界、電気もなく、医者もなく、歯医者もなく、電話もない――ある意味で時をさかのぼった世界へと入っていくのだ。子どもにとっては苛酷かもしれないが、シャノンもクリステンもケイレブでさえも、きっとうまく生き抜いてくれると思っていた。ケレンはこういった生活には最も慣れているので、子どもたちはきっと経験豊かな母親から自信と力をもらうだろう。ケレンはサテレ゠マウェ族の集落で育ち、八歳のときからアマゾンで暮らしていて、その暮らしを愛していた。伝道団の生活は、彼女にとってどれひとつ苦労ではないのだ。わたし自身、彼女の自信のおかげでずいぶんと力をもらっていた。妻はわたしの知るかぎり、最も献身的な伝道師だった。

飛行機があと五分ほどで着陸する距離にくると、ピダハンたちは大声をあげはじめ、滑走路めがけて駆けだしていった。二、三分遅れでわたしも飛行機の音を聞きつけ、ジャングルにやってきた家族を迎えるために夢中になって走った。着陸態勢に入った飛行機から、子どもたちとケレンが一生懸命手を振ってくる。飛行機が停まり、操縦士がハッチの扉を開けるのを見て、わたしは機体に近づき、思いを込めてパイロットの手を握った。次にケレンが降りてきた。うっとりとほほ笑み、早くもピダハンと話をしようとしている。愛犬のグラスを連れたシャノンとクリス、そしてケイレブも降りてきた。子どもたちは戸惑った様子だが、わたしを見つけて喜んだ。そしてピダハンたちににっこりと笑いかけた。ポルト・ベリョに戻る飛行機に乗り込みながら、ディックが言った。「今夜ポルト・ベリョで肉汁たっぷりのステーキを食べながら、きみのことを思い出してやるよ」

わたしたち一家はピダハンの手を借りて荷物を運び、しばらく休息した。ケレンと子どもたちはわたしが用意した我が家を品定めしている。まだまだ改良が必要だった。けれども二、三日もすれば家庭らしい日課ができてくるだろう。

荷解きが済んだら家財道具の整理だ。ケレンは蚊帳を吊り、食器や衣類などを仕分けできる布製の収納用具をかけた。子どもたちは家庭学習にいそしみ、ケレンが家事を取り仕切り、わたしは言語蒐集に専念する。わたしたちはアマゾンのど真ん中にアメリカのキリスト教文化を持ちこもうとしていたわけだ。一家全員に課題があった。

けれどもわたしたち一家のひとりとして、ケレンでさえも、この新生活がどのようなものになるか、見通せてはいなかった。家族が揃ったごく初めのころ、ガスランプの明かりで夕食を食べていたときだ。シャノンが大切にしている子犬のグラスが暗がりで跳ねている何かを追いかけていた。跳ねているものの正体はよくわからなかったが、そいつはわたしのほうに向かってきた。わたしは食べるのをやめて目を凝らした。その黒っぽいものは突然わたしの膝に飛び乗った。わたしは懐中電灯の光を当てた。そいつは灰色と黒のタランチュラで二〇センチはあろうかという大物だった。けれども備えあれば憂いなし。わたしはヘビや虫が出たときのために、堅い棍棒を用意していた。タランチュラに触れないように立ち上がり、腰を動かして床に落とす。家族はそのとき初めてわたしの膝に上がってきたものの正体に気づいて目を丸くして見つめていた。棍棒をつかんだわたしはタランチュラを叩き潰した。玄関にいたピダハンたちがそれを見ていて、何を殺したのか尋ねてきた。

「ウーーイー（*Xóooí*）タランチュラ」とわたしは答えた。

「おれたちは殺さない。タランチュラはゴキブリを食べるし、害はない」

しばらくするとこうした出来事にも慣れてきた。そのころは、神様が自分たちを守ってくださると感じていたし、このような経験もいい土産話になるくらいに考えていたのだった。

■

わたしは伝道師だが、ＳＩＬから課された使命の第一は言語学だ。ピダハン語の文法の仕組みを知り、聖書を翻訳する許可をもらう前に自分なりの結論をしたためておく必要があった。

まもなくはっきりしたのは、言語学のフィールド研究には全人格をもって打ち込まなければならないということだった。知性を傾けるだけでは足りないのだ。研究者はまさに未知の文化に飛び込むことになる。そこは気骨の折れる、往々にして不快な環境で、何かしら対応を間違えればフィールドから疎外されていく危険性も大いにある。フィールド研究者の肉体も、精神も、気持ちも、そしてとりわけ自分というものに対する感覚は、新しい文化に長くいればいるほど、その文化が自分自身の文化と違っていればいるほど、深い部分で捻じ曲げられていく。

フィールド研究者のジレンマを考えてみると、それはあたかも、これまで知っていたことがすべて隠され、ぼやかされ、目に映るものも耳にするものも手に触れるものも、自分を取り巻くあらゆる事物が、それまで抱いていた生命観を脅かしてくる世界にいるようなものだ。《トワイライト・ゾーン》のエピソードにも似て、自分の身の周りで起きていることがあまりにも想像を超えていて世界観からずれているために、理解し損ねてしまうのだ。

わたしは自信をもってフィールド研究に臨もうとしていた。言語学の研修を受けたおかげでデータを集めたり、集めたデータを的確に分類して分析したりする基礎的な作業に不安はなかった。毎朝五時半までにはベッドを出て、飲用と炊事用に二〇リットルの容器で最低二〇〇リットルは水を汲んでから、家族のために朝食を用意する。八時にはたいていデスクについていて、「インフォーマント」としての仕事にとりかかっているのが常だった。わたしは複数のフィールドガイドを参考にしていて、自分なりの言語学習法を組み立てていた。村を再訪して最初の二、三日のうちに、拙いが充分に使える地図を描き、村にある小屋全部の位置と、その居住者の名前を書き出していた。村人たちがどうやって一日を過ごすのか、何を大切にしているのか、子どもの日課は大人とどう違うのか、話題は何か、どうしてこういう時間の過ごし方をするのかなどなど知りたいことはまだまだあった。そして、必ず彼らの言語をものにしてみせると心に決めていた。

目標は新しい単語か語句を一日に少なくとも一〇覚えることと、さまざまな「意味領域（たとえば体の部位を表わす語群、健康に関する言葉、鳥の名前など）」を調べること、そして統語構造（たとえば能動態と受動態、過去時制と現在時制、叙述文と疑問文など）を見つけることだった。新しい単語はすべて、七・五センチかける十二・五センチの索引カードに書き込んだ。索引カードには、新しい単語の発音を表記するとともに、その単語が現れた文脈と、考えられる意味を書き添える。それからカードの左上隅に穴をあけ、一〇枚から二〇枚のカードをリング（これは三つ穴バインダーからはずしたもので、自由に開閉できるようにした）でひとまとめにしてベルト通しに吊りさげた。暇さえあればピダハンと話して、カードに記した言葉の発音や意味が正しいことを確かめた。言葉を間違って使ったり発音したりしてピダハンに何度となく笑われてもめげまいとした。言語学研究として当面の目的は、ピダハンの発音する音のうち実際に意味をもつのがどの音であり、ピダハンが聞き分けているのがどんな音であるのかを見極めることだと自覚していた。言語学ではそれを音素と呼んでいて、書き言葉の基礎にもなる。

ピダハンの人々が他者との関係で自分たちをどう認識しているかを知る最初の大きな手がかりが得ら

れたのは、数名の男たちとジャングルを進んでいるときだった。わたしは木の枝を示し、「これは何と言う？」と尋ねた。

「*Xií xáowí* ィイー　アーウウィー」男たちが答える。

わたしはもう一度枝を指し示したが、今度はまっすぐな部分を指して、「ィイー　アーウウィー」と言ってみた。

「違う」ピダハンたちは声を揃えて笑った。「こっちがィイー　アーウウィーだ」と幹から枝分かれしている部分と、大きな枝から小さな枝が分かれている部分を示す。「こっち（わたしが指差した枝のまっすぐな部分）は *xií kositii* ィイー　コシティイだ」

「*xií*」というのが「枝」であることは知っていた。すると *xáowí* は「曲がった」で *kositii* は「まっすぐ」という意味だろう。とはいえこの仮定を立証するにはもっと確かめてみる必要がある。

その日の終わり、村へと帰る途中にかなり長い距離にわたって道がまっすぐに続いている場所にさしかかった。「道」は「*xagí*」だ。そこでわたしは「*Xagí kositii* アギー　コシティイ」と言ってみた。「*Xaió!* アイオー！」すかさず「そのとおり！」と返ってきた。「アギー　コシティーイ　アアガー（道はまっすぐだ）」

右に大きく曲がっている場所で、「アギー　アーウウィー」と言ってみる。

「アイオー！」ピダハンたちはにっこりと歯をみせた。「*Soxóá xapaitíisí xobáaxáí* ソオーアー　アパイティーイシー　オバーアアーイ（おまえはもうピダハンの言葉をよくわかっている）」そして「アギー　アアガイア　ピーアイイ」と言った。あとから気がついたが、これは「道も曲がっている」という意味だった。

なんてすごいんだ。ほんの数歩歩くうちに、「曲がった」と「まっすぐな」という言葉を覚えてしまった。このころには体の部位の名称はほぼ身につけていたわたしは、歩きながらピダハンから教えてもらった言葉を反芻していた。ピダハンの人々（*Híaitíihí*）、ピダハン語（*xapaitíisi*）、外人（*xaoói*）、外国語（*xapai gáisi*）。ピダハン語を表す ***xapaitíisi*** は、頭（*xapai*）とまっすぐ（*tii*）、それに接尾辞である ***-si*** の組み合わせで、「まっすぐな頭」となり、そこに属する言葉がまっとうな名前であることを示唆している。同様にピダハンの人々は彼（*hi*）、は（*ai*）、まっすぐ（*tii*）に ***-si*** と同じ働きをする ***-hi*** をつけて「彼はまっすぐ」という組み合わせだ。外人を指す ***xaoói*** の意味するのは「枝の分かれ目」などという場合の「分かれ目」であり、外国語は「曲がった頭」だ。

進歩してるぞ！　とはいっても、このころのわたしはまだほんの表面をひっかいていたにすぎない。ピダハン語を覚え、分析する上での障害は、だが最初の数日のうちには現れてこなかった。わたしとしては大きく前進したつもりになってぬか喜びしていたのだが。ピダハン語を習得する上で最も難しいのは、言語そのものよりも「単一言語」環境で学ばなければならないことだった。「単一言語」のフィールドというのは世界のさまざまな言語環境のなかでもひじょうに珍しいことで、研究者は話者と一切共通言語をもたない。わたしがピダハン語を学びはじめたときがそうだった。彼らはポルトガル語や英語はおろか、ピダハン語以外のいかなる言葉も話さない。ほんの二、三、言いまわしを知っている程度だ。だから彼らの言語を学ぶにはまず、彼らの言語を覚えなければならない。つまり堂々巡りというわけだ。別の言語に置き換えてもらうとか、ピダハン語以外の言語で説明してもらうということができないのだ。こうした状況でも研究を進める手立てはある。当然ながらわたし自身も、苦労を重ねたおかげで自分なりにやり方を編みだしたが、単言語環境でのフィールド調査の手法は、わたしがピダハンに出会うずっと以前からすでに大方確立はされていた。

とはいうものの、困難なことに変わりはない。「これはピダハン語で何といいますか?」と訊けるようになってからというもの、わたしとピダハンのやり取りはたいていこんな具合だった。

「あれは何と言う?」(下流からカヌーで上ってくる男性を指して)

「*Xigihí hi piiboóxio xaaboópai* イギヒー ヒ ピイボウォーイオ アアボウォーパイ」(男が上流へ来る)

「*Xigihí hi piiboóxio xaaboópai* でいいのかな?」

「アイオー。*Xigihí piiboó xaaboópaitahásibiga* イギヒー ピイボウォー アアボウォーパイタハーシビガ」

(そうだ。男が上流へ来る)

「*Xigihí hi piiboóxio xaaboópai* と *Xigihí piiboó xaaboópaitahásibiga* はどう違うんだ?」

「違わない。どっちも同じだ」

言語学的見地からすれば、両者には当然ながら違いがなければならない。けれども自分なりにピダハン語を身につけるまでは、前者が「男が上流に戻ってくる」という意味になり、後者は「自分は男が上流に戻ってくるのを見ている」であるという違いを知るすべはまったくなかった。おかげでピダハン語を習得する道筋はまったくもってけわしいものだった。

もうひとつ苦労させられたのは、すでに述べたとおり、ピダハン語が声調言語であることだった。母音のひとつひとつに関して、高いか低いかを知らねばならない。世界じゅうにこの種の言語は多いが、ヨーロッパ諸語はそうではない。つまり、英語は声調言語ではないのだ。わたしはあらかじめ、高い母音の上には揚音記号(´)をおき、低い母音には何も標をつけないことに決めていた。この違いをよく表してくれる恰好の対となる単語がある。「わたし」と「排泄物」だ。

*Tii*(わたし)はひとつめの i は低く、終りの i は高く、聴いた印象としてはティイーとなる。

*Tii*（排泄物）は最初の・iが高くて二番目の・iが低いので、トイーィだ。

さらにこの言語を難解にしているのは、母音が三つ（*i*、*a*、*o*）、子音が八つ（*p*、*t*、*h*、*s*、*b*、*g*、声門閉鎖音、*k*）しかないことで、音の数が少ないためにピダハン語の単語はもっとたくさんの音のある言語の単語よりも長くなりがちだ。単語を短く済ますには、他の単語と区別がつくだけの音の数が必要だが、ピダハン語のように音の違いが限られていると、単語と単語を使い分けるのにそれだけ余計な分量が必要になる。つまり単語が長くなるわけだ。最初のうちわたしの耳には、ピダハンの単語はどれも同じように聞こえた。

おまけにピダハン語は、多くの言語に見られる要素が欠けていて、とりわけ文章のつなげ方が恐ろしく難しい。たとえばピダハン語には比較級がないので、「これは大きい、あれはもっと大きい」というような表現が見つからない。色を表す単語もなく、赤、緑、青などなどと一語で言えば簡単なところを、たとえば赤だったら「あれは血みたいだ」とか、緑だったら「まだ熟していない」というような説明的な表現になる。また、完了した過去を語る叙述も見当たらなかった。絶対あるはずだと思い込んでいる何かが見つからないと、存在しない何かを探して何ヵ月も無駄にすることになる。言語学のフィールド研究で探すべきポイントと教わってきたことの多くを、結局わたしは見つけることができなかった。おかげでフィールドワークはただ単純に難しいだけでなく、時にはひどく気分が落ち込むもとにもなった。それでもわたしは、充分時間をかけ、心血を注げば、いずれはこの言語を解明できると明るい見通しも捨てていなかった。

けれども未来は必ずしも自分たちの思いどおりにはいかず、わたしたちの計画は、しょせん願望にすぎなかった。自分がいる環境を度外視して言語学に打ち込むことができると信じるとは、結局のところ笑止千万だったのだ。わたしたちはアマゾンの只中にいたのだから。

# 第二章　アマゾン

アマゾンと折り合いをつけるすべを身につければ、ピダハンの村は心休まる場所になる。折り合いの第一歩は、熱気を気にしないこと、できれば楽しむことだ。案ずるより産むは易しで、人間の体は適切な服装さえしていれば、三〇度から四二、三度くらいの気温に充分耐えられる。ジャングルには日陰もふんだんにあるし、ピダハンの村の場合はことに、ひんやり冷たく熱気を和らげてくれるマイシ川がいつもそばにある。耐えがたいのはむしろ湿気だ。汗をかくのは、温暖な気候のもとでは蒸散作用で体温を効果的に下げる働きをするのだが、アマゾンでは水虫かタムシの原因になるのが落ちだ——ピダハンのように日に焼けて滅多に汗をかかない乾いた肌の持ち主でなければ。

肉体的にそうしたささいな不快をもたらすことを除けば、アマゾンという領域はただの土地ではない。畏敬の念を掻き立てる力がある。アマゾンの熱帯雨林は七〇〇万平方キロ以上の地表を、つまり、地球の表面積の二パーセント、南アメリカ大陸の四〇パーセントを覆っている。アメリカ合衆国本土とほぼ同じ大きさなのだ。ボリビア国境に近いポルト・ベリョから、アマゾン河口の街ベレンへは四時間ほどの空の旅だが、晴れた日にはどちらを向いても地平線まで広がるジャングルを見ることができる。目の届くかぎりどこまでも続く緑色のじゅうたんに、北から南へと青い筋がいくつも走り、トゥピ族のいう「動く海」ことアマゾン川へと注ぎ込んでいる。

アマゾン川はペルーから大西洋まで、六〇〇〇キロ以上に及ぶ流れだ。河口部のデルタ地帯は幅が三〇〇キロ以上にもなり、中洲のマラジョ島はスイスよりも広い。アマゾン流域には、想像を無限に掻き立てるような、知られていない土地や闇の部分がたくさんあって、実際この地域に関して書かれた本は数知れない――その生態、歴史、人々そして政治について。十六世紀の初めにスペイン人とポルトガル人が初めて彼の地を垣間見て以来、幾世代にもわたって西洋人の旅心と想像力を掻き立ててきたのだった。わたしが大好きなアメリカ人作家ふたり――マーク・トウェインとウィリアム・ジェイムズも、アマゾンの魅力にひかれていた。

マーク・トウェインは一八五七年に、ニューオーリンズからアマゾンにわたってやろうとオハイオを後にした。コカ貿易でひと儲けしようともくろんでいたらしい。彼が計画を変更してミシシッピで水先案内人の修業を積む道を選んでいなかったとしたら、どんな傑作が生まれていただろう。『ミシシッピ川上の生活』ならぬ、『アマゾン川上の生活』が書かれていただろうか。

一方のウィリアム・ジェイムズは実際にアマゾンに赴き、本流や支流の流域を広く探検している。一八六五年、動物学標本を採集するハーヴァード大学の生物学者ルイ・アガシーに同行した折には、ブラジルやアマゾン流域を八ヵ月にわたって踏査した。アマゾンを実体験した後、ジェイムズはナチュラリストになるという目標を諦め――アマゾンに行ったならナチュラリストにならずにいられようかという考え方もあるだろうが（確認されている生物のうちじつに三分の一がアマゾン一帯に生息しているのだから）――その代わりに哲学と心理学を究めることにして、アメリカ実用主義なる学派の祖となった。

広大な面積を占めるアマゾンの熱帯雨林やその流域、そして川そのものは、ほぼブラジル国土のなかにある。ブラジルは面積が世界第五位で、アラスカとハワイを除いた四八州を合わせた合衆国よりも広い。一億九〇〇〇万近い人口はポルトガル系、ドイツ系、イタリア系その他のヨーロッパ系をはじめ、アジア系など幅広く、日本人は本国以外で最大の集団がある。ブラジル人の大多数を占める都市住民にとってアマゾンは、ヨーロッパ人や北米人が見るのと変わらない、遠くて幻想的な存在だ。アマゾンの美しさも、それが世界じゅうを魅了していることも誇りにこそしているけれども、ブラジル人の大半はそもそもジャングルと名のつく森も見たことがない。人口の六〇パーセントが集中しているブラジル南東部からは三〇〇〇キロ以上も離れているのだ。それでいてブラジル人は、アマゾンの管理（たとえば環境保全）を国外の規定にゆだねるような話が出ようものなら、腹を立て、護りに入ろうとする。ブラジルじゅうで言われているように、「アマゾンはわれらのもの！」なのである。国外からの干渉を警戒する感情は時として過剰なほどで、ブラジル人の同僚から、アメリカでは教科書でアマゾンはアメリカに属すると教えているだろうと詰め寄られたこともある。

世界最大の自然の宝庫の管理人たるブラジル人は、概して鉱物や水資源、動植物の多様性を維持することに好意的だ。だがアメリカ人やヨーロッパ人――アマゾン流域で破壊されている以上の規模で自分たちの森林を破壊してしまった張本人――に指図されたいとは思っていない。アマゾンの保護に関して国内でも対立があることはよく知られていて、マスコミでもたびたび大々的に取り上げられる（有名なのがシコ・メンデス事件だ。メンデスはアマゾンの商用植物であるゴムを持続可能なやり方で採取するためにゴム採取に従事する労働者を組織しようとしたのだが、雇い主側からすればまったく気に食わないやり方であり、そのために殺害された）。だがそうした報道は誤解を招きやすい。現実にはブラジルは、アマゾンを保護すべきという考えでほぼ一致していて、対立はそれに比べれば些細なものなのだ。

ブラジルがアマゾンの保全に熱心であることを示すいい例が、ＩＢＡＭＡ、ブラジル環境・再生可能天然資源院だろう。ＩＢＡＭＡはアマゾンのどこにでも現れ、装備も豊富で専門家の職員がアマゾンの自然の美しさと資源とを保つために真摯に、しかも迅速に活動している。

アマゾンの水系にはおおまかに言って二種の地形と二種の川がある。白い（泥の）川と黒い水の川だ。どちらのタイプであれアマゾンは「原初の」川で、流れはごくゆったりとくねりながら進んでいく。というのも、源流と河口の標高にほとんど差がないからだ。黒い水の川と違って白い泥の川であるアマゾン川やマデイラ川（ミシシッピ川やメコン川もこの仲間だ）は、動植物が豊富で魚など水棲生物のための栄養に富んでいる。昆虫も全水系で見られるものの、白い川の周辺に特に多い。

ピダハンの村を訪ねて間もないころ、わたしはV字型の翅をした小さな羽虫にさんざん悩まされた。日中露出している肌があればどこへでもたかってくる虫だ。この虫はムトゥカスといって、血液を吸い、嚙まれたところがやたらに痒くなるうえ、肌が敏感だと相当に腫れ上がる。わたしはまさにその敏感肌の持ち主だ。だがムトゥカスを嫌ってはいけない。それを言うなら、内腿や耳や頰やお尻の柔らかい肌に嚙みついて腫らせるアブだって、嫌ってはいけない。たとえやつらがむき出しになっていない部分、つまり刺されるとは夢にも思っていない部分ばかり狙ってくる狡猾なたちだということに気づいたとしても、嫌ってはいけない。なぜか。嫌いはじめるとそればかり気になって、悶死するかもしれないからだ。白状するとわたしも、こういう虫たちに高度な神経伝達経路があって、拷問の苦しみを味わわせてやれたらいいと何度願ったことか。だがそんな気分はやがて過ぎ去る──たいていの場合は。

日中ばかりでなく、夜にも虫はいる。川べりで蚊帳もなしに一晩過ごせば、それは生涯最悪の最も長

い夜となるだろう。わたしもあるとき、マイシのほとりでそんな一夜を過ごしたことがある。蚊柱が黒い雲のようにわたしを取り囲み、鼻や耳に飛び込み、服やハンモックや、分厚いジーンズさえものともせず、考えつくかぎりありとあらゆる場所を刺されまくった。そして、尾籠な話で恐縮だが、夜間用を足す必要にかられると、むき出しの尻の周りにはやつらが群がってくる。

昔から、ピダハンと、そのごく近しい部族のムラ（固有の言語はもう使われていない）の人々が定住していたのはマデイラ川の流域だ。マデイラの水量は世界で五番目で、支流としてはミズーリ川についで世界第二位の規模だ。マデイラの流域面積はフランスの三倍で、そのさらに支流も数百に及ぶ。なかでも黒い水のリオ・ドス・マルメロスは合流部で幅が八〇〇メートルあり、八月には平均の川幅が四〇〇メートル、水深が十五メートルくらいになるだろう。このマルメロス川の支流のなかでも大きいのがマイシ、つまりピダハンの川だ。マイシの流域にはピダハンたち以外は住んでいない。合流部では幅二〇〇メートルほどになるが、平均の川幅はおおよそ三〇メートルほどだろう。水深は時期によってさまざまで雨季の直前には十二、三センチほどだが、雨季の終わりごろには二・五メートルくらいにはなる。

マイシは黒い水の川で、紅茶色の水が魚や木の葉を十二ノットの速さでマルメロス川に運んでいく。雨季になると水は暗く澱む。乾季には水の色は薄くなり、浅く透明になって、川床の砂がよく見える。アインシュタインは、原初の川のある二地点の距離はおよそ二点間の直線距離かけるパイであるとしたが、マイシはこの仮説にぴったりだ。空から見るとマイシ川は森をのたくる巨大なヘビに見える。雨季のあと船でマイシに出ると、ところどころあまりにもカーブがきつくて、引き波が流木の間を縫ってひとつの湾曲から次の湾曲部へすさまじいスピードで進み、自分がカーブを曲がるころには自分の船が立てた引き波にぶつかるほどだ。マイシ川は言葉に尽くせないほど美しい。水面に漂っていると、エデンはこんなところかと思うほどだ。やわらかなそよ風、澄んだ水、真っ白な砂、エメラルド色の木々、燃え立つ色のインコ、おごそかなオウギワシ、サルが呼び交わす声、オオハシの鳴叫、そして時折唸るジャガー。

ピダハンの生活圏は、マイシがマルメロスに合流する地点からアマゾン横断高速道がマイシ川を横切るあたりまでのおよそ八〇キロで、これがモーターボートでは二四〇キロの行程になる。わたしが最も頻繁に訪れたピダハンの村、フォルキリャ・グランデは、アマゾン横断高速道路の近くにあった。マイシ川は、アマゾナス州の町ウマイタから東へ九〇キロほど行ったあたりでアマゾン横断高速道路にぶつかる。わたしが初めて手にした携帯用ＧＰＳに最初に記憶させた大事な数値は、自分が住む村の座標だった。南緯七度二一・六四二分、西経六二度一六・三一三分。

いまアマゾンに住む人々の祖先がその地に定着するようになった経緯を説明する説は、ベティ・メガーズやアナ・ルーズヴェルトといった考古学者が提唱する説がおもにふたつある。メガーズに代表される人々は、アマゾンの土壌は、少なくとも先史時代の技術では農耕で多くの人口を養えるほど豊かではなく、そのためずっと狩猟採集民が小さな規模で住みついてきたと考えている。言語学者、とりわけスタンフォード大学の故ジョゼフ・グリーンバーグの考えもこのメガーズの見解と一致している。いまはベーリング海峡の下に沈んでいるベーリング地峡を通って、アメリカ大陸に三回にわたって人口の流入があったという考え方だ。およそ一万一〇〇〇年前、最初にアメリカにわたってきた集団は、第二の集団に南方に「押しやられ」、第二の集団も最後の移住者たち――イヌイット――によって南へと押し下げられた。最初にベーリング地峡を渡ってきた集団は南アメリカに定着し、インカのような例外を除いてほぼ狩猟採集民だった。

グリーンバーグによると、現存言語も消滅言語も含めたアメリカ大陸の諸言語に、集団移動の証拠が見られるという。たとえばメキシコ以南の諸言語同士は、おおむね、北米中部以北の言語とよりも関係が近い。グリーンバーグの考え方からするとピダハン語もほかのどこの言語とよりも南米の諸言語と近縁であることになる。ところがピダハンは一見すると現存するどの言語とも似ていない。グリーンバーグはピダハンが「大チブチャ」語族に属するというのだが、論証はほぼ不可能だし、わたし自身が何年にもわたって採集してきた資料から推察すると、ピダハン語といまは消滅してしまったムラ語は、ほかのどんな言語とも類縁がなく、このふたつだけで単独の語族を構成しているように思われる。とはいえ、ピダハンが遠い昔にアマゾンのほかの言語と関係がなかったとも証明できない。歴史言語学の手法は言語を分類して体系化を試みるものだが、充分な昔までさかのぼって任意のふたつの言語が同じ言語から派生しなかったと、断言する根拠を与えてはくれないのだ。

メガーズやグリーンバーグの説に代わる仮説を提唱したのがルーズヴェルトと共同研究者たちで、わたしがかつて教えたフロリダ大学の博士課程の学生マイケル・ヘッケンバーガーもそのひとりだ。ルーズヴェルト説では、アマゾンの大地はマラジョ島のマラジョ文明も含めた大規模な集団や文明を維持するのに充分なほど肥沃で、ホモ・サピエンスはグリーンバーグ゠メガーズ説が唱えるよりもはるか以前から、南米に定住していたという。

ピダハン語やムラ語（まだムラ語が消滅する前の探検家たちにはムラ゠ピダハン語と呼ばれ、ひとつの言語の方言と考えられていた）のように他と類縁のない言語があることは、ルーズヴェルトらの見解を裏付ける証拠と見ることができるかもしれない。言語同士の類似性をすっかり「消し去って」、孤絶した言語を作り上げるには、途方もない時間が必要だからだ。だが仮にピダハンがアメリカへの人口移動のごく初期の段階でほかの人々や言語と別れていたとしたなら、メガーズ説を採ろうがルーズヴェルト説を採ろうが、彼らの文化や言語がひじょうに特殊であることの説明はつく。おそらくわたしたちは、ピダハンの人々が、彼らの言葉が、どこからやってきたのか決して知ることはないだろう。消滅してしまった近縁言語を記録した昔の資料でも出てこないかぎりは。もしそうした資料が得られれば、比較言語や歴史言語学の手法を駆使して、ピダハンの来歴を多少なりとも組み立てることができるかもしれない。

ただ、ピダハンが現在定住している地域にもともと棲みついていたわけではないらしい証拠はいくつかあがっている。マイシ川流域に生息するサルの仲間を表す語彙がないのだ。たとえばパグアク（トゥピ゠グアラニ語族由来の名前）というサルを、ピダハンは同じようにパグアクと呼ぶ。つまりパグアクは借用語で、ポルトガル語か、トゥピ゠グアラニ語族を使いピダハンと古くから交流のあるパリンチンチンかテンハリン族から借りてきた語彙ということになる。ピダハンがほかの言語から語彙を借りるためにもともと使っていた語彙を捨てたという証拠もないので、ピダハンのほんとうの故郷がどこであれこのサルはそのあたりにはいなかったため、ピダハン語にパグアクを表現する単語がないと考えるのがよさそうだ。

ピダハンは現存するどのような言語にも似ていない。それは難しい言語に取り組まねばならないと同時に、特異な言語を解明する任務を与えられたということでもある。

わたしたちは家族として、誰に頼ることもなく、文字どおりわたしたちだけでアマゾンの暮らしに順応してきた。アマゾンに来る以前よりもずっと絆が深まった。家族としての一体感に深く充足し、一体感を楽しみもしてきた。わたしたちはかつてないほどに、自分たちの生活を自分たちで律していると感じていた。だがまもなくアマゾンは、どちらがボスなのかをわたしたちに思い知らせてくれることになった。

# 第三章　伝道の代償

わたしたちはキリストの使徒としてピダハンの村に入った。そして聖書は、伝道の奉仕に危険はつきものであると警告している。わたしたちもほどなくその意味を知ることになった。ある日の夕方近く、ケレンがピダハンには神経が参ると言いだした。彼女はコーホイが獲ってきたアリクイを料理しているところだった。いつものとおり、料理するケレンの周りをピダハンが一〇人ばかり取り囲んでいた。西洋流の調理や食べ方が珍しいのだ（それにアリクイの焼ける匂いに食欲をそそられてもいた）。ケレンはわたしを滑走路に連れ出した。滑走路はわたしたちにはプライベートな庭代わりだった。飛行機が離着陸する場所というだけではなく、ウォーキングやジョギングをしたり、つかのま村から逃避したりする場所になっていた。

「もう我慢できない」ケレンは震える声で言った。

「何をいら立ってるんだい？」普段なら、四六時中こちらのすることに鼻を突っ込んでくるピダハンに閉口して文句を言うのはもっぱらわたしのほうだった。ケレンはほとんど気にしない。それに好奇心旺盛なピダハンに囲まれて穴のあくほど見つめられても、ケレンはまったく気になっていないように見えていた。そういうときでも気さくに話をするのが常だったのだ。

料理は自分が代わるから少し休んだらいいとわたしが言って、小屋へ戻る道すがら、ケレンは背中がこわばり頭痛もするとこぼした。けれどもこのときにはふたりとも、それが深刻な症状だとは思わず、ただ神経が張り詰めているせいにしていた。

その晩、ケレンの頭痛はひどくなった。背骨が痛み、絶えず背中を反らしていた。やがて熱も出てきた。わたしは治療の手引きを引っ張り出し、ケレンが訴えている症状を調べた。すると一番上の娘のシャノンも、頭が痛むと言いだした。額に触れてみるとほとばしるほどの熱を感じた。

自分たちの手元には、アマゾンによく見られる傷病に対応する薬品はすべて揃っているとわたしは考えていた。伝道師用の治療の手引きで症状を調べれば、診断は苦ではないと思った。ケレンとシャノンの症状をたどり、ふたりは腸チフスだと結論付けた。というのも、自分もメキシコで熱帯雨林の生活に慣れる訓練をしていたときにチフスを患い、症状がそっくりだったからだ。

わたしは腸チフス用に抗生物質を与えた。だがふたりともさっぱりよくならない。瞬く間にどんどん悪くなっていき、特にケレンの病状の悪化は速かった。食べ物を受け付けなくなり、時折水を飲むほかは水分も一切とらなくなった。体温を測ろうとしたものの、水銀柱が上がりっぱなしになって検温できない。シャノンの熱は三九度と四〇度の間を行ったり来たりしていた。

南国の暑い日差しはこういうとき助けにならない。ケレンとシャノンの世話を（どうにかこうにか）続ける一方、（当時まだ二歳だった）ケイレブと四歳のクリスのために、食事を作ったり、体を洗ったりしてやらなければならない。ケレンとシャノンは下痢をしていたので、夜はしょっちゅうふたりをおまるのところへ連れていき、中身を空けて洗ってから、またベッドに連れ戻さなければならなかった。

寝台の周りにはささやかながらプライバシーを保とうと、頭のところにパシューバヤシのボードを立てていた。ピダハンたちが小屋のそばに集まり、ボード越しに覗いてくる。様子がおかしいことを察知していたのだ。あとになってわかったことだが、このとき村じゅうでわたしたち一家以外の全員が、ケレンとシャノンがマラリアにかかったことを知っていた。

プライバシーはないし、妻と娘は容体が悪く、看病に家事と睡眠不足で疲れ果て、もともとの心配症に拍車がかかって、五日目の終わりにはどこかに助けを求めずには居ても立ってもいられない気持ちになっていた。ケレンは昏睡状態に近かった。ふたりとも苦痛に呻き、ケレンはうわごとを言うようになって、上半身を起こしては居もしない人間に向かってわめいたり、意味をなさないことを口に出したりしたし、譫妄《せんもう》状態でいるときにわたしやクリスやケイレブがすぐそばを通ると叩いてくることもあった。

床に臥して四日目の晩は、激しい雷鳴が轟いていた。わたしには風と稲妻と雨の音しか聞こえなかったが、ケレンがふと半身を起こして、隣の部屋で寝ているケイレブがハンモックから落ちたと言いだした。

わたしはきっぱり答えた。「いや、大丈夫だよ。ぼくが起きて耳を澄ましていたけど、落ちる音など聞こえなかったよ」

ケレンは躍起になり、「ケイレブのところに行って助けてあげて！　ゴキブリだらけの汚い床に落ちたのよ」

ケレンをなだめるために、わたしは起きて途中までしか壁のない自分たちの寝室に隣り合った子ども部屋に入った。子どもたちの部屋は九〇センチほどの板壁の上部に一メートルあまりのビニールシートをめぐらしてある。ケイレブとクリステンはひとつの蚊帳に一緒に寝ていた。ケイレブがハンモックでクリステンはその下のベッドに寝ている。この部屋にはキャンプ用のケミカル・トイレも備えつけ、トイレの周りはカーテンで目隠ししてあった。部屋には灯油ランプもあって、毎晩川で水浴し夕食をとったあと、比較的静かで人目を気にしなくて済む子ども部屋に引っ込んで、わたしが家族みんなを前に声を出して、『ナルニア国物語』や『アラバマ物語』『指輪物語』といった本を読むのが習いだった。

懐中電灯を手に子ども部屋に入ってみると、ケイレブはたしかに床に落ちていた。あたりにはゴキブリがうようよしている。眠ろうとしてはいるのだが、おどおどしていかにも居心地が悪そうだ。わたしは息子を抱き上げて抱きしめ、ハンモックに戻してやった。ケレンの母性本能がマラリアをものともせずに息子が困っていることを察知したのだ。

次の朝には、いよいよ何か手を打たなければだめだと覚悟を決めた。シャノンもケレンも容体が悪くなりすぎていて、このまま手をこまねいていることはできなかった。だがどうすれば自力でポルト・ベリョに戻れるのかがわからなかった。来るときには伝道団の飛行機で飛んできたので、川を旅した経験がなかった。飛行機がなければ手も足も出ない。またこの当時ブラジル政府は外国人が双方向無線機を持つのを禁じていたため、わたしたちには外界と連絡を取る方法がなかったのだ。安心して川を下れるボートもないし、それどころか充分なガソリンすらなかった。

ただ村には、ヴィセンツォというカトリックの信者が伝道活動に来ていて、この男が真新しい六・五馬力の船外モーターを装備したアルミ製小型カヌーを持っていた。その上五〇リットルばかりのガソリンも携行していた。途方もない好意に甘えることになるが、わたしは彼に、ボートを無期限で貸してくれと頼み込んだ。わたしがボートを借りたらヴィセンツォはピダハンのなかでひとりきりで取り残されることになる。彼はためらうこともなく承知してくれた。ただ、ケレンとシャノンの病気はきっとふたりが外から持ち込んできたものに違いないという。ピダハンたちには病気がないからだというのだったが、その観察が間違っていたことはまもなく証明された（わたしが出発して二週間のうちに、今度はヴィセンツォが、ピダハンたちがかかっていたマラリアで死にかけたのだ）。ボートを貸してくれたヴィセンツォに、医者がいて病院のある居留地で一番近いところまでどうやって行けばいいか尋ねた。

ヴィセンツォは、ウマイタかマニコレまで行かなければならないと教えてくれた。どちらもマデイラ川沿いの小さな町だ。ヴィセンツォのお勧めはウマイタだった。そこからロンドニア州の州都であるポルト・ベリョに道路が通じているからだ。ポルト・ベリョにわたしたちの伝道団の本部があるとは、ヴィセンツォは預かり知らぬことだった。ウマイタに行くには、マイシ川とマルメロス川を十二時間ほど下り、サンタ・ルジア（ヴィセンツォは「サンタ・ルーチーア」と発音した）と呼ばれる場所に出る。そこからはジャングルを通ってマルメロス河畔からマデイラ河畔へ出られる道が通っているので、人手を頼んで家族を運んでもらえばいい。マデイラ川に出たらオーシリアドラ（「われらが救い手の聖母」）という、二〇年ほど前にサレジア会の修道士たちが創建した小さな町へ行けば、ウマイタ行きの船に乗れるという。ウマイタなる土地の名前をこのときまで聞いたこともなかったが、それがいまやメッカのごとき、まだ見ぬ目的地と化していた。

わたしは家に戻ると船旅のための荷造りを始めた。どんな旅になるのか、何が入用になるかまるで見当もつかない。ヴィセンツォはオーシリアドラからウマイタまで船で行ったことはなく、どのくらいかかるか知らなかった。食料を持参する必要があるかどうかもわからなかったが、小型のカヌーは一家五人とガソリンを載せればほぼ満杯なのでいずれにしてもたいして持っていけそうもなかった。

その日は遅くなってしまい、出発できなかった。次の朝早く出発するしかない。暗くなってから川にいるのは危険すぎる。荷物のなかに缶詰の肉と桃、スプーンにほうろうびきの皿を加えた。それ以外の荷物は、マチェーテ一本とマッチ、ろうそく、全員の分の着替えふた組に水の容器だ。わたしは荷物を置くと、お祈りをした。そして眠りについた。翌朝は太陽が昇るなりヴィセンツォのカヌーを家の前の土手に運び、荷物を積んだ。太陽は七時にはもう眩しく輝き、空は真青なコバルトブルーだ。せっせと作業するわたしに、朝のそよ風が涼しく吹きつけてくる。

荷積みを終えるとまずシャノンを運び、カヌーに横たえた。カヌーはシャノンの重さでちょっぴり揺れた。川べりにはピダハンたちが集まり、様子をうかがっている。次はケイレブとクリスを連れてきて、カヌーのそばに立っているよう言いつけた。それから小屋に取って返し、ケレンを抱き上げた。なんと軽くなってしまったんだろう（病気になる前ケレンの体重は四五キロ弱だったが、この五日間で四、五キロは痩せたようだった）。小屋から出たときケレンは意識がもうろうとしていたが、土手に着いて慎重に下りはじめたとき目を覚まし、悲鳴をあげて暴れだした。

「何してるの！　逃げる気？　神を信じていないの？　信仰はどこへいったの？　ここにとどまってあの人たちをキリストに近づけてあげなくちゃ！」

こう言われては出発するのがつらくなる。わたしはすでにとても疲れていたし、気持ちもぐらついていた。もし失敗すれば、家族の誰かが傷つくか、もっとひどいことになったとしたら、わたしが道徳的に誤ることになる。だが躊躇する余地はなかった。ケレンは、それにもしかしたらシャノンも、いまここで助けを求めにいかなければおそらく死んでしまうだろう。そして肝心なことには、わたし自身が忍耐の限界に来ていた。わたしは疲れ切り、これ以上村にいて病気の家族の世話をするだけの気力は残っていなかった。

村を離れる決意を固めるのが難しかった理由はたくさんある。川の旅に不慣れであったことやその危険性もそうだし、疲労困憊している自分ひとりで全員の面倒を見るストレスもあった。伝道団本部の同僚たちもケレンと同じく、わたしのことをいくじのない不信心者と見るだろう（実際には誰ひとりわたしを責めようとはせず、深く理解を示し、進んで力を貸してくれた）。もうひとつ、あと一週間待てば、必需品を補給する飛行機が村に来ることになっていた。帰りの便で家族をポルト・ベリョに運んでもらうこともできる。だがそれまで待っているうちにケレンが死んでしまう危険は高いとわたしは思っていた。早めに出発する危険のほうが定期便を待つ危険よりも小さい、と。けれども実際のところはわたし自身が待つことに耐えられなかったのだ。眠れない夜がひと晩またひと晩と重なるにつれて、自分にも家族にもどんどん役に立たない人間になっていくばかりだ。何か行動しないではいられなかった。

ケレンをつかまえようと土手を上がっていくと、*Xabagi* アバギというピダハンの老人が近づいてきて、町から戻るときマッチや毛布を持ってきてくれと頼んできた。わたしは腹を立てて言い返した。「ケレンは病気だ。シャノンも病気だ。わたしは買い物に行くわけじゃない」（「おととい こい」にあたるピダハン語を知っていたら間違いなくそう言っていただろう）「街に行くのはケレンたちに水［薬］をやってよくするためだ」

わたしは怒っていたし、顔に出ていたと思う。一家の一大危機に直面しているわたしに向かってピダハンが考えるのは自分の生活用品のことだけとは。小さな船外機のスターターを引くと、エンジンが動きだした。カヌーは右に左に傾いた。漕ぎだす前からもうピンチだ。船のへりは水面からわずか一〇センチ足らずしか出ていない。その上この時期川の深さはどこも十五メートルはある。わたしがへたくそなばっかりに船をひっくり返してしまったら悲劇だ。救命胴衣はひとつもないのに、幼い子どもふたりいのだ。

と病人ふたりを抱えている。川に投げ出されても、みんな自力で岸まで泳ぎつけるわけもないが、わたしひとりではマイシの早い流れのなか全員を助けられっこない。それでもわたしは行かなければならないのだ。

いいでしょう、神様。わたしはこれから、かつて自分が胸震わせて読んだ伝道団の物語を地で行くことになります。どうかわたしたちを守ってください。

わたしたちは土手を離れた。ピダハンたちが叫んでいる。「マッチを忘れないで！　毛布を忘れないで！　マニオク粉を買ってきて！　肉の缶詰を買ってきて！」買ってきてほしい品々の連呼が続く。二サイクルエンジンの唸りをよそに、真っ赤なコンゴウインコのつがいが甲高く鳴きながら頭上をよぎっていくのが聞こえた。自分たちの巣に帰る鳥は、わたしの存在などには目もくれない。太陽は明るく輝き、まだ八時にもならないのに、気温は早くも二五度近くなっていた。

だが時速十四キロあまりで進むカヌーのおかげで風が心地いい。ケレンとシャノンの顔は日差しを浴びててかっていた。一時間ほど進んだだろうか。クリステンがお腹が空いたと言いだした。わたしはカヌーの速度を緩め、桃の缶詰を開けた。クリステンに川で手を洗って手で食べなさいと言うと、ケイレブもまねをした。クリステンがケレンに、「ママ、桃食べる？」と聞くと、驚いたことにケレンは上半身を起こすなりクリステンをひっぱたいた。だまりなさい、と言ってケレンは昏倒した。クリステンは泣かなかった。ただ傷ついて困惑した顔でわたしを見た。わたしは言ってやった。「ママは病気なんだよ。自分が何をしているのかわかってないんだ」クリステンにもそれはわかっていた。ケイレブもだ。シャノンは何も欲しがらなかった。そこで桃は三人で平らげ、クリスとケイレブにシロップを飲ませた。わたしたちの両側を、残酷なくらいに緑濃いジャングルが流れていく。川にはわたしたちのほかに船の影はなかった。水かさは多く、わたしは船が本流からはずれないように神経を使った。流れを間違えると浅瀬にはまり込んでしまう恐れがある。幸いにも本流はふつう簡単に見分けがつくのだが、そうでない場合もある。川面が突然沼のように見えたり、幾本もの筋に分かれるように見えることがあると、わたしはすっかり途方に暮れてしまうのだった。

また一時間ほど経ったころ、ケレンが体を起こして水を欲しがった。わたしが注いでやろうとしたのにケレンはわたしの手から水筒とコップを奪い取った。そしてコップを体から離し、水筒の中身を足の上に空けはじめた。わたしは「ねえ、ぼくが注いであげるよ。水がこぼれてるよ」と言ってなだめながら水筒を取り返そうとした。

ところがケレンはわたしを見て腹立たしそうに「あなたがいなければずっと楽しい旅行になるのに」と言い捨て、水筒にじかに口をつけて水を飲んだ。わたしはシャノンにも少し水を飲ませた。

数時間後、左手の土手の空地に家が見えた。わたしはカヌーを岸に寄せた。マデイラ川に抜ける道のところまで来たのだろうか。ポルトガル語はまだ片言だったが、わたしは土手を上がり家の前で手をたたきつづけた。やがて窓のところに女性が姿を見せた。ここはサンタ・ルーチーアですか？　とわたしは尋ねた。

〔ポルトガル語で〕「（そういう場所は聞いたことがないわ）」

「（どなたか力になってくれそうな方はいらっしゃいませんか？）」わたしは拝まんばかりに訊いた。

午後の二時になっていて、ガソリンはタンクに四分の一、あと一、二時間分しか残っていない。早くサンタ・ルーチーアを見つけなければ手で漕ぐはめになる。そうなるとカヌーで夜明かししなければならないかもしれない。

女性は上流を指し示し、「(パウ・ケイマードの人たちなら、あなたがお探しの場所を知っているかもしれないわ)」

「(でもわたしは川上から来たんです。居留地などありませんでした)」

女性が説明してくれた。「(左手にある最初の入江の奥なの)」

わたしは礼をいい、カヌーに取って返した。暑い日で、わたしは日に焼けて真っ赤だった。家族全員が日に焼けていた。カヌーに乗り込みながら、わたしはいましがたの家を振り返り、彼らの暮らしぶりを初めてとっくり眺めた。家は白い漆喰塗りだが、ぎりぎりの生活をしているであろう一家にとって、決して手ごろな造りではない。高い金をかけてまで漆喰を塗るのは太陽光を反射するためか——そうではない。家を引き立てるためなのだ。たとえジャングルのなかにあり、訪れる人もなくても。家の周りにはジャンブーの木々が生えていた。赤くて果汁たっぷりな、リンゴに似た甘い実をつける木だ。パパイヤも植えられ、マニオクとサトウキビ、サツマイモやキャラの畑も近くにあって、家から続く小道の先に見えていた。家の周りの地面はきれいに整地され、草の生えているところはマチェーテで刈り揃えられて青く、そのほかの場所は砂地だった。家は夫が手斧で削ったらしい木材で建てられている。カヌーのそばの浅瀬には、黄色い水玉模様のあるアマゾン川亀がつながれていた。このカメはアマゾンのカボクロ(ブラジル内陸に住むポルトガル語住民をこう呼ぶ)たちの好物で、好んで取引される商品だ。カメを捕まえて生計を立てるのは楽ではないだろうと思いながら、わたしはカヌーの綱を解き上流に向けた。

奥地で暮らすカボクロたちの生活は楽ではない。それでも彼らはさも気楽に暮らしているようにふるまい、人に会えば品よく、ユーモアをもって親切に接する。物質的にはわたしのほうがよほど恵まれているのだが、自分の行動をよくよく振り返ってみると、わたしのほうがよほどぴりぴりしてとげとげし

く、親切心に欠ける。神に仕える伝道師だというのに。まだまだ修行が足りないようだ。
　だが人生修行はしばらくお預けだ。いまはとにかく助けてくれる人を見つけるのが先決だ。わたしはエンジンを始動し、またもや神に祈った。
「神よ、わたしはあなたのためにアマゾンにやってきました。あなたに仕え、人々を救うために家族を連れてきました。なぜわたしを迷わせるのでしょう。ガソリンも底を尽きかけています。神よ、ガソリンがなくなって道に迷ったために妻を死なせてしまうとしたら、それはどのようなご意志によるものですか。お願いです、お助けください」
　わたしは改めて、自分たちを取り巻いている美しい世界を眺めた。イペの木々は水面から四〇メートルも伸びあがり、幹の直径は少なくとも一メートルはあって、黄色と紫の花が周辺の緑から明るく浮き上がって見える。ブラジルの人々はイペを「良くなる」木と呼ぶ。わたしは胸のうちのどこかで、イペを見たのが幸運のしるしになるのを願っていた。太陽はまばゆく、風は涼しい。森は緑で今日は親しげに見える。マルメロス川との合流部から少し上流にあたるこの一帯は起伏があり、土手は急で入江も多い。だが素人同然のわたしの目には、入江も本流もほとんど区別がつかなかった。

遠くには、力強いブラジルナッツの木が森から頭ひとつ抜きん出ているのも見えた。わたしは新たな視点で森を見ていた。自然は、家族がなすすべなく死にかけているときでも美しいのだろうか。自然の美は実際にはそれを感じ取るわれわれの感覚の美しさなのだ。だから、そこに自然は美しいと嘆賞する人間がいなければ、美しいはずがない——そうわたしは心に刻んだ。けれども、ああ、神よ、ここはなんと美しいことか。美しさの根源が何であろうと——風が川面に立てるさざ波も、木々の揺れる枝も、淡いブルーの空も、わたしの腕に感じる健康と力も、澄んだ視界も、わたしの胸のうちの決意も——どれもみな美しく、生きることに常につきまとう苦闘のさなかにあってさえ、わたしは自然の内にその美しさを感じ取っていた。

やがてパウ・ケイマードへの入江が現れ、わたしはきらめくカヌーをそちらへ向けた。フィヨルドの小型版のような切り立った岸辺に入って一分もすると、森を切り開いたなかにマニオクの畑と草ぶきの小屋が見えてきた。土手の傾斜は六〇度ほどあり、四〇メートル近く昇っている。肥沃な茶色い土で、てっぺんあたりには草が生えていた。川沿いに住むブラジル人は家や集落をとてもきれいにしている。家々と周辺の整備にはことのほか気を遣ういたって勤勉な人たちだ。わたしは家の主が土手にしつらえた階段を駆け上がった。一段ごとに八センチほどの厚みのある板で囲いがしてあった。てっぺんに着いたわたしは、息を整えながらあたりを見まわした。小屋の床に何人か腰をおろして、食事をしているようだった。

「(サンタ・ルーチーアへはどう行けばいいんです?)」わたしはいきなり切りだした。カボクロ流の自己紹介も穏やかな世間話も、頼みごとをするための前置きもかまっていられなかった。

　家の隅では母親が男の子の赤ちゃんをあやし、男性が瓢箪の器に入れた魚とマニオク粉の粥をかきまわしている。低い屋根の梁に、ハンモックがきちんとくくりつけられていた。川からはかなり高い位置にあるのに、小屋は四五センチの支柱を組んで、床も壁も板張りで建てられており、板の雨戸まで備えられていた。カボクロたちはどんなに暑くても夜になると家をぴっちりと締め切って、恐ろしい獣や精霊や泥棒を締め出すのだ。

「(そういう名前の土地はこのあたりにはない)」男が答えた。ほかはみんな目を丸くしてこっちを見ている。真っ赤に日焼けして目を血走らせた外人を。

「(でもヴィセンツォが、ホセ神父のところで働いてるヴィセンツォが――ホセ神父を知ってますか?――サンタ・ルーチーアにマルメロスからマデイラに抜ける道があると言っていたんです)」わたしはなんとか説明しようとした。

　奥にいた女性が言った。「(この人、サンタ・ルジアのことを言っているんじゃないかしら。あそこには抜け道があるわ)」

「(ああ、そうだ。そうに違いない)」あとの者たちも声を揃えた。

　希望が見えてきた! 彼らの話によるとそこは三〇分ほど川を下ったところで、カメのいる小さな家を通り過ぎたあたりだ。川岸と並行に指状に土地が出ていて、下っていると見落としがちだが左手に目を凝らしていればきっと見つかるという。聞くなりわたしは走りだし、「Muito obrigado!(ほんとうにありがとう!)」と叫びながら階段を駆け降りた。クリステンとケイレブはおとなしくカヌーに座っておしゃべりしていた。シャノンは焼けそうに熱いとこぼすし、ケレンは熱を下げるのに川に飛び込みたいと言う。わたしは全速力で出発したが、六・五馬力のエンジンは情けないほど弱々しい波しか立てなかった。

三〇分後、左手を見ていたわたしは入江を見つけたように思った。もう少しで通り越してしまうところだったが、これもまた急峻な土手の上に開墾地が見えた。今度の土手は六〇メートルはありそうだが、同じように木枠で拵えた階段がついていた。わたしはカヌーを留めて階段の下につなぎ、片手でクリステンを、もう一方の手でケイレブを抱き上げた。シャノンとケレンには、すぐ戻ると伝えた。心臓がどくどくするのもかまわず一番上まで駆け上がると、大人を探した。

小ぢんまりした居留地はここも整然として、色鮮やかにペンキを塗った家々の周りには広い道が通り、空地もきれいに掃き清められていた。マルメロス川の土手沿いに六軒の家が固まっている真ん中には教会堂があった。手斧で削った分厚い板でこしらえたベンチがいくつか、木々の下に並べてある。マルメロス川はここからだと三〇〇メートルほど向こうで、川面が青黒く見えていた。心地よい風が吹いていて、木の陰になったベンチで休めばさぞ気持ちがいいだろう。だがいまはそんな暇はなかった。

五〇メートルほど先の木陰で女性たちがおしゃべりに興じているのを見つけ、わたしはぶしつけに近寄っていった。女性たちもとっくにわたしに気づいていて、川上からやってきたアメリカ人のことをあれこれ論評していた。ピダハンの村に船で行くにはサンタ・ルジアの前を通らないわけにはいかない。だからこの外人は飛行機で村に行ったに違いない、と。ここでもわたしは余計なご機嫌伺いに時間を無駄にすることなく、声が届く範囲に近づくなりいきなり尋ねた。

「(マデイラ川への抜け道があるのはここですか?)」

「(ええ、すぐそこから道があるわ)」女性のひとりが答えた。

　わたしは、とても重い病人をふたりカヌーで連れてきたことを話し、マデイラ川までふたりを運ぶのに手を貸してもらえないだろうかと頼んだ。女性は幼い娘に父親を呼びにやらせた。わたしは土手を駆け降り、まずシャノンを抱えあげた。土手のてっぺんまで上がってきたとき、わたしはこの世で最も美しいと思える光景に出くわした。男たちが列をなしてやってくるのだ。腕っ節の強そうながっしりした男たちが、わたしに手を貸すためにやってくる。彼らの役に立つようなことをこれまで何ひとつしたためしのないガイジンのため、途方もなく無力なガイジンの力になってやろうとやってくる。それが家族の一大事を抱えた人間だから。そのとき身にしみたのだが、カボクロたちは困った人を前にするとたとえ自分たちが損害を被ることになろうとも必ず助けてくれる人たちなのだった。

　だが言葉を失っているわたしの背後で大きな水音がして、女性が叫んだ。「(まあ、たいへん、あの人川に飛び込んじゃったわ!)」

　ケレンが川に落ちて、カヌーに這い上がろうとしていた。わたしは彼女のところへ駆けつけた。

「水がとっても冷たいんだもの。わたしものすごく熱いの」

　わたしはケレンを腕に抱えて土手を駆け上がった。これが三回目だ。このときのケレンは話すこともしっかりしていた。いまは頭が冴えているのだろうと思いながら、ケレンをシャノンやクリス、ケイレブのいる木の陰に横たえた。

　美しいマンゴーの木の下で丸太に座ったケレンは、周りの人たちにポルトガル語で話しだした。「この場所覚えてるわ。あっちには象がいて、向こうにはライオンがいるの。ちっちゃいころよくパパに連れてきてもらったの」

ブラジル人たちはみんなしてケレンを見つめ、それからわたしを見た。ケレンが幻覚を見ていることに気づいたのだろう、誰もがただ、「ポブレジニャ（かわいそうに）」と言うばかりだった。

男たちは森に入り、まもなく太さ十二、三センチの二メートル以上ある枝を二組持ってきた。それぞれにハンモックが結んである。わたしたちは一方にケレンを、もう一方にシャノンを寝かせた。ひとつのハンモックをふたりで担ぎ、男たち四人が歩きだした。わたしは荷物をひとまとめにし、集落に残る男のひとりにヴィセンツォの船を見ていてくれるよう頼んだ（わたしが戻る前に、サンタ・ルジアの住人の誰かがガソリンでない燃料でボートを走らせてしまい、エンジンをだめにしていた）。また、ホセ神父に、ヴィセンツォが村から出るためにボートを必要としていることを伝えてくれるようことづけた。荷物は二〇キロ以上の重さになったが、わたしはケイレブを抱き上げ、クリステンについてくるよう言い含めた。そして男たちを追って歩きだした。

クリステンが「イエスはわたしたちを愛する」を口ずさみ、スキップしては花を摘んだりするので、わたしたちはどうしても遅れがちになった。ケレンが何日も前に作ってやった頭のお団子がまだ完全にはほどけていない。短パンに丈の短いTシャツ、テニス・シューズをはいた娘は花の匂いを嗅ぎ、かぐわしさににっこりする。ケイレブと荷物の重さで腕がちぎれそうなほどだったが、それでもクリスの笑顔に思わず頬が緩んだ。わたしは常々クリスをわたしの太陽と呼んでいたが、この日は彼女の光のおかげで絶望に陥らずに済んだ。ケイレブが、あの男の人たちはママとお姉ちゃんをどこへ連れていくのと訊いてくる。ケイレブはいまもそうだが感じやすい子どもで、母親が人生で一番大切な人間なのだった。

木々の葉が屋根になった涼しいジャングルの道を四五分ほど歩くと、開墾地に出た。ペンキを塗った木製の高床式住宅が一〇軒あまり、現地の人が「聖堂」と称する大きな教会堂、商店や並行して走る広い道が目に入ってきた。オーシリアドラだ。開拓したての村ではなく、小さいながら立派な町だ。男たちはケレンとシャノンをどこへ降ろしたらいいか訊いてきた。小さな町で貸し間がすぐ見つかるとは思えない。わたしは木陰にふたりを降ろしてくれるように頼み、様子を探りに出かけた。マイシ川で交易をしているゴドフレド・モンテイロと妻のセザリアがつつましく暮らす住まいを見つけることができた。ふたりがここに住んでいるのを知っていたのは、ピダハンの村に着いてまもなくマイシ川をさかのぼってみたときに、オーシリアドラに家があるから訪ねてほしいと誘われていたからだ。ふたりの家は景気のよさを映していて、板壁と板敷きはカボクロの家ならふつうだが、それればかりでなくこざっぱりした木製の階段がつき、屋根は一部は草ぶきで一部はアルミ製だった。白く塗られた壁には緑の縁取りがあり、正面には、緑色の字でカーザ・モンテイロ（モンテイロ邸）と書かれている。表からでも裏庭に屋外便所が設けられているのが見えた。このあたりではたいていの人がジャングルをトイレ代わりにしているので、衛生面では標準以上の配慮が行き届いていることがわかる。

ゴドとセザリアがわたしたちの来訪を歓迎してくれたので、ハンモックを担ってきた男たちにケレンとシャノンをモンテイロの家まで運んでもらった。もう日も落ちかけていたし、わたしたちの見るからに疲れた様子を察してセザリアはハンモックをかけるのを手伝うわと言ってくれた。

「（ハンモック？）」わたしはわけがわからず聞き返した。漠然とベッドか床に寝るものと思い込んでいた。

「（このあたりではみんなハンモックに寝るんですよ。神父様でも。このあたりの人はベッドは使わないの）」セザリアが教えてくれた。川舟で旅をする旅行者でさえ、ハンモックで寝るのだという。

「（わたしたち、ハンモックは持ってないんです）」事の成り行きと、自分の用意の悪さにわたしは落ち込んだ。シャノンとケレンを運んでくれたハンモックは、名前さえ知らないサンタ・ルジアの人たちのものだ。

　セザリアはすぐ出て行って、三〇分もすると近所の人たちからハンモックをかき集めて戻ってきた。彼女は夕食の支度を始め、自分がケレンを見ているから子どもたちをマデイラ川に連れていって水浴させるといいと勧めてくれた。ところがマデイラ川はマイシのような手ごろで水の澄んだ流れではない。ミシシッピとも肩を並べる濁った巨竜で、水かさの増す時節にはオーシリアドラあたりでは川幅がゆうに一・五キロにはなる。ゴドフレドの家から川までは三〇〇メートルほどだが、土手は高さが六〇メートルくらいあって、わたしがそれまで見てきた居留地のなかでは最も高い崖だった。わたしは膝くらいまでの深さまで入って体を洗った。この川にブラック・カイマンという大型のワニがいるのも、水がよどんでどこにワニが潜んでいるか見ることができないのも気に病む余裕もなかった。体の穴という穴に潜り込んでくるカンディルスという小さな魚のことも気にしなかったし、ピラニアもアナコンダもアカエイも電気ウナギも、そのほかマデイラの泥水に潜むどんな生き物もどうでもよかった。とにかく体が汚れていたからだ。ただ危険がいっぱい潜んでいるのはわかっていたので、ケイレブとクリステンは岸辺で水をかけて石鹸で洗ってやり、川にはほんの一瞬浸からせるだけにした。ひととおり水を浴びると少しは身ぎれいになったけれども、急な土手を登って家まで帰る間にまたすっかり泥まみれ汗まみれになってしまった。あたりは暗くなりかけていた。マイシ川と違って、マデイラ川の土手は蚊だらけだった。蚊はゴドの家までずっとついてきた。防虫剤もなく長ズボンもなく、身を守るものが何もなかった。それでもセザリアが大きな蚊帳を借りてきて、リビングに吊るしてくれていたので、そのなかに入ってようやく蚊から逃れることができた（だが蚊帳は風を通さないので、部屋はぐっと暑くなった）。ところがあいにくわたしは、この避難所の恩恵にあずかることができなかった。ゴドが話をしたがったからだ。玄関の階段に腰かけて話しながら、わたしはできるだけ居心地よく見えるように頑張った。襲ってくる蚊をひっきりなしに叩いたが、肌は刺されたあとで腫れあがった。

「(ここの蚊はほんとうにすごいね)」わたしはこぼした。

「(そうかい?　今夜はひどくないほうだけど)」ゴドはいささか自分の町を弁護するような言い方になった。だがそういう彼も、腹、背中、わき腹と手にしたTシャツで絶えず叩いていた。

夕食は玉ねぎと塩、油やコエンドロで風味をつけた豆料理と米と魚だった。貧しい人たちからの喜捨で生活しているわたしたちには、このご馳走にお礼をするお金も満足になかった。

男たちが聞きまわってくれて、ウマイタに向かう次の船は二、三日中にここを通ることがわかった。これにはがっかりした。しばらく足止めになるということだ。だが少なくともケレンもシャノンも体を休められるし、洗濯したり食事の支度をしたりするのに人の手を借りることもできる。それに医者のところにたどり着く希望も出てきた。

「(船が来たことはどうしたらわかるんだ?)」わたしは尋ねた。

「**A gente vai escutar de longe, seu Daniel.** (遠くからでも聞こえるよ、ダニエルさん)」という謎めいた答えが返ってきた。

家族や荷物をまとめて川に下り、旗を振って停まってもらうのに間に合うほど遠くにいる船の音が聞こえるものだろうか。わたしはまたもや、大人しく飛行機がくるのを待っていたほうがよかったのではないかと迷いはじめていた。

ケレンがわたしを呼んだ。ハンモックのところに行くと、村に戻って飛行機が来るのを待ちたいと言う。体力が戻り頭も冴えてきているように見えたので、一晩泊まらせてもらったら村に戻ろうかと考えはじめた。だがどのみち次の朝が来る前に——マイシに戻ることができる前に——わたしはゴドフレドに起こされた。朝の二時だった。

「O recreio já vem, seu Daniel！（ダニエルさん、ヘクレイオが来るよ）［ヘクレイオはレクレーション・ボートという意味で、この呼び名を聞くとわたしはいまだに頭をかきむしりたくなる］」

すぐに家族を起こして荷づくりにとりかかろうとしたが、ゴドフレドは「（焦らない焦らない。まだかかるよ。まずコーヒーを飲んでからだ）」と言う。

わたしたちはコーヒーを飲んだが、船が通りすぎ、あと一週間くらいここで足止めを食うのではないかと気が気でない。だがコーヒーを飲み終えるころ、外から人声が聞こえてきた。誰に指図されたわけでもないのに、町の人たちが手を貸しにきてくれたのだ。十五分ほど打ち合わせると、男たちがハンモックを杭に取り付け、わたしはほかの荷物をひとつにまとめた。ケレンとシャノンはハンモックに乗せられ、ケイレブはセザリアが抱いてくれた。わたしはクリスを抱き、誰かが荷物を担ぎ、わたしたちは一列に並んで灯油ランプと懐中電灯の光を頼りに、蒸し暑い闇を縫って蚊の雲のなかを波止場へと進んだ。明かりはどこにも見えない。だが土手に近づくと、遠くのほうで船のサーチライトが断続的に土手や川面を照らし、宇宙船さながらに見えた。船底を傷つけるような流木がないか、土手から充分な距離を保っているか、岩の出た浅瀬にぶつからないか、サーチライトで見張っているのだ。わたしたちはおぼつかない足取りで真っ暗な土手を下りはじめた。懐中電灯に照らされた急な下り坂に必死に目を凝らす。突然誰かが転び、すこしばかり転げ落ちた。ケレンのハンモックの後ろ側を持っていた人だった。だが彼が倒れるより早く別の人が杭をつかみ、何が起きたのかケレンは気づいた様子もなかった。

わたしたちは船に向かって懐中電灯を点滅させ、乗りたい者がいるのを知らせた。星も月も出ていない真っ暗な夜から現れた船は、高さが六メートル以上、長さも二〇メートルはあり、巨大なサーチライトが川べりにいるわたしたちの姿をとらえた。火星のごとき荒涼たる岸辺に立つ寄る辺ない人間たちを睥睨している。

町の人たちは三層ある甲板の一番下にケレンとシャノンを乗せた。荷物とクリステンとケイレブはわたしが運んでいき、船は出発した。オーシリアドラの友たちはたちまちアマゾンの闇に呑まれ、見えなくなった。また会える日は来るだろうか。この先わたしたちはどうなるだろうか。夢中になってオーシリアドラの人たちから借り集めたハンモックを五枚全部吊るしながらも、クリステンとケイレブが川に落ちないか、甲板に寝かされているケレンかシャノンが踏みつけられないか、わたしたちの乏しい荷物を盗まれないか、心配は尽きなかった。ハンモックを吊ってしまうと家族と荷物を二段目の甲板に移動させた。荷物はすべて自分のハンモックの下に入れ、家族全員を寝かせてからやっと眠りにつくことができた。家族の誰かが目を覚ましてわたしを呼んだらすぐ気づくように、全員を手の届くところに集めておいた。

船の最上部はバーになっており、下段の下は貯蔵庫だった。船内は汚らしく、床には茶色いペンキが分厚く塗られ、甲板から一メートルほどの高さに白い手すりが巡っていた。船底は青だがそれ以外の場所はどこもかしこも白く塗ってあった。こうした船のことは知識としては知っていたが、間近に見るのは初めてだった。乗客はおそらく百人ほどはいただろう。

アマゾンの水系では、ブラジルでもペルーでもコロンビアでもほかのどこの国でも、川を上下する客船の造りはほぼ同じだ。まずは巨大な船体を、一〇センチ厚さの板で作る。材は防水性のあるイタウバのようながっしりした木からとったものだ。外形は小型の船で長さ一〇メートル幅三メートルほどになる。それ以外の空間はロープなどの繊維でびっしりと埋められて重くなり、パテとペンキで覆われる。ロープなどの繊維は木槌や鑿《のみ》などで埋め込まれるのだが、船体（ポルトガル語でバテラン）は流木などの衝撃にも耐えられるほど頑丈でなければならない。なにしろ雨季にもなると船より長い木が漂っている場合さえあるのだ。乾季は乾季で、砂地や岩場に接しても沈まないものでなければならない。

船底の船首側は倉庫に、船尾側は機関室などに充てられる。この上に甲板があり、たいていはもう一層上部甲板がある。旅客用の甲板の天井高は一五〇センチから一七〇センチほどで、旅客甲板には壁がない場合が多い。暑いからだ。その代わりに支柱が立って、垣根のような背の低い手すりがめぐらされている。天井に角材が貼ってあるのはハンモックを吊るすためだ。雨になると甲板の両脇にビニールのひさしが下ろされる。船は雨漏りもするが、概して頑丈で実用的な乗り物だといえる。船はアマゾンのどこへ行っても同じデザインで同じ仕組み、操縦の仕方も同じなので、部品や労働力はいくらでも手に入る。標準装備を貫くかぎりは。造りや操船で少しでも奇をてらったり、珍しいエンジンを使ったりしようものならトラブルのもとだ。船が壊れたり修理が必要になったとき、すぐ対応できるわけではないからだ。部品や労働力が標準の枠外になると、手に入らないことも待たされることも覚悟しなければならない。

船は建造されると注文主のもとへ行く。注文主はたいていは景気のいい交易商人だ。客船として使われる場合もあれば、貨物船として利用されることもある。交易商人が所有する船は先住民や奥地に住むブラジル人からジャングルの産品を仕入れるのに使われる。ジャングルの産品と引き換えに彼らが手に入れるのは、マッチや粉ミルク、缶詰、工具、マチェーテ、農具、シャベル、針と糸、タバコ、酒、釣り針、弾丸、銃、それにカヌーといった商品だ。商人たちの多くはそうした品々を一揃えもっている。ポルト・ベリョ、マナウス、サンタレン、パリンチン、それにベレンといったアマゾン沿いの大きな都市が、こうした交易船の基地になっている。船はコパイバやブラジルナッツ、堅木、ゴムといったジャングルの産品を無尽蔵に運んでいく。それを供給しているのが、カボクロのみならず、ピダハンやテンハリン、アプリナ、ナデブといった先住民たちなのだ。

船の乗組員はたいていカボクロだ。ふつうふたりから四人でエンジンを動かし、舵を取り、船のあちこちを修理する。船が動いている間は乗組員は気を抜ける。モーターが正常に作動しているかぎりはハンモックに寝そべっていてもいいし、座っておしゃべりしていてもかまわない。日中船が停泊すると、荷揚げしたり積み込んだり、エンジンを点検したり、船の下にもぐって穴をふさいだりプロペラなどを直したりと忙しくなる。厳しい労働に味付けされた、ハックルベリー・フィン張りの生き方だ。

カボクロの乗組員の人生には、矛盾が同居している。彼らは概して気前がよくて親切なのだが、ほとんどの者に暴力沙汰を起こした過去がある。都会の生活に適応できずに、結婚が破たんしたり、借金を抱えたり敵を作ったり、時には警察から逃げだしてくる者もいる。外界から孤立したアマゾンの支流流域はけんかっ早い男たちの住む剣呑な土地柄で、相当に面の皮が厚くなければ生き抜いていけない。

うとうとと眠りかけたとき、ケレンがトイレに行きたいと言いだした。ケレンもシャノンも下痢がひどかった。この後船旅の間わたしは、数え切れないほど何度もふたりにおまるを（おまるを持ってこようと思いついたのはじつに幸運だった）使わせてやることになる。傍から見られないように毛布で囲い、病気のアメリカ人一家を観察する野次馬の視線にさらされながらおまるを船尾に運んで中身を空け、トイレで洗うということを繰り返した。

おまるをきれいにして戻ると、シャノンがしきりと謝った。「ごめんなさい、パパ、ごめんなさい」

「どうして?」

近づいてみると臭いですぐわかった。シャノンは漏らしてしまったのだ。見るとシャノンもハンモックも下痢便まみれだった。シャノンは心底恥入って、申し訳ながっていた。もっとちゃんと様子を見ていてやらなければいけなかった。わたしはバケツに水を汲んできて、周りから見られないようハンモックに毛布を吊るした。それからシャノンの体を洗い、服を着替えさせた。ハンモックもできるだけ洗い、洗ったあとが冷たくないようにハンモックに毛布を敷いて寝かせてやった。シャノンはいつまでも謝りつづけた。わたしは汚れた服を洗い、甲板の手すりに干して乾かした。

次の日、ケイレブとクリステンはよく眠れたと言っていた。昼には家族に食事をさせるために奮闘した。ケイレブとクリステンを甲板の手すりの下に取り付けられたベンチに座らせ、乗客に配られる豆と米の料理をまずふたり分とってきた。その後自分の食事をとりに行こうとすると、皿が落ちてガラスの割れる音がした。まだわずか二歳だったケイレブが、食器を取り落としてしまったのだ。ケイレブはすまながって小さくなっている。わたしはもう一皿とってきてやると、こぼれた料理と割れたガラスは川のなかに蹴りだした。それからケレンに欲しいものはないか尋ねた。冷たいコーラを飲みたいと言うので、上の甲板にある売店で一本買ってきた。全員が何かしらお腹に収めてしまうと、わたしは心配事に頭を悩ませるのを再開した。

ヘクレイオ(レクレーション・ボート)に乗り込んだ次の朝、わたしは船の持ち主である隻腕の男、フェルナンドを相手に交渉に乗りだした。フェルナンドはこのあたりのみんなが履いているひも付きのサンダル履きで、上半身は裸だった。身の丈は一七七、八センチほど、貧弱な体つきに裕福なブラジル人特有の太鼓腹を見るとおよそ迫力を感じられないが、ここでは彼が法律なのだ。

フェルナンドの人となりはセザリアとゴドから聞かされていた。かなり厄介な人物だ。ふたりに言わせると貧乏人には冷淡で、他人に進んで手を差し伸べるようなことは決してしない。彼を恐れている者たちも少なくないし、二〇名ほどいるこわもての手下たちはフェルナンドの命令ならどんなことでもするのだそうだ。わたしは彼になんといって切りだすかを考え、大変な好意にすがるためにポルトガル語を流暢に操れたらよかったのにと切に思った。

「(おはよう)」と話しかける。「(妻が重い病気で、できるだけ早く医者に診せなければならないんだ。おたくが引いているモーターボートで家族をウマイタまで連れていってくれたら、いくらでも支払うが)」

「(モーターボートは貸さない)」フェルナンドはこちらをろくに見ようともせず、つっけんどんに答えた。

「(そうか、それならこの船をまっすぐウマイタへやって、途中で誰も乗せないでくれたら、いくらでも支払おう)」ほかにも大勢の人が、自分たちなりの健康や食料のためにこの船をあてにしていることなど念頭になかった。もしフェルナンドが承知したら、ほかの誰かをケレンのような境遇につき落とすのだということも。

フェルナンドは、「(いいか、あんた、あんたの奥さんが死ぬ定めなら、いずれ奥さんは死ぬんだよ。それだけのことだ。あんたがたのために船を急がせる気はないね)」と応じた。

彼の後ろに荒くれの乗組員たちがついていなければ、腕力に訴えていたかもしれない。わたしは家族のところに戻った。わたしは焦り、追いつめられていた。思いだせるかぎり、これほど気持ちが高ぶっていたことはない。わたしが頭を悩ませ、祈りを捧げているうちに、船が速度を緩めはじめた。何事かと目を見張っていると、まばらに家が見えるあたりで船は完全に停止した。乗客を乗せるのだろうとわたしは思った。だがエンジンも止まってすっかり静かになった。エンジンの故障だろうか。すると到底信じられないことに、乗組員全員とフェルナンドがお揃いのサッカー・ユニフォームを着て船を降りていくではないか。丘の上が空地になっているのが見えた。別のユニフォームを着た男たちが待っている。乗客も大半が下船した。くそいまいましい二時間の間、自分の船で母子が死にかけているのをよそにサッカーに興じるやつらをどうやって殺してやろうかと、あれこれ考えて時間をつぶすしかなかった。船を乗っ取り、あいつらを全員この場に残して出発してしまおうかとも考えた。だがひとりでは操縦できない。頭のなかを、途方もなく卑しくて冷酷な考えが渦巻いた。高い志を掲げた伝道師の考えるべきことではない。酒場で飲んでは暴れるカウボーイだった父にこそ、ふさわしいような妄想だった。

やがて全員船に戻ってきた。笑い声をあげ、つつき合い、すっかり満足してウマイタへの航行を再開する気になっている。こいつらはどうかしているんじゃないか、とわたしは思っていた。人間らしい感情をもち合わせていないのか。何年も経って、このときの心の傷が少しばかり癒えてきて初めて、わたしにもブラジル人の考え方が納得できるようになってきた。

わたしが抱えていた難題は、自分にとっては空前絶後だったけれども、この船に乗っている人々にとってはたんなる日常、毎日遭遇する不運のひとつにすぎないものだった。ブラジル人は人生の難局に直面して慌てふためいたりしない。たとえそれがどんなに厳しい困難であっても。あるがままの事態を受け入れ、たったひとりで立ち向かう。ブラジルの人は親切で心から手を差し伸べてくれようとするけれども、とりわけカボクロたちが自分の問題は自分でなんとかするべきだと確固たる信念を貫いているのも事実だ。「いつでも喜んでお手伝いしますが、あなたに助けてもらおうとは思いません」というやつだ。

　ヘクレイオで旅した日々は、自分の人生でも最も長く感じられる時間だった。川面に漂う監獄に囚われているようなものだった。ケレンが寝ているハンモックのそばのベンチに座り、時速六ノットで遡るボートの脇をゆったりと流れ去っていく川べりの植物や動物を眺めて、心を休めようと努めた。ケレンとシャノンの身を隠してやれる場所がなく、常にほかの乗客の視線にさらされていることがわたしにはとりわけ堪えた。乗客は概して思いやりがあったが、まるでわたしがここにいないかのように自分のことが三人称で話題にされるのには辟易した。

「(あの人死ぬね)」女性が連れに尋ねる。

「(当然だよ。あのガイジンはばかだね。家族をこんなところに連れてきたりして。マラリアにかかったんだよ)」

　ケレンとシャノンの病気がマラリアだとありきたりの診断が下されるのを聞くと、わたしはほんとは腸チフスなのにわからないんだな、と優越感に浸って自己満足した。

「(あの人の顔、まあひどく日焼けしてること)」

「(それにしても色が白いねえ!)」

「(あの男きっとたんまり金を持ってるよ)」

　こんな感じの噂話が延々と続き、しまいに反応する気も失せてくる。

　そしてオーシリアドラを出発して三度目の夜、マデイラ川の湾曲部を曲がったところで右手に光の洪水が見えてきた。もう何週間も電気を見ていなかった。ジャングルの闇を切り裂くウマイタの街の明かりを目にすると、ピダハンの世界とはまったく別の世界、マイシからは遠く隔たった世界があることを改めて実感した。何より肝心なことに、それは文明の証、医者に診てもらえる証だった。船は速度を緩め、マデイラを斜めによぎってまだ二キロばかり先にある街へと接近していく。明け方の三時ごろだった。船が接岸した。コンクリートの石段は、たゆみない茶色の流れに浸食されてほとんど崩れかけている。船から川岸の間の一メートル余りをつなぐ狭い板が渡された。荷物と子どもたちを運ぶのに、誰も手を貸してくれようとしない。だがわたしは火事場の馬鹿力で動いた。まず荷物をいくつかとクリステンとケイレブを抱えあげてぐらぐらする板を渡り、道路わきの波止場の名残りらしきものに降り立った。客待ちのタクシーが停まっていた。

ほんの四歳にしかならないクリスに言い聞かせる。「ここで待っているんだよ。動いちゃだめだ。荷物の上に座って。誰にも持っていかれないようにね。これからママとシャノンを連れてくる。ケイレブのことも見ているんだよ。わかった?」

クリステンはついいましがたまでぐっすり眠っていた。まだ夜中の三時半なのだ。

「うん、パパ」クリステンは目をこすり、ここは一体どこなのかとあたりを見まわした。

わたしは渡し板を駆けもどり、ハンモックをすべて回収した。ケレンをベンチに寝かせ、駆け足でシャノンをクリスのところに運んでいく。シャノンは震え、痛みに呻いていた。それから取って返してケレンを抱き上げた。妻は村を出たときより一層軽くなっていた。ケレンを岸に運びあげると、まっすぐにタクシーに向かった。運転手がトランクに荷物を詰め込むのを手伝ってくれている間に、子どもたちとケレンを後部座席に押し込んだ。ものの数分のうちに、わたしたちは病院へ向かって走りだしていた。

この病院はいまもあり、街のはずれに建っている。当時は真っ白で、タイル張りの床に、壁は煉瓦と漆喰塗りの簡素な造りだった。わたしは持ち物すべてを下ろして受付に運んだ。明かりは天井から針金でぶら下がっていた。受付には人影がなく、病院全体から人が逃げだして打ち捨てられているように見えた。五〇床ほどの小さな病院だが、病院は病院だ。わたしは人を探して廊下を走った。白衣を着た男性が診察台で寝ていた。

「(妻が病気なんです。腸チフスじゃないかと思います)」

男性はゆっくりと起き上がった。「(チフス？　このあたりでチフスはあまり見ないな)」

男性は家族が待っているところまで来てくれた。ケレンを見て手で熱を測り、次にシャノンの熱にも触れた。「(なるほど。これはたぶんマラリアですね。まあ、確かめてみましょうか。顕微鏡で見てみましょう)」

彼はシャノンとケレンの指から血をとり、スライドを作った。顕微鏡をのぞいたとたん、笑いだした。

「何がおかしいんです」わたしは腹が立った。

「Elas têm malária, sim. E não é pouco, não.（確かにマラリアだ。それも並みの数じゃない）」

医師はわたしの無知を笑ったのだった。その上シャノンとケレンの血中のマラリア・レベルがそれまで見たためしがないほど高く、笑わずにいられなかったとも言った。毎日のようにマラリアの治療をしている彼でも見たことがないほど大量のマラリアがうごめいていた。もちろんわたしが愚かにも村ですぐにマラリアの治療を始めなかったせいだ。医師はケレンとシャノンをほかに患者のいない病室に入れ、早速クロロキニーネの点滴を始めた。クリスとケイレブとわたしは病室に泊まり込んだ。翌朝ケレンは目を覚ますと、か細い声で水が飲みたいと言った。少しよくなってきた証拠だ。シャノンも回復に向かっているようで、コーラを買ってきてと頼んできた。それからケレンが、髪を留めるものが欲しいと言った。このころケレンの髪は腰まであったのだが、村を出るとき髪を留めるものを持ってくることなどすっかり頭になかったのだ。受付のところに行くと、尼僧がふたり勤務についていた。ここはカトリックの教区教会と行政の共同出資の病院だった。わたしは尼僧のひとりに、ケレンの髪を留めるものはないか尋ねた。

「オリャ ジェンテ（ねえ、皆さん）」尼僧は待合室にいる全員に聞こえるように叫んだ。「（この外人は受付が売店か何かだと勘違いしてるわよ。奥さんの髪を留めるものが欲しいんですってさ）」

わたしはとりたてて敬虔な家庭で育ったわけではないので、カトリック教徒がプロテスタントに、あるいはプロテスタントがカトリックに抱く敵意を目の当たりにした経験はなかった。疲れて途方に暮れていた上に、尼僧のこの態度には傷ついた。貧困のなかにいる人々は、貧しくない人間に対して懐疑的になりがちだ。この尼僧からしたらわたしは金持ちに見えたのだろう。そしておそらくそこにいた全員が、わたしがアメリカ人であるがゆえに人種差別をするものだと信じていたに違いない。そういう紋切り型の見方があることは、本などで読んで知ってはいたが、実際に体験するのは初めてだった。自分自身が偏見の矛先になるのはこのときが初めてではあったが、その後の数十年にわたって幾度か偏見のまなざしを浴びることになる。ここウマイタでは誰ひとり話し相手になってくれなかった。そのうえ皮肉なことに、みんなから金持ちだと思われていたのに、実際には手持ちの現金は底をつきかけていた。クリスとケイレブとわたしには寝る場所もなかった。病院は付き添いのベッドを用意してくれなかったからだ。わたしたち三人はケレンとシャノンのベッドのそばに座ったまま少しばかり眠ったが、これはポルト・ベリョに行かなくてはならないと心を決めた。

午前十一時に、ポルト・ベリョに向かうバスがあることがわかった。クリスとケイレブを州都に連れていき、次の朝一番でケレンとシャノンを連れに戻ってくることにした。ケレンとシャノンをバスに乗せるのは論外だった。ケレンはマラリアの激痛でほとんど身動きもできず、シャノンもかなりの痛みを感じている様子だ。ふたりは栄養補給も受けられるし、マラリアの薬も点滴してもらえる。そこでわたしはケレンとシャノンに、わたしたちはここを発つけれども、翌朝必ず戻ってくると伝えた。

「お願い、行かないでパパ」シャノンは泣いた。「パパがいてくれないと怖い」

ケレンは、できるだけ早く全員が街としてもっと大きなポルト・ベリョに移動したほうがいいとわかってくれた。そこからなら必要とあればアメリカに帰ることもできる。航路があるからだ。電話で助けを呼ぶことはできなかった。伝道団の本部には電話が引かれていなかった。一九七九年当時は、ブラジルで電話を手に入れるのは不可能に近かった。家庭用の固定電話は一万ドル以上した。だから街の中心から二〇キロ離れたＳＩＬの伝道センターに連絡を取る方法は皆無だった。

わたしは病院を出てバスの停留所を探した。ジャングルという日差しを遮るもののないウマイタの街なかは、熱帯の日差しをもろにあびて焼けるように暑かった。よく見れば埃っぽくさびれていて、マデイラ川の川沿いにちょっとばかり開けた開墾地にすぎない。バスの「停留所」も、大通りから外れた一軒家の一角で、表の部屋にしつらえられたカウンターの奥では一家がテレビを見ていた。わたしは手持ちの金をほとんどはたいてポルト・ベリョまで三人分の乗車券を買った。病院にクリスとケイレブを連れに戻り、ケレンとシャノンにさよならを言った。

このときのわたしは、一週間で合計十五時間ほどしか眠っていなかった。心底疲れ切っていて、精神的にも肉体的にも忍耐の限界だった。考えようとしてもうまくまとまらない。クリステンとケイレブとわたしはウマイタ＝ポルト・ベリョ間を走るくたびれた錆だらけのバスに乗り込み、五時間近い旅に備えてできるだけ楽な姿勢をとった。小銭が残っていて、最初の休憩場所でなんとか水と軽食を買うことができた。ポルト・ベリョに着いたのは午後四時に近かった。わたしはタクシーを停め、旅の最後の仕上げのためとはいえ、ほとほとうんざりしながら車に乗り込んだ。タクシーの運転手もご多聞に漏れず、アメリカ軍用のダッフルバッグを抱えた汚らしいなりの白人たちを目を丸くして見つめてくる。わたしは彼に、アメリカ人居留地に行ってくれるよう頼んだ――ＳＩＬの敷地は現地でそう呼ばれている。

タクシーはジャングルを抜ける道を進んだ。マイシ流域に引けをとらない野生の植物や動物に恵まれた環境だ。以前来たときジョギングをしていて、ジャガーに出くわしたこともある。ＳＩＬセンターに到着すると、門から一番近い住居に向かった。そこの伝道団がタクシー代を払ってくれた上、「電話リレー（ＳＩＬの敷地にはセンター内だけで使える寄贈品のベル電話機があった）」をはじめてくれた。ほどなく敷地内の伝道団全員がケレンとシャノンのために祈りはじめ、助力を申し出てくれた。ひとりはすぐに迎えの車を出そうと言ってくれたが、彼には、ふたりの容体が悪すぎることを説明した（それにわたし自身睡眠が必要だった。倒れる寸前だったのだ）。ＳＩＬの看護師のベティ・クローカーとパイロットのジョン・ハーモンに頼み、翌日ウマイタまでわたしを連れて飛行機で飛んでもらうことにした。

次の朝七時に、わたしたち三人はポルト・ベリョの飛行場を飛び立った。ウマイタまで一時間のフライトだ。ジョンは定期飛行と変わらない調子で、わたしが大げさに騒ぎたてているだけじゃないかと感じていることを匂わせていた。ベティはあの手この手でわたしを元気づけようとしてくれた。彼女はアメリカの大きな病院の救命救急を渡り歩いており、今回の役目にはうってつけの人だった。ウマイタの滑走路に向かって降下しながら、ジョンは街の中心部にあるタクシーの客待ち場に合図を送り、郊外の滑走路でタクシーを必要とする客がいることを知らせた。着陸したときにはタクシーがドアを開けて待っていて、運転手が愛想たっぷりに笑いながら荷物を運びこむのを手伝ってくれた。ジョンは飛行機に残り、ベティとわたしが病院に向かった。留守の間にふたりがどうなったか見当もつかず、わたしはひどく不安で神経が昂ぶっていた。シャノンとケレンにもしものことがあったら、これからどうやって生きていったらいいだろう。思い惑うのをやめなければ、神経がほんとうに参ってしまいそうだった。緊張し、体じゅうの筋肉が張り詰めていた。あふれだしそうになる涙を何度となくのみ込んだ。

病院に着くと、料金を払うやいなや、ケレンの病室に飛び込んだ。ベティがすぐあとをついてくる。ケレンとシャノンは悪くなってはいなさそうだった。だがまだずいぶんと弱々しく、一晩じゅうクロロキニーネを投与されていたのに、あいかわらず熱が高かった。川を旅してきたせいでふたりがたいそう日に焼けていたのに、そのとき初めて気がついた。肌が真っ赤になって剝けはじめている。院に、滑走路まで救急車を出してもらえるか尋ねた。ガソリン代を負担するなら喜んで救急車を出すという。娘と妻が救急車に運び込まれているとき、ベティの顔がこわばり、表情が深刻になっていることに気がついた。口数も少なくなっている。吐き気止めのプラジルをシャノンとケレンに注射し、痛みと熱を和らげるためにノバルジナを投与する。滑走路に近づくと、ジョンは無邪気に何かしら読んでいた。救急車はセスナ二〇六の横手にある荷室のドアにバックで近づいていった。ベティが降り立ち、ジョンが見つめる。次にわたしたちはケレンを運び出した。ケレンの様子を見るなりジョンの態度が一変して、すぐさま、いまだかつて見たこともないほどの手際のよさで飛行機の後部座席を取り外しにかかった。ケレンを運び入れ、次にシャノンを運びこむと、ジョンとベティは点滴台を飛行機のなかに固定した。患者たちは横になっているのでシートベルトは使えない、とジョンは言った。ベティもシートベルトなしで患者に付き添う。安全基準や手順に違反することで、通常ならジョンは決してやらないはずだった。

何分も経たないうちに飛行機は飛び立った。

ポルト・ベリョに着くと、わたしたちはケレンをベティの家に運んで、ベティのベッドに寝かせた。ケレンには二四時間態勢の監視が必要だったからだ。シャノンは、伝道団の別の看護師が待機している別の家に運ばれた。いまこうして当時のことを書き起こしているだけでも、わたしの目にはいまだに感謝の涙があふれてくる。伝道団のパイロットや看護師、事務官たちの配慮と、職務に徹する姿勢は見上げたものだった。あの人たち以上に慈愛に満ちた人たちにはこれまでに接したことがないし、これから先もないだろうと思う。

ベティは自分の夫のディーンとわたしに、街に医者を探しに行かせた。

「マセド先生を探してきて。いいお医者さんって聞いてるから」

ディーンとわたしはベティに言われたとおり、狭い脇道の診療所で医師を見つけた。

わたしがマセド医師に事情を説明した。「(妻がマラリアです。あなたがとてもいいお医者様だと聞いてきました)」

痩せぎすのマセド医師は濃い褐色の肌で、少し話しただけでも知性と自信のほどが伝わってくる人だった。自分はつい最近までロンドニア地方(当時はまだ現在の州制にはなっていなかった)の保健局長を務めていた、と医師は語った。すぐに一緒に来てくれるという。わたしたちは普段なら三〇分かかる道路を、雨季で道が悪くなっているのものともせず、二〇分もかけずに走った。ベティの家に入ると、マセド医師はまっすぐケレンのところに行った。血圧が低く危険な状態で、在宅で治療するにはマラリアのレベルが高すぎるという診立てだった。

「(ただちに入院させなければなりません)」医師は言う。

わたしたちが部屋に入っていったときも、ベティの表情は暗かった。医師によれば、ケレンにはすぐに輸血が必要だった。ケレンの血液型はOなので、提供者がいないという心配はない。またもや電話リレーでこのことが広まると、センターの男性たちがこぞって献血を申し出てくれた。血液提供者たちがマセド医師と先に街の病院に向かい、わたしとベティはケレンと一緒にマセド医師がよこしてくれる救急車を待つことになった。

「(ひじょうによくない)」マセド医師はわたしを脇へ呼び、告げた。「(奥さんはここに着くのが遅すぎた。三四、五キロしかありません。血中のマラリアも大変強い。助からないかもしれません。血縁の方がいるなら、連絡したほうがいいでしょう)」

わたしは言葉もなく医師を見つめた。医師が出ていってしまうと、わたしは看護師に詰め寄った。

「ケレンはどんな具合なんだい、ベティ。ほんとうのところ」

「助からないかもしれないわ」ベティは目に涙を浮かべていた。

街に着いたら電話会社に行って、ベレンにいるケレンの両親、アルとスーのグレアム夫妻に電話をかけるつもりだとベティに伝えた。ふたりは何十年もベレンで宣教師をしていた。

一時間ほどで救急車が到着し、ベティがケレンと乗り込んだ。わたしはシャノンの様子を見てから――あいかわらず痛みがあり、熱も引いていなかったが、シャノンは快方に向かっていた――別の車で後を追った。力が抜けていた。ケレンが死ぬかもしれないなんてどうしても信じられなかった。十一歳のとき母を亡くしている。母は二九歳だった。十五のときには六歳だった弟が溺れて死んだ。身近でこれだけの人に死なれていたら、ひとりの人間としてはもう充分ではないか。どうしていま妻を奪われなければいけないのか。街の中心に着くと、ケレンは古びた個人診療所の照明も満足にない部屋に入れられた。看護師たちはすぐに、献血された血液の輸血にとりかかった。血液は診療所の廊下の古い冷蔵庫に保管されていた。氷のように冷えた血液が注入されると、あまりの痛さにケレンは悲鳴を上げた。キニーネの点滴も始まり、ケレンには酸素が必要になった。わたしは二時間ほど付き添ってから、ケレンはベティに任せて、シャノンやクリス、ケイレブの元に戻った。

ケレンの両親は翌日ベレンの自宅からポルト・ベリョにやってきた。スーはケレンが苦しい回復の道をたどる間、六週間もわたしたちと一緒にいてくれた。二週間に及ぶ集中治療の末、医師はケレンが峠を越え、完全な健康を取り戻せるかもしれないとまで言ってくれた。スー・グレアムがいてくれたことが大きかったに違いない。スーは少しも疲れを見せることなくケレンの看病にあたり、子どもたちにはSILの居留地のなかでできうるかぎり家庭的な環境を整えてくれた。シャノンは行きつ戻りつしたもののの、ケレンより一足早く回復した。

ある日の午後、シャノンがすっかり元気になったというので、同年代の子どもたちと自転車で遊びに行くのを許した。子どもたちが走りだしてまもなく、自転車の倒れる音がして、シャノンが「オウェイ」と言うなり泣きだした。家に戻ってきたシャノンのおでこにはえぐれたような傷があって、縫わなければならなかった。すっかりやせ細ったシャノンの腕や脚をあらためて間近に見て、軽い散歩程度の運動以外はまだできる状態でないことを実感したのだった。

ケレンの母親が帰っていったあとも、ケレンが母親の手を必要としていることが見て取れた。そこでケレンとシャノンの体力が戻ってから、アルとスーの元で完全に健康を取り戻せるように、クリステンとケイレブも一緒にベレンに送り出した。わたしはひとりでピダハンの村に戻った。

半年近くも養生したのち、ケレンとシャノンは充分に回復し、クリスとケイレブと一緒にピダハンの村に戻ってこられることになった。ふたりは体重も増え、すっかり健康体になってはつらつとしていた。ケレンは難しいピダハン語に取り組むことに意欲を見せていた。

こうしてわたしたち一家の三〇年に及ぶピダハンとの暮らしが本格的に始まったのだった。

# 第四章　ときには間違いを犯す

ケレンとシャノンがマラリアで死にそうになっていたとき、ピダハンには、わたしには理解できていない部分、うまく見極められていない重大な要素があることに気づかせられた。わたしはピダハンたちが、わたしと、わたしが陥っている窮状にさして同情を示してくれないことに傷ついていた。

当時、自分の苦境に精一杯だったわたしには、この程度の苦しみはピダハンには日常茶飯事であることなど思いもつかなかった。しかも彼らがあてにできる定めはわたしよりはるかに心もとない。ピダハンはひとり残らず、近親者の死を目の当たりにしている。愛する者の亡骸をその目で見、その手で触れ、家の周りの森に埋葬してきたのだ。医師もいなければ病気になったとき駆け込める病院も無きに等しい。もしピダハンの誰かが動けないほど具合が悪くなったとしたら、西洋医学なら簡単に治せる疾病であったとしても、その人物が命を落とす可能性は高い。ピダハンの葬式には、当座の食べ物を料理してもってきてくれる隣人も親戚もない。母親が死んでも、子どもが死んでも、伴侶が死んでも、狩りをし、魚を獲り、食料を集めなければならないのだ。誰も代わってはくれない。ピダハンの生活に、死がのんびりと腰を落ち着ける余地はない。家族を助けたいからと、誰かからモーターボートを借りられるピダハンはいないだろう。それに突如現れたピダハンの家族に、自ら手をさしのべてくれる街の住民もいるとは思えない。どのみちピダハンが、赤の他人の手を借りるわけもないのだが。

ピダハンたちには、西洋人が彼らの二倍近くも長生きできると見込んでいることなど、知る由もない。見込んでいるどころか、それが権利だと考えているくらいだ。アメリカ人は特に、ピダハンの禁欲をもち合わせていない。とはいえ、ピダハンが死に無頓着だというわけではない。父親は、それで子どもを救えると思ったら、何日でもボートを漕いで助けを求めに行くだろう。わたし自身、夜中に思いつめた目をしたピダハンの男に起こされたことは何度もある。すぐにきて、病気の子どもか伴侶を見てやってくれないかと。その顔に刻まれた苦悶と心痛は、ほかの何ものにも劣らず深いものだった。だがピダハンが、必要なときには世界じゅうの誰もが自分を助けるべきであると言わんばかりにふるまったり、身内が病気か死にかけているからといって日課をおろそかにしているところを見たことがない。冷淡なのではない。それが現実なのだ。ただわたしは、まだそれを知らなかった。

雨季には、マルメロスから商人たちの船がブラジルナッツやソルバ（コウマの木の果実で甘い）、ローズウッドなど、熱帯雨林の産物を求めて毎日マイシ川をのぼってくる。順序はいつも同じだ。まず遠くからディーゼル・エンジンのパタパタパタという音が聞こえてくる。たまに停まらずに通り過ぎることもあるが、そういう日は稀だ。交易船が近づいてくるのはわたしには大いに脅威だった。調査の邪魔になるからだ。それに行商人たちは、最良の言葉の先生たちをかっさらい、時には何週間も働かせることがあるので、そのたびにわたしの調査はぱったり停滞することになった。交易船が停まりそうなときは、ちょうどわたしの小屋のそばを通りかかるあたりでディンと一度信号音を鳴らすのでそれがわかる。舵手がエンジンを止めるタイミングを機関手に伝える鐘だ。ついでディンディンとふたつ鐘が鳴り、船は惰性でマイシの流れに逆らいながら、わたしが家の前に造った船着場兼水浴場の小さな浮き桟橋に、ちょうどいい角度で後ろ向きに入ってくる。

こうした交易船が来るときは、わたしは船が完全に停まり、商人たちの運んできた品物（メルカドリア）を見ようとピダハンたちが走り寄ってくるまで家のなかで待っている。そのうちに誰かピダハンがやってきて、ブラジル人が話したがっていると言うに決まっているからだ。

そうした申し出を断るのが失礼にあたることは、早い段階から身にしみていた。多い日には三隻から六隻もの交易船が寄ることもあり、船が一隻来るたびに、彼らの商売の話を少なくとも半時間は聞かされるとしても、だ。交易船の商人たちと話をするのはいやではなかった。むしろ商人や一緒についてきている家族たちとの会話は楽しかった。商人たちはみんな腹の据わったパイオニアで、どこから見ても一筋縄ではいかない、シルヴェリオやゴドフレド、ベルナール、マシーコ、シコ・アレクリン、ロマーノ、マルティーニョ、ダルシエル、アルマンド・コラリオといった名前の男たちだった。

商人たちがわたしと話をしたがるのには、いくつか理由があった。まず、わたしが彼らの出会うなかで一番色の白い人間だったということがある。その上わたしは、長くて赤い髭を生やしていた。ふたつめの理由は、わたしの話し方がおかしかったことだ。わたしのポルトガル語はサン・パウロ方言に近く、商人たちのアマゾン方言とは違っていたし、知らず知らずアメリカ風の母音が混じるせいで一層聞き取りづらくなっていた。三つ目は薬品欲しさで、しかも病人からはわたしが代金を取らないことが知られていた。最後の理由は、わたしが商人たちからピダハンの主人と思われていたことだ。何といってもわたしは白人で、しかもピダハン語を話す。それだけでこの商人たちには、わたしが実権を握っている何よりの証拠なのだった。結局のところ商人たちは、たとえ話し相手として面白いとしても、おしなべて人種差別者で、ピダハンを一人前の人間とは考えていなかった。

初めのうちこそわたしはピダハンも彼らとまったく同じ人類であるとわからせようとした。「(この人たちはあなた方よりもずっと前、たぶん五〇〇年ほど前にペルーからやってきたんだ)」「(やってきたとはどういう意味かね？　こいつらは森から生まれたんじゃないのか。サルとおんなじで)」川の男たちの答えはたいていこんな調子だった。

商人たちはピダハンをサルになぞらえたがる。ホモ・サピエンスの一種を霊長類の祖先にひとつ先祖返りさせるのは、世界じゅうの人種差別者の倣いのようだ。川の行商人たちからすれば、ピダハンはニワトリなみにしゃべり、サルなみに動く生き物だ。そうではないことを口を酸っぱくして伝えようとしてみたが、無駄に終わった。

ピダハンのボスだと思われていたせいで、ブラジル人商人たちがピダハンを雇いたいときにはいつもわたしが許可を求められた。しかしもちろんわたしはボスでもなんでもないので、ピダハンを雇いたいなら本人たちに承諾を求める必要があると答えるしかなかった。

ピダハンが商人たちと意思疎通するには、身ぶりとポルトガル語の決まり文句いくつか、それにピダハンと商人たちの両方が知っているリングア・ジェラル——「共用語」あるいは「良い舌（Nheengatu ニェーンガトゥ）」とも言われているポルトガル語とトゥピナンバ語（いまは消滅したがかつてはブラジル海岸部のほぼ全域で通用した先住民族の言葉）の混成語——の単語を使う。

ある夜九時ごろ、子どもたちが寝静まり、ケレンとわたしも床についたあとに、見たことのない船が村へやってきた。ピダハンが船の主はロナウジーニョだと叫んできた。もちろん船主はわたしに会いたがっているというわけだ。そこでわたしは起き上がり、話をするために船に乗り込んだ。一見してロナウジーニョの行動は怪しかった。まず商品が見当たらない。それなのに船はかなり大きいほうだった。長さが十五メートル、幅も三、四メートルはあり、甲板の下は船倉になっていた。

わたしは空荷の船の端に腰を下ろした。ロナウジーニョが反対側に座り、甲板沿いをピダハンが取り巻く。

「(ブラジルナッツを集めるのに、八人ほど上流に連れていきたい)」彼は言った。

「(わたしに許可を求める必要はないですよ。わたしには関係ない。ピダハンに訊いてください)」

船主はまるでわたしが建前を口にしたと言わんばかりにウィンクして見せた。そこでわたしは、ポルト・ベリョにある国立インディオ保護財団(FUNAI)のアポエナ・メイレレス局長から商人たちに伝えてほしいと頼まれていることを付け加えた。

「(ひとつだけ。法律で、先住民を使うには本人たちの同意がいることと、産品の市場価格に見合った手間賃か、少なくとも最低賃金は支払ってもらわなければいけません)」

「(しかしおれは金はない)」ロナウジーニョは答えた。

「(現金払いはピダハンには合わないかもしれない。商品で払うこともできますよ)」わたしは言ってみた。

「(なるほど)」彼はつぶやいたが、納得はしていなさそうだ。

わたしは改めて船のなかを眺めた。商品は甲板の下、ポルトガル語で「ポラウ」と呼ばれている貯蔵庫にあるのかもしれない。

「(でもカシャーサ(サトウキビから精製するラム酒)で支払うのはだめです)」わたしは警告した。「(FUNAIの局長が、もしピダハンにアルコールを売りつけたら最高で二年刑務所に入ってもらうと言っていますからね）」

「（いやいや、こいつらに酒をやったりしませんよ、ダニエルさん）」ロナウジーニョは請け合った。「（ほかの商人たちはやるかもしれませんがね、神様のお恵みで、おれはそんな根性の曲がった人間じゃない）」

よく言うよ、とわたしは思ったが、口ではもう寝るとだけ答えた。

「ボア・ノイテ（おやすみ）」

「ボア・ノイテ」

わたしは家に戻り、すぐ寝入ったが、時折船から聞こえてくる笑い声に眠りを邪魔された。船主がピダハンにカシャーサを提供しているのは間違いない。けれども警察のまねごとはしたくなかった。疲れていたし、これ以上は手出しのしようもない気がしたからだ。

やがて真夜中ごろ、ぐっすり眠り込んでいたわたしは、大きな叫び声に目が覚めた。わたしの意識に最初に突き刺さってきた言葉は、「アメリカ人を殺すのなんか怖くない。ブラジル人が言った。アメリカ人を殺せば新しいショットガンをくれるんだ」

「じゃあ、あいつらを殺すんだな」

「そうだ。あいつらが眠っている間に射ち殺す」

このやりとりは、家から三〇メートルと離れていないジャングルの闇から聞こえていた。村の男たちのほとんどが、ロナウジーニョのふるまったカシャーサで酔っている。だがロナウジーニョはカシャーサを飲ませただけでなく、わたしと家族を殺せとそそのかしたのだ。殺したやつには新品のショットガンをやると言って。わたしはベッドの上で体を起こした。ケレンも隣ですっかり目を覚ましていた。

これはまだ、ピダハンの村に来はじめて二度目の滞在のときの出来事だった。この時点で滞在期間は七ヵ月になっていた。村人たちがわたしたちを殺す話し合いをしていることを理解できる程度には、彼らの言葉がわかるようになっていた。たがいにお前がやれと言い合っている。すぐにでも行動を起こさないと取り返しのつかないことが起こりそうだった。子どもたちはハンモックでぐっすり眠っていた。シャノンもクリステンもケイレブも、両親のせいで危険に巻き込まれていることを少しも知らないでいた。

わたしはベッドの蚊帳を寄せ、普段ならほとんど考えられないことだが、真っ暗なままで——懐中電灯でも点けようものなら注意を引いてしまう——短パンとベッド脇においてあったサンダルだけを身につけた。わたしはジャングルを抜け、男たちがわたしたちを殺す気分を高めている小屋に向かって慎重に足を運んだ。緊張していたのはもちろんのこと、暗闇でヘビを踏んでしまうのも怖かったのだ。歩くのはほんの二、三〇メートルのことだったが。

ピダハンがどういう態度でわたしを迎えるのか、見当もつかなかった。彼らの言い草はひどい衝撃で、もはやピダハンのことはわかっているなどと言えなくなっていた。もしかしたらわたしを見つけたとたん殺そうとするのかもしれない。だが何もせずにおめおめと家族を殺されるわけにはいかなかった。

男たちが集まっている場所はわかった——もともとはヴィセンツォが建てた小さな家だ。ジャングルの闇にまぎれ、ヤシの羽目板の隙間から小屋のなかを覗くと、ランパリーナの揺れる炎の周りに座っている男たちが見えた。ランパリーナはアマゾン一帯ではよく使われている小さな灯油ランプで、少量の灯油を入れた容器の隙間から布の灯心が突き出していて、アラビアン・ナイトにでてくるアラジンのランプを思いださせる。ランパリーナの炎は鈍いオレンジ色で、夜などは暗がりに人の顔だけがぼんやりと浮かび上がってなんとも不気味に映る。

わたしは小屋の外でそっと息を詰めた。どういう風に入っていったら、少しでも角付き合わせずにすむだろうか。結局わたしは精一杯の笑顔を作って、最高のピダハン語で言いながらさりげなく入っていくことにした。「やあ、みんな！　楽しくやってるか？」

四方山話をしながら小屋のなかを歩きまわり、矢や弓、ショットガン二挺、それにマチェーテを二本拾い集めていった。ピダハンの男たちは、アルコールに澱んだ目で声もなくこちらを見つめている。彼らが反応できないでいるうちにやり終えていた。わたしはとっとと小屋をあとにし、無言のまま闇へと逃れた。うまく武器を取り上げたものの、これで自分や家族が安全になったと過信するつもりはなかった。とはいえ当座の危険は少しは減ったわけだ。わたしは武器を我が家に持ち帰り、倉庫に入れて鍵をかけた。ピダハンにカシャーサを飲ませた行商人は、まだ家の前の桟橋にボートをつないで眠っているはずだ。そいつを追い出してやろうと心を決めた。だがその前に、家族を守っておかなければならない。

ケレンと子どもたちを倉庫に行かせて鍵をかけた。壁と扉があるのは倉庫だけなのだ。暗い部屋で、ヘビやネズミ、数え切れないほどのムカデやゴキブリ、タランチュラを見つけては殺した場所だ。子どもたちはここまでの出来事をまったく知らず、ハンモックに寝ているところを起こされてぐったりして寝ぼけていた。倉庫に連れて行っても、文句も言わずに床に寝そべった。わたしはケレンに、内側から鍵をかけさせた。

そうしておいてから、わたしはボートに向かって土手を下りていった。一歩進むごとに怒りがこみ上げてくる。だがそのうちに、言葉の先生であるコーホイも、コーホイのショットガンもさっきの小屋には見当たらなかったことに気づいて、高ぶっていた感情がにわかに醒めた。そしてそう思ったのとほとんど同時に、コーホイの声がすぐ後ろの藪のなかから聞こえてきた。「いますぐお前を撃って殺す」

わたしは声のしたほうに振り向いた。顔に胸に、二〇口径のショットガンの弾を雨あられと撃ち込まれるのだろうと覚悟した。コーホイが藪から出て、おぼつかない足でこちらに向かってきた。ほっとしたことに、彼は銃を持っていなかった。

「どうしてわたしを殺したいんだ?」

「ブラジル人が言った。お前はおれたちにちゃんと金を払っていないと。それにお前はブラジル人に、おれたちが働いても手間賃を払ってはいけないと言ったそうじゃないか」

わたしたちはピダハン語で話をしていた。ただコーホイが最初にわたしを脅したときに使ったのは、へたくそなポルトガル語だったが――「エウ　マター　ボサーイ（お前を殺す）」

もしピダハン語を話せなかったら、わたしはその夜生きてはいられなかったかもしれない。コーホイとわたしはピダハン語特有の断続音を連ねて言葉を交わした（英語にはない声門閉鎖音の子音のせいで、ピダハン語はそういう音調になる）。わたしはいまだかつてなかったほど集中してひとつひとつの考えをできるかぎり明瞭にコーホイに伝えていった。「*Xaói xihiabaíhiaba. Piitísi xihixóíhiaagá*（外国人は支払いをしない。［彼が飲ませた］酒は安物だ）」

コーホイは答えた。「*Xumh! Xaói bagiáikoí. Hiatíihí xogihiaba xaói*（うわあ。外国人はおれたちから盗んでいるんだな。ピダハンは外国人はいらない）」

「支払いをしたがっていないのはブラジル人のほうなんだ」わたしは言葉を続けた。「彼がきみたちに払うのは苦い水（ピダハンはカシャーサをこう呼ぶ）だけだ」「それというのも、苦い水なら安くてすむからだ。もしわたしが頼んだように、キャッサバのパンやショットガンの弾や砂糖やミルクで支払いをすると、ずっと高くついてしまうんだ」

　ピダハンたちがブラジル人商人たちの狙いを履き違えてしまうのは、ポルトガル語の理解がとても乏しいせいだ。一握りの者だけがわずかな単語と表現を知っているにすぎない。お定まりの状況以外でポルトガル語を話せると言えるだけの知識のある者はひとりもいないのだ。

　コーホイとわたしは話しながら土手を下りていった。このころにはロナウジーニョも目を覚まして、船室のなかからこちらを見ていた。ロナウジーニョはわたしを見つけて目を見張った。

　コーホイが彼に向かっていきなり喚いた。「ピダハン　マター　ボサーイ」

　ロナウジーニョの顔つきが変わり、彼はついと姿を消した。ついでボートのモーターが回りだし、エンジンが動きはじめた。船を出そうとするのだが、慌てていたせいかボートは桟橋につないだままだ。どこにも行きようがない。ピダハンがひとり、甲板で寝込んでいた。ロナウジーニョは彼を転がして川に放り込むと、マチェーテで舫い綱を断ち切った。一言も言わずに船のなかに取って返すと、ロナウジーニョはボートとともにマイシ川を下って闇にまぎれていった。

　川に放り出されたツーカンが、まだ寝ぼけ眼のままびしょぬれで岸に上がってきたころ、ケレンの声が聞こえてきた。様子を見に川べりまで出てきていたのだ。男たちが二、三人でよってたかって、ケレンを川に追い詰めている。そのなかにはわたしたちを殺してやると一番気勢を上げていたアホアービシが混じっていた。わたしはとっさにケレンに駆け寄った。そのときのわたしはもはや伝道師ではなく、言語学者でもなく、好人物ですらなかった。相手が誰であれ、喜んで傷つけてやる気だった。男たちはカシャーサの酔いに任せてわけのわからないことをつぶやきながら、手近な小屋に退散していった。村はすっかり闇に沈んでいる。女たちが普段は絶えず燃やしている屋内の火床に砂をかけ、ジャングルに避難してしまったからだ。自分の夫たちから身を隠しているのだ。

ケレンに倉庫に戻っているように言うと、彼女は喜んでうなずいた。我が家まで一緒に戻り、妻が倉庫に隠れたのを見届けると、わたしはピダハンから徴収したショットガンを一挺取り上げた。弾が込められていないことを確認し、疲労感をものともせず、居間にしつらえたベンチに陣取り、家族の守りについた。

夜の間に何人もの男たちがひとりで、あるいは徒党を組んで近づいてきたが、そのたびに別の誰かが「ダンはいま武器をごっそり持ってるぞ」と警告していた。このころになると、男たちはわたしたちを殺しにやってくるのではなく、交易品や缶詰を要求してきた。自分たちがこちらを震え上がらせたことはわかっているので、この機会を利用して食料をせしめようというわけだ。全員まだ頭に血が上っていて、わたしにだけでなく、お互いに殺気立っていた。

そのうちに彼らはこちらへの興味を失い、ピダハン同士で口論をはじめた。主だった言語教師のひとりのアホーアーパティが、みんなしてわたしたちを怯えさせたことを謝りに来た。酔ってはっきりしないピダハン語で「*Ko Xoo. Hiaitíihí hi xaaapapaaaí baáááábikoí. Baía . . . baía . . . baía, baíaisahaxá. Ti xaaóó-píhiabiiiigá*（おい、ダン。ピダハンはいまわるーいあたまーだー。こわ、えーと、こわ、えーと、こわがるな。おれはくるーてなーい）」と言ってくる。

パンツは下痢便で汚れ、脚にもつたっている。顔の右半分は鼻水で濡れていた。アバギが家の前で若者と喧嘩を始めようとして、マチェーテを振りまわしていた。

目の前を鋭く矢がよぎっていく。誰かが別の誰かに矢を射かけたのだ。射かけられたほうの顔は暗くてよくわからなかったが、矢は的をそれた。狙われたピダハンが立っていたのはコーホイの家の角で、我が家からは六メートルほど上流よりだ。もう誰もわたしを狙ってはこなかった。

　疲労も極限に達し、危険が去ったとは言えなかったけれども、午前四時ごろになってわたしも倉庫に引っ込んだ。せめて一時間か二時間は眠りたい。ピダハンたちは家のなかまで入ってきて争い、表でも裏でも、倉庫の扉の前でもつかみ合っていた。それでもわたしは疲れ切っていてまともに相手をする気にならなかった。ただ眠りたかった。

　夜が明けると、わたしたちは用心しながら倉庫を出た。板の間で寝たので体じゅうが痛んだ。早朝の光のなかで、壁に飛び散った血痕や、床の血だまりがわかった。血のあとは家じゅうのどの部屋にも残されていた。ベッドにかけた白いシーツはあちらこちらに血がしみついている。短パンは汚れ、顔は血まみれ、頬や目の周りにあざを作り、そのほか男性ホルモンとアルコールのカクテルがもたらした勲章を体じゅうにまとった男たちが行きかっている。シャノンとクリステンは血を見て怯えたが、ケイレブは幼すぎて状況を呑み込めていなかった。ただ男たちは誰ひとり、こちらに近づいてはこなかった。よたよたと足を運びながら、わたしたちの家の前を通るときにはわざと大きく遠まわりしていた。

　その日が明けてしばらくたつと、ひと眠りして酔いを覚ました男たちが謝りにきた。女たちが外に立って、しきりにこう言え、ああ言えと大声で教示している。

　コーホイが代表して口を開いた。「申し訳ない。おれたちの頭は酒を飲むとほんとうに悪くなって、悪いことをしてしまう」

　まったく冗談じゃない、と内心思った。

　あんなことがあったあとで彼らの謝罪を信じていいのかどうか、自信がもてなかった。しかし男たちの態度はいかにも殊勝だった。それに女たちがケレンとわたしに向かって叫んでいる。「わたしたちを見捨てないで。子どもたちには薬がいる。ここにいて。魚はいくらでもあるし、ジャングルでたくさん獲物がとれるし、マイシにはきれいな水もあるよ」

最終的にわたしたちは、ピダハンは一家を殺すべきじゃない、一家はピダハンの友人なのだから、という彼らのいたってまっとうな見解に合意することにした。

「言っておくが、酒でもなんでも好きな物を飲めばいい」わたしは言った。「ここはピダハンの土地だ。わたしのジャングルじゃない。わたしはボスでもない。ピダハンがここの主人だ。ここはピダハンの国だ。ただあなたがたはわたしの子どもたちを怖がらせた。もしここにとどまってほしいというのなら、わたしを殺すなどと脅かして、子どもたちを怖がらせないでほしい。わかったか？」

「わかった！」ピダハンは声を揃えて答えた。「おれたちはおまえを脅したり殺したりしない」

ピダハンが謝罪し、もう二度と殺そうとしないと約束したとはいっても、前の晩のような事態を招いたほんとうの理由は突き止めなければならないと思った。わたしたちの家族を殺すとまで言わせたものが何なのか、知らなければならない。わたしはピダハンの客だ。もしそのわたしを殺したいとまで考えるほど彼らを怒らせるような何かをしたのなら、わたしのほうが将来二度と同じ過ちをしないように、怒りの原因を見きわめておく必要があった。

わたしは村人たちのうちの何人かと、この事件についてもっと詳しく話すことに決めた。アホアービシはわたしに腹を立てていて、家に近寄るだけで気分を害して黙り込んでしまう。わたしは彼と話をしたかった。わたしがどんな悪いことをしたのか、確かめたかった。

ある日わたしは、甘いコーヒーをポットに入れ、カップをふたつとクッキーを持ってアホアービシの小屋を訪ねた。

「おい、犬に吠えつかないよう言ってくれよ」わたしはピダハンが他人の家に近づくときに昔から使う言いまわしでアホアービシに声をかけた。「コーヒーをどうだい？　たっぷり砂糖を入れたんだ。それにクッキーもある」

アホアービシは破顔し、入っていいぞとわたしに言ってから犬たちをたしなめた。六匹ばかりいる犬はネズミに似た雑種の小型犬で、小さいとはいえ獰猛で恐れを知らない（体重が七、八キロほどしかないこの種の犬が、主人を守ろうとしてヤマネコやイノシシに立ち向かっていくのを見たことがある）。主人の足元にうずくまり、歯をむき出したり唸ったりしてはいたが、いまのところこちらに食いついてきそうな動きは見せなかった。わたしはアホアービシにコーヒーとクッキーを渡した。

「怒ってるのか？」わたしは尋ねた。

「いや」コーヒーを啜ってから彼は答えた。「ピダハンはおまえを怒っていない」（ピダハンはよく、自分ひとりの意見であっても集団の見解であるかのような言い方をする）。

「そうか、この間の夜は、ほんとうに怒っているように見えたぞ」

「怒っていた。いまは怒っていない」

「なぜ怒ったんだ？」

「おまえはブラジル人にウィスキーを売るなと言った」

「ああ。ＦＵＮＡＩがここではウィスキーを売ってはいけないと言っているんだ。ピダハンの女性たちも、きみたち相手にウィスキーを売らせないでくれとわたしに言ってきた」（ピダハンはＦＵＮＡＩを少しは知っている。担当者の顔ぶれは変わるが、折に触れ巡回にくるからだ。彼らの目に映るＦＵＮＡＩは、この地域のブラジル人をやんわり取り仕切る存在である）。

「おまえはピダハンではない」アホアービシは言い放った。「おれに酒を飲むなと言うな。おれはピダハンだ。ここはピダハンのジャングルだ。おまえのジャングルではない」アホアービシは少しばかり気持ちを高ぶらせてきた。

「わかったよ」わたしは答えたが、こんなときはピダハン語に文字どおり「遺憾である」を表現できる言葉があればいいのにと思う。「これからはきみに指図はしない。ここはわたしのジャングルじゃない。ただピダハンが酔っぱらうと子どもたちが怖がるんだ。わたしも怖かった。わたしたちが出ていったほうがいいなら、ここに居座ることはしない」

「おまえにはいてほしい」アホアービシは言った。「ピダハンはおまえたちにいてほしい。だがおれたちに指図はするな！」

「きみたちに指図などしない」わたしは約束した。そんな印象を与えてしまったのが恥ずかしかった。

その後はもう少し気楽なことに話題を移した。漁や狩りや子どもたちのこと、そして川を行き来する行商人たちのこと。やがてわたしは立ち上がり、コーヒーカップと空になったポットを持って、二〇メートルと離れていない自宅に戻った。懲らしめを受けた気分で当惑していた。ピダハンがわたしのここでの役割をどう捉えているか、ほとんど致命的なほどに誤解していたことがわかった。わたしは彼らが、伝道師であるわたしを一種の庇護者であり番人と見なしていると考えていたのだ。男たちのなかでも特に酒癖の悪いコーホイビイーイヒーアイ、カアブーギー、アホアービシ、アイーカーイバイーの連れ合いたち、*Xíbaihóíxoi* イーバイホーイーオイと *Xiabikabikabi* イアビカビカビ、*Báigipóhoái* バーイーギポーホアーイそれに *Xiako* イアコは、前任の伝道師たちがここではウィスキーの販売を禁止したと言っていた。

その後前任者たち、アルロ・ハインリクスとスティーヴ・シェルドンに確認してみたところ、彼らは笑って、ピダハンにもブラジル人行商人たちにも、酒を売っていいともいけないとも言ったことなどないと口を揃えた。どうやら女たちは夫に酒を飲んでほしくないばかりに、止められるのはもうわたししかいないと考えてそんなことを言ったようだ。しかしもちろんこれは、どう転んでもわたしが口をはさめる事柄ではなかった。村の駐在さんではないのだ。軽々と女たちの言葉に乗せられて、わたしは自分と家族の生命を危険にさらしてしまったのだ。その上ピダハンの男たちとの間に築いてきたいい関係も壊してしまったのだ。わたしはこの人たちを、まだまだ理解できていなかった。

数週間後、また別の行商人がやってきてピダハンに大量のカシャーサを提供していった。わたしがそれに気づいたのは行商人が去ってしまってからだった。男たちがみんな姿を消したのだ。二時間ほど経って、男たちの笑い声や叫び声が聞こえはじめた。自分がいかに勇敢で強いか、口々に言い合っている。

誰かが誰かに、「おまえのケツを蹴ってやる」と言っているところは、世界じゅうのどこででも耳にする酔っ払いのたわごとだ。カウボーイだった父も、酔っぱらったときのふるまいはピダハンと大差ない。

とはいえ、それで心が休まるわけでもなかった。もう一度酔っ払いの空威張りの標的にされてはたまらない。まだ昼を過ぎたばかりだったので、ケレンと相談して一泊用の荷物をまとめ、モーターボートで十五分ほど上流にあるアプリジオの家に避難することに決めた。アプリジオとその家族はアプリナ族で、六〇年以上前、彼らの両親がピダハンとの仲介役としてブラジル政府からマイシ地区に送り込まれてきていた。わたしたちが荷造りしていると、突然コーホイが現れた。両手いっぱいにショットガンや弓矢を抱えている。

「ほら」彼はにっこりしながら言った。アルコールでかなりろれつが怪しい。「これで怖がらなくていい。銃があるから」

わたしはその行動に痛み入った。だが酒を飲むときにわたしたちがそばにいると、ピダハンが落ち着かないのは間違いない。だからいずれにしてもアプリジオのところに行くことにした。ピダハンに気遣いをさせず、わたしたちの安全を図るために。ピダハンが酔って凶暴になることは、予測していなかった。それも最近の傾向らしく、あとで聞くと、前任の伝道師たちはピダハンが正体なく酔っぱらったり暴れたりするのは見たためしがないと言っていた。だが村は、わたしたちが着任するまで三年近く「伝道師がいない」状態が続いていた——家族そろって早々に引き揚げた一九七九年の第一回目の滞在や、それに先立ってわたしがひとりで一〇日ほど来たときのことを勘定に入れなければ、四年近くなる。伝道師の存在はそれだけで縛りが働くので、伝道師がしばらく来なくなって事情が変わっていたのかもしれない。

わたしはそれまで、ピダハンの文化について深く考えることを敢えて避けていた。というのも、当初失望を味わったからだと思う。ピダハンは羽毛飾りをつけないし、手の込んだ儀式もしない。ボディペインティングもせず、アマゾンのほかの部族のようにはっきりと目に見える形で文化を誇示しない。ピダハンの文化が、なかんずく言語が、どれほど特異なものであるかまだ認識していなかったのだ。彼らの文化は捉えるのは難しいが、ひじょうに力強く守るべき価値があるし、またその文化が、彼らの言語を形作ってもいる。だがそれがわかっていなかったために、わたしは自分のことばかり憐れみ、もっと「興味深い部族」のところで働きたかったなどと考えたりしたのだ。連日男たちは取り立てて何もせず、熾《おき》になりかけた焚火の周りに座って、しゃべり、笑い、放屁し、焼き芋をつついている。時折この日課に性器の引っ張り合いが加わる。そしてこんな気の利いた行為を思いついたのは世界じゅうで自分たちだけだとでも言わんばかりに笑いだすのだ。わたしは人類学の授業で教わったような村を見にいきたかった。均した土地にぐるりと円を描いて家を並べたヤノマミの村や、車軸の端に家々が並び、馬車の車輪のように見えるジェーの村を。ピダハンの村には何の規則性もないように見えた。雑草は茂り放題で虫やヘビのねぐらになる。藪は払い、ごみぐらい捨てればいいじゃないか。何百というゴキブリにたかられて寝ているピダハンや、タランチュラが体を這いまわっているのに平然といびきをかいているピダハンも目にしてきた。

この暮らしの奥にも、わたしの通り一遍の観察では露わにならない何かはきっとあるはずだ。わたしはようやく決心した。専門家としての目で、できるかぎり彼らの文化を分析してみよう。とりあえずはまず、彼らの日常生活を観察することだ。家族の関係、家の建て方、村の構造、独自の文化と伝統がどのように子どもに吸収されるのか、子どもがどうやって社会の一員となっていくのか、などを、手に入れられるだけの人類学の現地調査の手引きに従って見つめてみよう。次に来るのが精神世界だ。彼らの神話や信仰をもっと掘り下げてみる。それからピダハン社会の力関係も見てみたい。そして最後に、自分の観察に基づいてピダハンがいかなる部族であるのか、自分なりの理論を立ててみたいと思った。当時のわたしは人類学に関してごく初歩的な教育しか受けていなかったので、観察するといっても闇を手探りするようなものだった。

# 第五章　物質文化と儀式の欠如

ピダハンに初めて出会ったときから、わたしは彼らの文化をよく理解したかった。手始めに扱いやすいところから、たとえば信仰や道徳観念といったものではなく、物質的な文化を理解するところから取りかかろうと考えた。村にいる間彼らはほとんどの時間を自分の小屋で過ごすので、まず小屋が造られるところを見たいと思った。その機会はまもなく訪れた。アイカーイバイーが新しい小屋を建てることにしたからだ。彼が建てようとしていたのは、ピダハンが造る二種類の小屋のうちしっかりしたもののほうで、*kaii-ii* カイーイ＝イイー（娘のもの）と呼ばれる。

ピダハンの家は恐ろしく簡素だ。「娘のもの」のほかにピダハンが建てる小屋には、*xaitaii-ii* アイタイーイ＝イイー（ヤシのもの）と呼ぶごく簡単な造りのものもある。「ヤシのもの」は主として浜辺の日よけに使われ、杭で幅の広い葉の屋根を支えただけのもので、葉はおよそどんな植物のものでもかまわないが、一番多く用いられるのがヤシだ。これはもっぱら子どもの日よけで、大人は砂の上に平気で寝るし、照りつける太陽の下で一日じゅうでも座っていられる。たまに自分の前に枝を広げて日をよけるくらいだ。「娘のもの」はもっとしっかりしているのだが、とはいってもどちらのタイプの小屋も、激しい嵐に遭うと吹き飛ばされてしまう。もっとも「娘のもの」が飛ばされるほどの嵐は相当強いものだが、「ヤシのもの」のほうは、ちょっとした強風ですぐひっくり返る。

ピダハンの家には、彼らとわたしたちの文化の根本的な違いがよく表れている。ピダハンの家を思うとき、ヘンリー・デイヴィッド・ソローが『森の生活』で言っていたことを思いだすのだ。人間には自分で持ち運べる程度の大きさの箱ひとつあればいい、それで天候から身を守れれば充分だ、ということを。ピダハンには身を守るための壁は必要ない。村そのものが身を守る盾だからだ。村の住人は誰でも、必ず同じ村のメンバーを助けにくる。またピダハンには、富を誇示するための家も必要ない。ピダハンの財産は平等だからだ。プライバシーを保つ必要もない。プライバシーに重きを置かないのだ。セックスするため、排泄するため、あるいはほかの何かの理由で人目を避けたい場合は、すぐ周りにあるジャングルにまぎれればいいし、カヌーで村を離れてもいい。家に暖房や冷房を備える必要もない。ジャングルがごく軽装の人間に最適な気候調節をしてくれるからだ。家はただ、雨や太陽を適度に遮断して眠れる場所であればいい。飼い犬をつなぎ、家族のわずかばかりの所有物をおいておく場所であればいい。小屋は三本の柱を三列に並べた四角形で、真ん中の列の柱は屋根の傾斜をつけるために高くなっている。

アイカーイバイーはまず、屋根と寝床を支える部分からカイーイ＝イイーを造りはじめた。腐りにくい木をほぼ三メートルの長さで六本切り出す。ピダハンは木の種類をよく知っていて、今回使われた木はポルトガル語で「カリカラ」、ピダハン語では *xibobiihi kohoaihiabisi* イボビイヒ・コホアイヒアビシ（アリが食べない）と言う。アイカーイバイーは小屋を建てようとする場所の近くに柱を並べ、マチェーテと手で穴を掘ると、柱をおよそ六〇センチほど地中に埋めた。次に柱の上のほうで小屋の幅の分の長さの柱とつなげ、横にした柱と縦の柱とを、裂いてしなやかにした蔓で結び合わせる。

地面に埋めた縦の柱は長さが二種類で、四本はほぼ同じ長さ、両端の真ん中に来る柱は他より一メートルから二メートルほど長い。柱はすべて六〇から九〇センチ間隔で立てられ、端の柱のてっぺんには、家幅いっぱいの長い梁を支えるための切れ込みが入れてあった。

次にアイカーイバイーは屋根葺きに取り掛かった。屋根にする葉を彼は川向こうの何キロも離れた木立から集めてきていた。ピダハンが *xabiisi* アビーイシと呼ぶヤシの黄色い若芽だ。屋根材を刈り、まとめ、カヌーに運んで村まで持ってくるには何度も苦労して木立と村を往復しなければならない。できかけの小屋のそばに束ねたヤシの葉を持ってくると、アイカーイバイーは包みを「解い」た。この段階で、三メートルほどあるヤシの若い葉は、同じ向きに揃えられている。これを最初は一番高い柱に渡すように、三つか四つずつ蔓や木の皮でくくりつけていく。さらに今度はヤシの葉の束を屋根の下のほうから、十五センチ間隔で上に向かって重なるようにおいていく。アイカーイバイーの苦労の末にできた屋根は、雨をしのぎ、暑さをやわらげてくれる。それにヤシの葉は、雨の音も吸収する。もちろん草ぶきの屋根にも欠点はある。ひじょうに乾燥するととても燃えやすいのだ。害虫にとっては格好のすみかになるし、数年ごとに葺き替えなければならない。

アイカーイバイーの小屋造りはほぼ完成に近づいた。仕上げに彼は、小屋の隅に小さな縁台をこしらえた。縁台は縁をしっかりした木材で囲い、床面に二つ割りにしたパシューバヤシの幹を内側を下に向けて組み、要所を蔓でくくったものだ。

ここが彼の寝床になる。幅は一メートル二〇センチほどだ。ピダハンの小屋は涼しく、そこそこ頑丈で、小屋の片隅で焚火を焚いていると、炎の柔らかな色が揺れていかにも居心地よさそうだ。わたしもよくピダハンと並んで寝床に腰掛け、その日の魚獲りの収穫などを話しながら、寛いだ気分で新しい単語や文法を教わったものだ。ピダハンが話すのを聞いているとつい船を漕ぎそうになる。ピダハンの話しぶりはのんびりしていて、狩りでジャガーに出くわしたというような話題のときでさえいたって気楽に語るのだ。

ピダハンの物質文化が、世に知られているなかでも最も簡素な部類に入るものであることはわかっていた。道具類をほとんど作らないし、芸術作品はほぼ皆無、物を加工することもまずない。彼らが使う数少ない道具のうちでおそらく一番目につくのは、大型で強力な弓（長さ二メートル以上もある）と矢（これも二メートルから三メートルと長いものだ）だろう。弓を作るのにはおおむね三日必要だ。弓に使える材は五、六種類あるが、適当な木を探すのに一日、弓なりにして削りあげるのに二日だ。男たちが弓を作る間、妻や母親、あるいは姉妹が弦を作る。やわらかい木の皮を、太ももを使ってしっかりと縒《よ》り上げていくのだ。そして矢を一本作り上げるのに三時間——矢柄にちょうどいい木材を探し、火で焙ってまっすぐにし、獲物に応じて矢尻を作る。大型獣を狩るには竹の矢尻、サルには堅木を尖らせたもの、魚を獲るには、長くて細い枝の先に、尖らせた爪か骨をつけたもの。羽根と矢尻は、手紡ぎの綿で結わえつける。この手作りの矢で串刺しにされた野豚を見たことがある。矢は尻から入り喉に突き抜けていた。

加工品を作るにしても、長くもたせるようなものは作らない。たとえば何かを運ぶために籠が必要になったら、その場で濡れたヤシの葉で籠を編む。一度二度使うと、こういう籠は乾いて弱くなるので捨てられる。使い捨ての籠を作る技があれば、長持ちする材料（柳など）を選びさえすれば長く使いつづけられる籠を作れるはずだが、そうしない。そうしたくないからなのだとわたしは結論付けた。これは興味深いところだ。人の動きのほうに物を合わせようとする意志を感じる。

もうひとつの加工品がネックレスだ。ピダハンは霊魂を退けるためと、飾りのためにネックレスを作る。女たち、少女たち、そして赤ん坊は男女問わずネックレスを着ける。手で紡いだ綿糸と種で拵えたネックレスに、歯、羽根、ビーズ、缶ビールのプルトップなどなどで装飾を施していく。飾り付けの均整は取れていないし作り方もぞんざいで、近隣のテンハリンやパリンチンチンといった部族の作る見事な羽根飾りやジャガーの歯のネックレス、細かい網目の籠や篩、マニオク加工の道具と比べるとたってお粗末な代物だ。ピダハンにとってはネックレスの美しさはおまけで、第一の目的は毎日のように見ている悪霊を祓うことなのだ。ネックレスには羽根や明るい色の装飾が好まれる。そうすればネックレスがよく目立って悪霊が不意をつかれずにすむからだ。野生動物と同じで、悪霊も不意

をつかれたとき攻撃してくる。ピダハンの装飾品には火急の目的があり、計画的にデザインしたり、均整や対称といったオーソドックスな美学が追求されることはほとんどない。どう考えても長持ちする装飾品を作る技術はあるのだが、そうしようとはしないのだ。

ピダハンは樹皮で *kagahói* カガホーイーとよぶカヌーを作ることができるが、実際に作ることはめったになくて、たいていは丈夫なブラジル製の丸木舟やカヌー（*xagaoas* アガオア）を盗むか、物々交換で手に入れてくる。漁をするにも物を運ぶにも川で遊ぶにも、ブラジル製の丈夫なカヌーにさんざん世話になっているのだから、自分たちで作ろうとしないのはどういうわけか、わたしはいつも不思議に思う。それにブラジル製のカヌーは村じゅうの家族の用を満たすにはどうしても数が足りないのだ。カヌーは個人個人の所有ということになっているので、厳密には共同体の持ち物とは言えないのだが、実際のところ、カヌーの持ち主は、息子や義理の息子、あるいは村の誰にでも気前よくカヌーを貸してやる。人のカヌーを使うということは、獲れた魚をカヌーの持ち主と分け合うことになる公算があるということだ。村のみんなのために新しいカヌーを手に入れるのは容易ではなく、ある日村の男たちから手を貸してほしいと頼まれたことも意外ではなかった。

「ダン、おれたちにカヌーを買ってくれないか。おれたちのカヌーはだめになってしまった」わたしの家でコーヒーを飲んでいるとき、男たちが藪から棒に言いだした。

「自分たちで作ればいいじゃないか」わたしは言った。

「ピダハンはカヌーを作らない。作り方を知らない」

「でも樹皮のカヌーを作るだろう。作っているのを見たことがあるよ」

「樹皮のカヌーはたくさん運べない。人間ひとりと魚だけ。ブラジル人のカヌーがいい。ピダハンのカヌーはだめだ」

「このあたりでカヌーを作っているのは誰なんだい？」

「パウ・ケイマードでカヌーを作っている」男たちは異口同音に答えた。

ピダハンが丸木のカヌーを作らないのは作り方を知らないかららしい。そう思ったわたしは、ピダハンが作り方を覚えられるようにすればいいと考えた。この近辺でカヌー作りといえばマルメロス川をモーターボートで数時間行ったところにあるパウ・ケイマードの人々らしいので、わたしはそのうちのひとりに一週間ほどピダハンの村に来てもらい、ブラジル流のカヌー作りを伝授してもらうことにした。パウ・ケイマードのカヌー作りの名手であるシンプリシオが教えに来てくれることになった。

シンプリシオがやってくると、ピダハンたちは全員（いそいそと）集まってきて、教えを乞おうとした。シンプリシオとわたしはあらかじめ話し合い、彼が自分で作ってみせるのではなく、ピダハンに作らせてシンプリシオが監督し、要所要所で丁寧に教えていくというやり方をとることにしていた。五日間熱心に働いたおかげで美しい丸木のカヌーができあがり、ピダハンたちは得意そうにわたしに見せてくれた。わたしはこれからもカヌーを作れるように、道具を買った。シンプリシオが帰っていってから数日経つと、ピダハンがもう一艘カヌーが欲しいと言ってきた。もう自分たちで作れるじゃないかと言いかえすと、「ピダハンはカヌーを作らない」と言って行ってしまった。その後わたしの知るかぎり、アガオアを作ったピダハンはいない。この経験からわたしは、ピダハンが外の世界の知識や習慣をやすやすとは取り入れないことを知った。たとえどんなに役に立つと思われる知識であってもだ。

ピダハンは肉の保存法を知っている。ブラジル人に会いそうな場所へ出かけようとするときには、肉がもつように塩漬け（塩があれば）か燻製にする。けれども自分たちのために加工することは決してない。ほかのアマゾンの先住民で、肉を塩漬けにも燻製にもしない部族は見たことがない。ピダハンは狩りや漁をしたら、獲物はすぐに食べきってしまう。自分たち用に加工してとっておくことはしない（残りものはたとえ臭いはじめていても、なくなるまで食べつづける）。籠も食べ物も、短期決戦の品物なのだ。

食べ物に対するピダハンの見方が面白いと思った理由のひとつは、食べ物というものがわたしたちの文化ほど重要視されていないと感じたことだ。もちろんピダハンも生きるために食べなければならない。食べることを楽しみもする。村に食べられるものがあるときはなくなるまで食べつくす。だが人は誰しも人生に優先順位があり、食べ物の位置付けも人や社会によってそれぞれに違っている。ピダハンがなぜ、空腹なのに狩りも漁もせず、鬼ごっこをしたり、わたしの手押し一輪車で遊んだり、寝そべっておしゃべりしたりして過ごすことがあるのか、話してもらったことがある。

「どうして漁に行かないんだ？」わたしが訊いた。

「きょうはただ家にいる」ひとりが答える。

「腹へってないのかい？」

「ピダハンは毎日は食べない。*Hiatíihí hi tigisáaikoí*（ピダハンは硬い）。*Americano kóhoibaai. Hiaitiihi hi kohoaihiaba*（アメリカ人はたくさん食べる。ピダハンは少し食べる）」

ピダハンは空腹を自分を鍛えるいい方法だと考える。日に一度か二度、あるいは一日じゅう食事をしないことなど平気の平左だ。ピダハンたちが三日の間ほとんど休みなしに、狩りにも行かず漁にも行かず果実を拾いにも行かず、もちろん備蓄の食料もなく、ずっと踊りつづけているのを見たこともある。

ピダハン以外の人間がピダハンに比べてどれほどたくさん食べるものか、都会に行って街の人間が食べる様子を目の当たりにしたピダハンの反応を見るとよくわかる。初めて都会に行ったピダハンは、西洋の食習慣、特に一日三食食べる習慣を知って例外なく驚く。

村を離れて初めて食べる機会があると、ほとんどのピダハンががつがつと大量のタンパク質と炭水化物を胃に収める。二度目の食事のときもだいたい同じくらい食べる。だが三度目になると困惑してくる。不思議そうな顔で、「また食べるのか?」と聞いてくる。食べ物はあるときになくなるまで食べる、というピダハンの食習慣は、食物が常に手の届くところにあり、決して尽きることがないという環境に来ると成り立たなくなるのだ。都会で半月からひと月半も過ごせば、ピダハンは十五キロは太り、腹や太ももにたっぷり脂肪をつけて帰ることになる。だが村に戻ってひと月もすれば体重は元どおりになる。平均的な体格のピダハンは、女でも男でも身長一五〇センチから一六〇センチ、体重は四五キロから五六キロほどだ。誰もが痩せて力強い。男たちはツール・ド・フランスの選手を思わせる体つきだ。女たちはどちらかといえば男よりやや重いが、均整がとれて強靭なことに変わりはない。

ピダハンの人々は魚やバナナ、森に棲む野生動物、幼虫、ブラジルナッツ、電気ウナギ、カワウソ、ワニ、昆虫、ウナギなどなど、周囲の環境にあって自分たちで採取することのできるタンパク質、脂肪、炭水化物、糖分ならおよそ何でも食べるが、爬虫類と両生類は通常口にしない。食物のおそらく七〇パーセントはマイシ川で獲れたての魚で、マニオク粉（長年の外界との接触によって作れるようになった）と混ぜ、きれいなマイシ川の水を飲みながら食べている。

時間帯によって獲れる魚の種類が違うので、ピダハンの男たちはいつなんどきでも漁に出かけることがある。つまり、見える範囲が違うということを除いて、昼と夜の区別がほとんどないということだ。ピダハンの男は午前の三時でも午後の三時やら午前六時やらと同じ調子で漁をする。わたしはよく夜間川に出て、ピダハンお気に入りの漁場に行き、男たちがカヌーに座って魚を獲っているところを自分の懐中電灯で照らしたりしたものだ。夜の漁には、水面をライトで照らして魚を引きつけ、弓で射るという方法がある。一日に四時間から六時間漁をすれば、二四時間一家を食べさせるのにほぼ充分なタンパク質が取れる。だが一家に一人前の年の息子がいる場合は、男たちは漁の仕事を交代でする。またもし朝の三時に誰かが魚を獲ってきたらそれが食事時になる。家族の全員が起きて、すぐさま魚を食べにかかるのだ。

収穫や採集は女の仕事だ。ピダハンに多い四人家族を食べさせるのに、一週間に十二時間くらいがこの仕事に充てられる。ということは、漁や採集に費やされる時間は一週間あたり四二時間で、これを父親と母親、子どもたち（時には祖父母）が分担し、誰もが一週間に十五時間から二〇時間程度「働」けばいいということになる。もっとも漁も採集もピダハンにとっては楽しい活動で、西洋文化でいう労働の概念とは相いれないのだが。

動物をさばいたり、家を建てたり、弓矢をこしらえたり、あるいはマニオクを地面から掘り起こしたりするのに、交易で手に入れるマチェーテもなくてはならないものだ。マチェーテは、いつなんどきでも可能であれば入手しようとするが、乾季の初めにはマッチややすり、鍬や斧を手に入れて、畑の雑草を取り除き、マニオク栽培の準備をする。マニオクは世界でも最も広く消費されている食物のひとつだが、アマゾンが原産で炭水化物を摂取するには理想的な作物だ。マニオクは地中にあるかぎり成長しつづける。つまり、二年前から放棄されている畑でも、一メートル近いマニオクの塊茎が採れることもありうるのだ。マニオクは青酸を含むので、生の塊茎を食べるのは命に関わり、虫や動物は寄り付かない。人間だけが、水に漬け、乾かし、すりつぶすという手の込んだ工程を経て青酸を除き、食べることができるわけだ。

畑を耕して栽培するというのは比較的新しい習慣で、スティーヴ・シェルドンが根気よく伝えたものだ。ただ畑を耕すには外国製の道具が必要で、ピダハンのほとんどの村では手に入れる手段がない。わたしが見たところ、耕作道具が重要なわりに、ピダハンはあまり丁寧に扱わない。子どもたちは真新しい道具を川に投げ込んでしまうし、大人は畑に置きっぱなしにする。そのうえ外からの交易商人が入ってくると、道具をマニオクの粉と交換してしまうのである。

ひとつのパターンが見えてくる。ピダハンには食品を保存する方法がなく、道具を軽視し、使い捨ての籠しか作らない。将来を気に病んだりしないことが文化的な価値であるようだ。だからといって怠惰なのではない。ピダハンはじつによく働くからだ。

大切で手に入れるのが難しい道具がいともぞんざいに扱われることに、わたしは目を奪われた。なんといってもピダハンが外の世界の商品を手に入れるには、ジャングルの産品を拾い集め、川舟でやってくる交易商人と物々交換するしかない。数あるピダハンの村々のなかでそれができる村は限られているが、というのも、交易商人たちはマイシ川をあまり上流までさかのぼることをしないからだ。そこまでして手に入れたいと思わせるジャングルの産品はそれほど多くはないのだ。そこで交易商人と交換できないピダハンは、道具を手に入れたピダハンと交換をしていき、道具類は徐々にマイシ川をさかのぼり、最後には全域に広がっていくことになる。

わたしは次第に、ピダハンは未来を描くよりも一日一日をあるがままに楽しむ傾向にあると考えるようになっていったが、ピダハンの物質文化には、その説を裏づけてくれる特徴がほかにも数々見られる。将来よりも現在を大切にするため、ピダハンは何をするにも、最低限必要とされる以上のエネルギーをひとつことに注いだりしない。

ピダハンは昼も夜もよくうたた寝をする（短いときで十五分、長ければ二時間ほどだ）。村では夜通し、大きな話し声がしていて、外から来た人間はピダハンのなかではなかなかぐっすり眠れない。ピダハンは「寝るなよ、ヘビがいるから」と忠告してくれるのだが、ピダハンは実際自分たちもこの忠告に忠実にしたがっているのだろう。ジャングルでは熟睡するのは危険なのだ。たとえばいびきをかくのもよくない。「ジャガーが、豚がいると思って食べにくる」といたって陽気に教えてくれたものだ。

ピダハンがいかに簡素な物質文化のもとに暮らしているかを話すと、たいていの人がなぜか心配そうになる。つまるところ、産業化の進んだ文明では、ある意味でテクノロジーの進歩が成功を意味する。だがピダハンにはそうした進歩はないし、望んでもいない。

ピダハンの文化が物質的にはいたって単純なのは、どうしてなのだろうか。十八世紀に西欧文明と触れたこととの後遺症であると指摘する人もいる。たしかに、直接間接に西欧の文明と触れたこと（たとえば病気の伝染や交易品の流入といった間接的な形で接触したり、実際に面と向き合う形で接触したこと）は、アメリカの先住民たちにとっては多くの場合後遺症を残すような衝撃だった。この衝撃のせいで多くの文化が崩壊し、知識が失われ、文化のごく一部の特徴だけが残り、先住民人口全体が辺境に追いやられた。こうした「接触の後遺症」によって作りだされた文化的特徴が、文化の本来の形を適切に映しだしていると考えるなら、大変な間違いを犯すことになるだろう。

一方、そうした衝撃によって文化が変形させられているにしても、ある程度の歳月が経過しているとしたら、その文化の現在のありようをきちんと記述しなくてはならない。たとえばイギリスの現在の状態がかつてのイギリスのありように影響を受けていることは間違いないが、だからといっていまのイギリスを騎士道精神だけで語ることはできない。ムラとピダハンが西欧文明と初めて接触した一七一四年からおよそ三〇〇年にわたる記録からは、ピダハンの文化がヨーロッパ人と接触したあとほとんどその姿を変えていないことが強くうかがわれる。たとえばクルト・ニムエンダジュは、「ムラとピダハン」と題する論文で、

［ピダハン族は］明らかに、以前から現在暮らしているマイシ川下流域、南緯六度二五分から七度一〇分の一帯を占有してきた。……ピダハンはムラ族のなかで最も文化的な変容を見せずにとどまっている部族であるが、ピダハンに関しては、パリンチンチン族を平定しようとした一九二二年に数回にわたってわずかに接触した研究者によって書きとめられた未刊行の覚書と不充分な単語のリストがあるだけである。（『南米先住民ハンドブック』*Handbook of South American Indians*, U.S. Department of State and Cooper Square Publishers（1963）, pp. 266–67）

と結論付けている。

ニムエンダジュはさらに、ピダハンの物質文化の特徴をいくつか論じるために古い資料を引用しているが、いずれも彼の発見を裏づけてくれるもので、それはわたし自身の観察とも一致する。ただ、生活のあらゆる側面を特定の文化的価値と結びつけるには及ばない。ピダハンの服装は――というより彼らがいたって軽装であることは――アマゾンの熱気を考えると、人が最小限の衣類で体を覆う理由をあれこれ付け加える必要はないだろう。

これまでに挙げてきた所有物や加工物を別にすると、ピダハンの家庭にはたいていアルミの鍋がひとつふたつ、スプーン、ナイフ二丁ほど、その他外の世界から持ち込まれた小物が少しばかりと、伝来の

綿紡ぎがある。

わたしの本のタイトルを『水辺の人々』という題にしてもいいくらい、川はピダハンの生活や社会になくてはならないものだ。ピダハンの村は、できるだけ川に近く作られる。マイシ川の水が引く乾季(「浅い水」という意味の *piiáiso* ピイアーイソ)、柔らかい白砂の巨大な岸辺が出現すると、ピダハンの人々は村をあげて一番広い河川敷に移動し、幼児のために昼間日よけになるアイタイーイ＝イイーを作るほかは屋根も設けずに、砂地にじかに寝起きする。一年のうちでこの時期は食料も豊富で、夜はたいてい雨季より涼しいので、村じゅうの人々(一カ所に五〇人から一〇〇人が集まってくる)が起居をともにするが、夜には家族で固まって眠る。

ピダハンの村は乾季のほうが大勢の人間を養える。川の水かさが減って魚が少ない水に集中するためだ。ジャングルの奥地で暮らしている先住民には、野生動物が水を求めて森からさまよい出る乾季は腹の減る時季だ。ピダハンのように大きな川のそばに住む者たちにとっては、乾季は豊穣の季節なのだ。

一度、川辺でピダハンの一団と出会ったときだ。その浜辺から少し下流に行ったところに水面に倒れ込んでいる木があったが、根の一部が土手にしがみついていて完全には抜けきっておらず、幹が水面から三〇センチくらいのところで止まっていた。*Xahoaogii* アホアオリイーというピダハンがそばにいた。倒木の葉が何か重たいもので圧しつけられたようになっているのを見てわたしはひらめいた。

「この木で寝てるのは誰だい?」

「おれだ」アホアオリイーが恥ずかしそうに答えた。

どうやら彼は、幅二〇センチほどしかない寝床から落ちることなど全然心配していない様子だ。アナコンダもカイマンも、川から出てきて噛みついたり、川に引きずりこもうとする何かがいるかもしれないことも、まるで怖がっていなかった。

雨季（*piioábaíso* ピイオアーバイーソ「深い水」）になると、村は核家族に分かれ、それぞれの家に戻る。村に来て最初に気づいたとおり、雨季には家々は川に沿って列をなす。ジャングルの下生えに守られて、一〇歩ほどの間隔で建てられているところもあれば、五〇歩分ほど離れている家と家もある。雨季の村は夏の村より小規模になって、年老いた夫婦と成人した息子や娘たち、その配偶者や子どもたちだけで構成される。村の家は全部が川の片側に建てられるわけではなく、近しい親戚同士だと、川のこちらとあちらに向かい合って家を造ることも多い。

■

儀式は、文化的に重要な事柄を一連の形式で象徴的に表現するものだ。ピダハンの文化は一部の西洋人にはとても珍しく感じられる。ピダハンと暮らしはじめた初期のころ、わたしも不思議に思ったが、儀式というものにおよそ欠けているのである。儀式らしき行動を見ることのできる場面もあるが、明らかに儀式と呼べる事例は見つけられない。

誰かが死ぬと、死んだ人物は埋葬される。ピダハンは亡くなったピダハンを決して放置せず、必ず埋葬する。死者の埋葬には儀式が付きものだが、ピダハンの場合、儀式という名で呼べそうな行動はほとんどともなわない。わたしは何度かピダハンの死に立ち会った。埋葬に関してはゆるやかな慣習めいたものは観られるのだが、儀式ではない。死者は、自分の持ち物（ピダハンは生涯でほとんど個人的な所有物を貯め込まないので、細かな品々がせいぜい一〇あまり）に囲まれて座った姿勢で埋められることもある。多くはうつぶせの状態で埋葬される。めったにないことだが、もしも板と釘（交易商人やわたしが放置したもの）が手に入れば、ピダハンも西洋風の棺桶らしきものを作ろうとする。わたしが実際に棺桶作りを目撃したのは一度だけで、幼い赤ん坊が、ブラジル人の交易商人がたまたまいる折に死んだときだった。

故人が大柄だった場合は、座位で埋められることが多い。そのほうが掘る分が少なくて済むからだ（ピダハンの口からそのように聞いた）。亡くなった人はほとんど間をおかずに埋められる。墓穴を掘るのはたいてい故人に近い親戚の男たちだ。ひとりかふたりでなるべく川の土手に近い場所に掘るので、二年もすると墓は浸食されて流されてしまう。穴に遺体が納められ、故人の物が入れられると、木の枝が遺体を覆うように渡されて穴にしっかりと突き刺され、その上がバナナか、バナナのように幅の広い葉で覆われる。それから土がかけられる。時たま、誰かが見てきたブラジル風の墓を模して十字架が立てられることもある。十字架にはブラジル人の墓で見た墓碑銘をまねて何かしら模様が彫られている。

だが埋葬のやり方は変化に富んでいて、ふたつと同じ埋葬を見たことがない。埋葬がその場に合わせてなされること、それがすぐに腐りはじめる遺体を地面に放置するという不都合を避ける合理的な解決策であることを考え合わせて、わたしは埋葬が儀式ではないと結論付けたのだが、賛成しない人もいるかもしれない。

性と婚姻にも儀式と呼べるような行為は見当たらない。ピダハンは自分自身の性行為の詳細を語りたがらないが、時には一般論として性的なことを口にする。口唇性交を「犬のように舐める」と表現するが、犬になぞらえるのはその行為を貶めようとする意図ではまったくない。ピダハンは動物を、どのように生きるかのいい見本と考えているからだ。性交は相手を食べると表現される。「彼を食べた」「彼女を食べた」というのは、「彼／彼女と性交した」という意味だ。ピダハンは性行為を大いに楽しむし、自分の行為を遠まわしにほのめかしたり、人の性生活をこだわりなく話題にしたりする。

性交の相手は配偶者にかぎらない。もっとも結婚している男女の場合は、配偶者同士の性交がふつうだ。結婚していないピダハンは気持ちのおもむくままに性交する。人の配偶者と性交するのは感心されずリスクがあるが、しないわけではない。夫婦であれば、性交するためにはただジャングルに入っていけばいい。結婚していない男女でも、同じことだ。だが男女の片方ないし両方が別の相手と結婚している組み合わせの場合は、数日間村を離れる。ふたりが村に戻ってきても一緒に居つづけるようであれば、前の伴侶とは離別し、新しい相手と結婚する。婚姻は同棲することで認知される。ふたりが一緒に居つづけたいと思わない場合、裏切られたほうの伴侶は相手が戻ってくることを許すかもしれないし、許さないかもしれない。結果がどうあれ、駆け落ち組が戻ってきたあとは、少なくとも表向きはそのことが取りざたされたり、文句が言われたりすることはないようだ。だが駆け落ち組が村を離れている間は、伴侶に逃げられた当人たちは相手を捜しまわり、嘆き悲しみ、誰かれかまわず不満をぶつける。伴侶に逃げられた夫や妻が、わたしに、モーターボートを出して一緒に捜してくれと頼んできたこともあったが、わたしは一度も話に乗らなかった。

ピダハンの営みで最も儀式に近いのは、踊りだろう。踊りは村をひとつにする。村じゅうの男女が入り乱れ、たわむれ、笑い、楽しむのが特徴だ。楽器はなく、歌と手拍子、足拍子だけが伴奏になる。

初めて踊りを見たときは、みんなが歌い、話し、輪になって歩きまわるのを心底楽しんでいるのに心を打たれた。コーホイが一緒に踊ろうと誘ってきた。

「ダン、今夜おれたちと踊りたいか?」

「ピダハンの踊りはわからない」できれば辞退したかった。わたしの踊りはとんでもなくへたくそなのだ。

「スティーヴとアルロはおれたちと踊った。おまえはピダハンのように踊りたくないのか？」

「やってみるよ。でも笑うなよ」

踊りの最中、ピダハンの女が訊いてきた。「あんたが乗るのはひとりの女だけ？　それともほかの女の上にも乗りたいの？」

「ひとりの女だけだ。ほかの女はいらない」

「この人、ほかの女はいらないってさ」彼女が触れまわった。

「ケレンはほかの男が好き？」

「いや、彼女はぼくだけだ」わたしは模範的キリスト教徒らしく答えた。

歌と踊りはたいてい満月の夜に催され、その間は結婚していない者同士はもとより、別の相手と結婚している者同士でもかなり奔放に性交する。少し羽目をはずしたようなものから深刻なものまで、暴力沙汰も時々起こる（ケレンは一人の若い未婚の娘が村じゅうのほとんどの男からかわるがわる犯されるのを目撃している）。だが暴力が黙認されることはないし、あったとしてもひじょうに稀だ。

ピダハンは、生きた毒ヘビを使った踊りがあると教えてくれたが、わたし自身は見たことがない（ただピダハンに追い出される前、ポント・セテに居住していたアプリナ族にこのような踊りがあることが報告されている）。毒ヘビの踊りでは、通常の踊りが始まる前に、ブリティヤシの頭飾りと細くて黄色いパシューバヤシの吹き流しをつけた腰布だけを身につけた男が登場する。この装束で登場するピダハンの男は自分を *Xaítoii* アイートイイ、つまり「長い歯」という名の悪霊であると名乗る。男はジャングルから村人が踊りのために集まっている空地に出てきて、自分は強くてヘビを恐れないこと、ジャングルのどこに住んでいて、今日一日何をしていたかを聴き手に唄って聞かせる。唄いながら男はヘビを聴き手たちの足元に放り投げ、聴き手たちは大急ぎで後ずさる。

踊りに現れる精霊は、演じている男が出会い、取り憑かれている精霊だ。ピダハンの精霊にはすべて名前と人格があり、各々の行動はある程度予測がつく。このような踊りは緩やかな儀式に分類できるだろう。見て模倣するものがいて、集団にとっては明らかに何らかの価値と意味があるからだ。儀式の意味は、人々に強くなれと教え、身の周りの環境をよく知れと教えることだ。

ピダハンに儀式が見受けられないのは、経験の直接性を重んじる原則で説明できるのではないだろうか。この原則では、実際に見ていない出来事に関する定型の言葉と行為（つまり儀式）は退けられる。つまり登場人物が自分の演じる出来事を見たと主張できない儀式は禁じられるのだ。だがこのような禁忌のみならず、直接経験の原則のもとには、何らかの価値を一定の記号に置き換えるのを嫌い、その代わりに価値や情報を、実際に経験した人物、あるいは実際に経験した人物から直接聞いた人物が、行動や言葉を通して生の形で伝えようとするピダハンの思考が見られる。だからこそ口承伝承や儀式の入る余地がないわけだ。

# 第六章　家族と集団

ピダハンはどんなことにも笑う。自分の不幸も笑いの種にする。風雨で小屋が吹き飛ばされると、当の持ち主が誰よりも大きな声で笑う。魚がたくさん獲れても笑い、全然獲れなくても笑う。腹いっぱいでも笑い、空腹でも笑う。しらふのピダハンはちっともずうずうしくないし、乱暴でもない。ピダハンとともに初めてひと晩過ごしたときから、わたしは彼らがとても忍耐強く、朗らかで親切なことに感じ入ってきた。このみなぎる幸福感というものは説明するのが難しいのだが、わたしが思うにピダハンは、環境が挑んでくるあらゆる事態を切り抜けていく自分の能力を信じ切っていて、何が来ようと楽しむことができるのではないだろうか。だからといってピダハンの生活が楽なわけではない。そうではなく、ピダハンは何であれ上手に対処することができるのだ。

彼らは親愛の情を示すため、体に触れるのを好む。ピダハン同士で口づけしているのを見たことは一度もないが、口づけを表す言葉はあるので、しているには違いない。彼らはお互いしょっちゅう触れあっている。夕刻、あたりが暗くなってくると、わたしにも触りたがる。特に子どもたちはわたしの腕や髪、背中を撫でてくる。撫でられているときは相手を見ないようにする。そうでないと相手を恥ずかしがらせてしまうからだ。

ピダハンはわたしに対しても我慢強い。自分に厳しく、年配の者やハンディのある者に優しい。村に*Kaxaxái* カアアーイ（ワニ）という年寄りがいて、足元がおぼつかなくなり漁にも狩りにも行けなくなっていた。彼は毎晩みんなのために、たきつけにする小枝を集めていた。村人に、お返しに何もくれないカアアーイにどうして食事を提供するのか尋ねてみた。「おれが若いころカアアーイが食わせてくれた。いまはおれが食わせる」

ピダハンが初めてわたしに食べ物をもってきてくれたとき、焼き魚だったのだが、みんながわたしに「*Gíxai soxóá xobáaxáai. Kohoaipi?*（この料理の食べ方を知ってるか？）」と尋ねてきた。これはうまい訊き方だ。というのはもし欲しくないときに、相手の気分を害さずに断ることができるからだ。いらなければ、「いや、食べ方を知らないんだ」と答えればいいわけだ。

ピダハンは穏やかだ。異文化と接したばかりのとき、ほかの社会ではまま感じた敵意が、わたしにも、誰かほかのよそ者に対しても、向けられるのを感じたことがない。また、集団の内部でも、敵意が交わされるのをほとんど見ない。もちろんいかなる社会にも例外はあるが、ピダハンと過ごした長い歳月を通じてこの印象は変わらない。ピダハンは穏やかで平和的な人々だ。

*Xagíopai* アギーオパイという村――マイシの支流がU字型に湾曲した三日月湖にあるため、ブラジル人はフォルキリャ・グランデ「大きなフォーク」と呼ぶ――では、娘たちが夫を連れて自分の両親のそばに住む。だがたとえばマイシの河口近くのペンテコステという村などでは、男性が妻を連れて両親の近くに住む。そのため、母方居住の村と父方居住の村が混在している。だがどちらのパターンにもはっきりとあてはまらない村もある。この幅広さはおそらく、ピダハンの社会のなるようになれ主義と、ご

く限られた範囲しか親族とみないことの産物だろう。

親族を表す言葉はピダハンには次に挙げる数語しかない。世界でも稀に見るあっさりした親戚関係だ。

*baíxi*（マイーイ）――親、親の親、さらに一時的ないし恒久的に従属を示したい相手を指す。ピダハンはわたしに何か（して）ほしいときはわたしを *baíxi* と呼ぶ。交易商人を *baíxi* と呼ぶこともある。大人同士でも魚などをもらいたいとき、相手を *baíxi* と呼ぶ。子ども同士でも、何か欲しいとき相手を *baíxi* と呼ぶ。この語には性の区別はない。時として *baíxi* の代わりに *ti xogii*（わたしの大きい）が使われることもある。*baíxi* は年長者への愛情を示す言葉として使われる場合もある。女親と男親を区別する必要があるときには、*ti baíxi xipóihii*（わたしの女の親）という言い方をすればいい。生物学的な親を指しているのかどうかは、たいていは文脈で見極められる。文脈からわからない場合はいずれにせよ区別する必要がないということだ。

*xahaigí*（アハイギー）――同胞（男女とも）。同世代のピダハンであれば誰でもこの語で言い表すことができ、外部の人間と対比するような場合は、年代の別なくピダハン一般を指すことができる。たとえば、「*xahaigí* はブラジル人に何と言っていた？」のように用いる。

*hoagí*（ホアギー）または *hoísai*（ホイーサイ）――息子。*hoagí* は「来る」という動詞、*hoísai* は「来た者」の意。

*kai*（カイ）――娘。

もうひとつ、*piihi*（ピイイヒー）という単語もあり、「ふた親のうち少なくともひとりが死んでいる子ども」や「継子」「お気に入りの子」など広い意味に使われる。

これで全部だ。ピダハン語を解さない人類学者のなかには、血縁関係を表す語がこのほかにもあるのではないかと指摘する人もいるが、わたしの見たところそれは、文章全体の解析を誤った結果と考えられる。最もよくある誤りは、上記の各語の所有格を異なる血縁関係を表す語と解釈してしまうことだ。だからたとえば *ti xahaigí* で「おじ」を表すとする学者が出てくるが、これはたんに「わたしの同胞」という意味なのである。

人類学者は久しく、血縁関係の構造が複雑であればあるほど、どの関係では結婚してはいけないとか、どの関係が近くに住むとか同居するとかいった、血縁を基盤としたもろもろの制限が強くなると信じてきた。だが逆もまた真なりで、親類縁者を表す語が少ないほど、血縁を基盤とした社会的制限も希薄になる。そこでピダハンには興味深い現象が出てくる。ピダハンの言葉には「いとこ」を表す語がないため、予想どおりいとことの婚姻には制限がない。そしておそらく *xahaigí* があいまいな語であるせいか、半分血のつながっている女性と結婚する男性もいる。

近親姦を避けるのは普遍的な禁忌であると考えられているが、ピダハンの場合はふた親とも同じ間柄や親と子、祖父母と孫など、禁忌の範囲がごくせまくなっている。

だが親族関係は目に映ることだけではうかがい知れないものがある。血縁関係を表す言葉のなかには、たんなる血縁以上の広い概念を示すものがある。すでに述べた *baíxi* は、血縁を示すと同時に、権威を認める語でもある。

*xahaigí* も興味深い。これもたんなる血縁だけではなく、集団の価値観を表現する。この言葉は性別も数も関係ないので、男性ひとり、女性ひとり、複数の女性、複数の男性あるいは男女混合の集団と変

幻自在だ。ピダハンはほぼ核家族だが、集団意識が強く、同じ集団を構成するメンバーの福祉に互いに責任感をもっている。*xahaigi* は集団の構成員を指し示すことによって、こうした集団意識を命名し、強化する役割を果たしている。

*xahaigi* に暗に含まれる最も重要な概念は、このような帰属意識、家族や集団との絆だ。この意識は、現存する三〇〇人ほどのピダハンに通有している。村々は川によって何キロも隔てられていようと、すべての村のすべてのピダハンがほかの村からの知らせやひとりひとりのピダハンの情報を求めている。ピダハンの村が点在するマイシ川の沿岸四〇〇キロほどの距離を、情報が伝わる速さには感服する。*xahaigi* という概念の核心は、ひとりひとりのピダハンがピダハン全員にとって重要な存在であるということだ。ピダハンはピダハン以外の相手に対しては、常にピダハンの側に立ってピダハンを守る。たとえ相手がずっと以前からの知り合いであるよそ者であってもだ。そして外国人は、このわたしでさえも、決して *xahaigi* と呼ばれることはない（いまではわたしを *xahaigi* と呼んでくれるピダハンがわずかにいるが、親友だと思っているピダハンを含め、ほとんどの者はそう呼ばない）。

*xahaigi* の概念は、子どもや老人への態度にも現れる。一家の父親は、別の家庭の子どもが放置されていると、たとえ一日だけであっても面倒を見て食事を与える。またあるとき、年配の男性がジャングルで行方不明になった。村じゅうが三日の間ほとんど寝食も忘れて彼を捜し、見つけたときには全員がひじょうに感情を高ぶらせていた。男性は怪我こそしていなかったが空腹で疲れ切り、身を守るために杭の先をとがらせたものを持っていた。村人たちは彼を自分たちの *baixi* と呼び、微笑みながらかわるがわる彼を抱きしめて、村に着くやいなや食事をふるまった。これもまた、彼らの帰属意識の表れだ。

ピダハンたちはどの村の出身者であろうと全員が親しい友人に見える。まるで自分以外のピダハンのことをとてもよく知っているかのように話す。これはひょっとしたら、肉体的な接触の濃さに関係しているのではないかとわたしは睨んでいる。離婚に対して後ろめたさがなく、比較的簡単に夫婦別れすることと、踊りや歌に乗じて乱交すること、思春期前後からあまりためらいなく性行為を試していることを考え合わせると、多くのピダハンが多数のピダハンと性交している割合がかなり高いと推測したとしても、あながち的外れではないはずだ。このことだけとっても、ピダハンの関係がもっと規模の大きな社会にはない親密さによって成り立っていると考えられる（性交する者同士が同居する社会と言えるだろうか）。想像してみてほしい。同じ町内に住むほとんどの隣人と性交渉があり、社会全体がそのことを善悪の基準で見るのではなく、たんにありきたりの人生のひとこまと見なすとしたら——そう、たんにいろいろな料理を試食してみたとでもいうように。

■

わたしの家族は全員、毎日のように、ピダハンとわたしたちとの家族観の隔たりを目の当たりにした。ある朝わたしは、よちよち歩きの子どもがおぼつかない足取りで焚火に近づいていくのを目撃した。子どもが火に近づくと、手をうんと伸ばせば届くほどのところにいた母親が子どもに低い声を発した。けれども子どもを火から遠ざけようとはしない。子どもはよろめき、真っ赤に焼けた石炭のすぐわきに倒れ込んだ。脚と尻に火傷を負い、子どもは痛みに泣き喚いた。母親は子どもを片手で乱暴に抱き起こし、叱りつけた。

この有様を見ていたわたしは、普段子どもをとても慈しんでいる母親が、なぜ怪我をした子どもを叱りつけるのか、しかも火が熱いのを注意すらしていないのに、と不思議でならなかった。これはそのまま、もっと大きなテーマに広がっていく。ピダハンは子ども時代をどのように見ているのか、ということだ。何をもって子育てのゴールとするのか。わたしはまず、見たかぎりでピダハンが赤ちゃん言葉で子どもたちに話しかけないことから考えはじめた。ピダハンの社会では子どもも一個の人間であり、成人した大人と同等に尊重される価値がある。子どもたちは優しく世話したり特別に守ってやったりしなければならない対象とは見なされない。子どもたちも公平に扱われ、体の大きさや体力に合わせて食事の分量などは変わるけれども、基本的には能力において大人と対等と考えられている。このために、西洋人の目には奇異な、時として苛酷な場面が起こることもある。わたし自身はピダハンの子育て観におおむね共感していたために、ほかの外国人にはショックに思える行動も、気づかないようになっていた。

わたしの同僚がピダハンの子どもへの態度に仰天した例をひとつ挙げよう。コロンビア大学の心理学者のピーター・ゴードンが、一九九〇年、わたしといっしょにピダハンの村で精霊に関して聞き取り調査をしたときのことだ。インタビューの間わたしたちはピダハンとのやりとりを記録するためにビデオを回していた。夜、撮影したビデオを見直していると、二歳くらいのよちよち歩きの幼児が、インタビューした男性の背後の家のなかに座っているのが映っていた。幼児は刃渡り二〇センチあまりの鋭い包丁をもてあそんでいて、振りまわすたびに刃先が子どもの目や胸、腕など切ったり刺したりしたくないようなところを掠めていく。だがわたしたちの目が釘付けになったのはその後だった。幼児が包丁を落とすと、母親は——誰かとのおしゃべりに夢中で——会話を中断もせず後ろに手を伸ばすと、何気なく包丁を拾い上げて幼児に手渡したのだ。誰も幼い子どもに、包丁で怪我をしないようにと諭そうとはしていない。この場では幼児は怪我をしなかったけれども、ピダハンの子どもがナイフでひどい怪我をするのを何度か見てきた。ケレンもわたしも、数え切れないほど化膿止めのサルファ剤を傷口に塗ってやったものだ。

赤ん坊は切ったり火傷したりして怪我をすると叱られる（もちろん手当もしてもらえる）。そして母親は怪我をした赤ん坊が泣くと、たいていはうんざりしたように低い声で「ウムムム！」と唸る。怒ったように（といっても乱暴にではなく）赤ん坊を抱き上げて、ぶっきらぼうに危険から引き離す。ただどの親も、子どもを抱きしめて「かわいそうに、ごめんなさいね。ママがキスして痛いの痛いの飛んでけしてあげる」などと言ったりはしない。ピダハンでない母親がこの手のことをしているのを見ると、ピダハンは驚きに眼を剝いて眺めるだけだ。おかしなことだと思うらしい。「あの人たちは子どもが痛い目にあわないようにするにはどうしたらいいか、教えてやる気はないのか？」と訊かれたこともある。

だがそれはたんに、子どもに自立した大人になってほしいという願いだけではない。ピダハンの子育て哲学の根底には、適者生存のダーウィニズムがあるのだ。このようにして育てられた子どもはいたって肝の据わった、それでいて柔軟なおとなになり、他人が自分たちに義理を感じるいわれがあるとはこれっぽっちも考えない。ピダハンの王国の住人は、一日一日を生き抜く原動力がひとえに自分自身の才覚とたくましさであることを知っているのだ。

ピダハンの女性が出産するときは、自宅近くの木陰なり、産気づいた場所の手近な木陰なりに横になり、たいていはひとりで子どもを産む。乾季でマイシ川のほとりに広い砂州が広がっていると、妊婦は自分ひとりで、あるいは親族の女性といっしょに川に入り、腰のあたりの深さまで進んでそこにしゃがんで子どもを産みおとす。赤ん坊は川のなかに出てくるわけだが、これが母親と赤ん坊にとって一番清潔で安全な出産方法だと彼らは言う。妊婦の母親か姉妹が付き添うこともあるが、女性の親族が村にひとりもいなければ、単身で出産しなければならない。

スティーヴ・シェルドンが、川べりでたったひとりで出産していた女性の話をしてくれた。難産だった。女性は苦しみ、「助けて、お願い！　赤ちゃんが出てこない」と叫んだ。漫然と座っていたピダハンのなかには身をこわばらせる者もいたが、何事もなく話しつづける者もいた。「死んでしまう！　痛いわ。赤ちゃんが出てこない！」女性は悲鳴を上げたが誰も答えようとしない。まもなく日が暮れようとする時分だった。スティーヴが助けに行こうとすると「だめだ！　お前はいらない。あの女は親に来てほしいんだ」と止められた。スティーヴが妊婦に近づくことはできないとみんなが言いたいのは明らかだった。だが妊婦の両親はそばにおらず、他は誰ひとり彼女を助けに行こうとはしなかった。日が暮れて叫び声は断続的に繰り返されたが、次第に弱々しくなっていった。ついに叫び声は止んだ。朝になってスティーヴは、妊婦と赤ん坊が川べりで誰にも面倒を見てもらえないまま息絶えたのを知った。

この出来事のピダハンによる語りをスティーヴは記録に残しているが、これはふたつの点で貴重な記録だ。第一にピダハンの文化を省察する鍵となる悲劇を記録していること。とりわけピダハンが、人は強くあらねばならず、困難は自分で切り抜けなければならないと信じているがゆえに、死にゆく女性に手を差し伸べず見殺しにすることもあると知ることができる。

第二に、ピダハン語文法を理解するのに重要な手がかりとなることだ。特に（内容ではなく）文章の構造が単純である点に注目したい。文や句が、別の文や句のなかに現れるということがない。

**オピーシの妻アオギーオソの死**

スティーヴ・シェルドン採録

大意——この物語はオピーシの妻アオギーオソの死を伝えるものである。彼女は出産中早朝に亡くなった。亡くなったとき彼女は川岸でたったひとり出産に臨んでいた。姉妹のバイーギポーホアシはまったく手を貸さなかった。アバギ（時折出産の手伝いをしている村の年寄り）が人（妊婦の娘婿）に声をかけたが、相手は応じず、死ぬまで様子を見に行こうとしなかった。夫のオピーシは川下へピラニア漁に行っていたため、アオギーオソが亡くなったのをみとった者はいなかった。

1　オイイが話した。オピーシはここにいない。
*Xoii hiaigiagásai. Xopísi hiabikaáhaaga.*

2　オイイがそこで話した。アオギーオソは死んだ。
*Xoii hiaigiagaxai Xaogíosohoagi xioaakaahaaga.*

3　そう、彼は呼ばれた。
*Xaigia hiaitibii.*

4　わたしがオイイを呼んだ。たったひとりの者。
*Tí hi giaitibíigaoai Xoii. Hoihiai.*

5　わたしはそこでオイイに言った。アオギーオソは死んだ。アオギーオソは。
*Xoii hi aigia ti gaxai. Xaogíosohoagi ioabaahoihoi, Xaogíoso.*

6　オイイは浮橋の彼女を見に行かなかった。
*Xoii xiboaipaihiabahai Xoii.*

7　アオギーオソはほんとうに死んだ。
*Xaogíosohoagi xioaikoi.*

8　ああ、わたしはほんとうに恐ろしい。

*Ti xaigía aitagobai.*

9 オイイがそこで話した。イタイービーガイーはそのことを言わなかった。

*Xoii hi xaigiagaxaisai. Xitaíbigaí hiaitísi xaabahá.*

10 彼は言った、彼女が言わないと。

*Hi gaxaisi xaabahá.*

11 アオギーオソ、死ぬな！

*Xaogíosohoagi xihoisahaxaí.*

12 そこでわたしが話した。アオギーオソは死者になった。

*Ti xaigíagaxaiai. Xaogíosohoagi xiahoaga.*

13 彼女はもうここにいない。

*Xaabaobaha.*

14 オイイは浮橋の彼女を見に行かなかった。

*Xoii hi xi xobaipaihiabaxai.*

15 オピーシ、お前はイアソアイヒの連れ合いだ。

*Xopísi hi Xiasoaihi hi gixai xigihí.*

16 アオギーオソは死んだ。

*Xioaíxi Xaogióso.*

17 ああ、わたしはオイイを呼んだ。彼女を見に行け。

*Ti xaigíai hi xaitibiigaópai. Xoii xiobáipápaí.*

18 アオギーオソは死者になった。

*Xaogíosogoagí xiahoagái.*

19 彼女はもうここにいない。

*Xaabaobáhá.*

20 アオギーオソは赤ん坊を落とした［産んだ］。

*Xaogíosohoagí hi xaigía kaihiagóhaaxá.*

21 わたしはオイイに言った。オイイが彼女に薬を与えた。オイイはふたたび彼女を見に行かなかった。

*Xoii ti xaigíagáxaiai. Xoii hi xioi xaipihoaipái. Xoii hi xobágátaxaíhiabaxaí.*

22 オイイがそこで話した。ホアガイオーアイは何も言わなかった。ホアガイオーアイ。

*Xoii hi xaigíagáxai. Hoagaixóxai hi gáxisiaabáhá Hoagaixóxai.*

23 アオギーオソはとても、とても具合が悪い。

*Xaogíoso xiaihiábahíoxoi.*

24 薬は彼女に与えられなかった。

*Xi xaipihoaipaáti xi hiabahá.*

25 彼は誰にも言わなかった。幼い者に。

*Hi xai hi xahoaihiabahá gíxa pixáagixi.*

26 アオギーオソ、悪くなるな。

*Xaogíoso hi xábahíoxoisahaxaí.*

27 彼は何も言わなかった。

*Hi gáaisiaabahá.*
28 お前は人々のために何もしなかった。
*Hi xabaasi hi gíxai kaisahaxaí.*
29 たったひとりで彼女はいった。
*Xabaxaí hoihaí.*

繰り返しになるが、この物語はさまざまな点で興味深い。言語学の立場からすると、最も興味を引かれるのは文の構造の単純さだ。それでいてピダハン語のこの物語も、他の例にもれず、各文に現れる主題同士が複雑に入り組んでいることを示している。物語の主題の一部が、別の主題のなかに登場するのだが、文章や文法からはそれがはっきりした形では現れてこない。少し詳しく説明すると、この文章全体は、テーマごとに四つの部分に分けることができる。1番から5番までは物語の内容と登場人物の紹介の部分。6番から14番は、死んだ女性の夫が責任を放棄したことを語っている。15番から19番ではそれ以外の村人たちが責任を放棄したことを語り、さらに20番から最後までの部分で、女性が見捨てられていく悲しみが繰り返される。と同時に、ひとつひとつの文は文章全体によって作り上げられている物語を構成する要素でもある。つまり、物語中の文はすべて、構成要素であると同時に認知的集合体という意味でも、物語の内部に居場所をもっている。つまり語り手は、文がすべて意味のまとまりとして物語の中にあるという認識を反映して、すべての文は物語に属し、かつ物語を構成すると考えているのだ。

このような文章の区分けは、統語論的な意味での文法上の区分けではなく、むしろ観念的なものだ。思考のプロセスをたどっていると言ってもいい。ある考えを別の考えのなかに置くというやり方は、言語学者の多くが文法の一部であると考えている一形式——「再帰」——と対応する。ところがピダハンの文章の区分けは、ピダハンの物語のどこででも見受けられるものなのだが、文法の一要素ではない。つまりここでの、ある事柄を別の事柄のなかに組み込むやり方——句のなかに句を、文のなかに文を組み込むやり方は、すべてではないが多くの言語学者が考える文法とは一線を画したものなのである。

言語学徒でない方々にとってはたんに理屈をこねまわしているだけのように映るかもしれないが、これは現代言語学において最大の争点のひとつなのだ。仮にすべての言語の文法で再帰が必ずしも見られるわけではなく、それでいて、あらゆる人々の思考のプロセスで再帰が起こっているとすれば、再帰はノーム・チョムスキーが提唱した「普遍文法」、あるいは「言語本能」に含まれるものではなく、人間としての知性の働きの一部であることになる。

さて、この物語を文化的な面から見ると、語り手が罪の意識を排除しようとしているように見えるところが興味深い。妊婦を見捨てること自体はけしからぬことであるかのように描かれ、そこはわれわれ西洋人の感覚にも合う。だがそれでも、語り手もそのほかの登場人物も女を助けに行こうとはしていない。誰であれ自分で自分の始末をつけることの大切さが、それがたとえ命に関わる場面であっても手出しはしないことの価値が、言葉ではなく目に映る行動そのもので示されている。ほかの多くの文化でも見られるように、ピダハンもまた、言葉に表される価値と、現実の価値とを区別しているのだ。

自分自身が当事者となった出来事は、わたしにとってはこれよりもさらに衝撃的だった。*Pokó* ポコーという名の若い母親がかわいらしい女の赤ちゃんを産んだ。ポコーも元気で、赤ん坊もすくすくと育っていた。その後わたしたち一家は村を離れ、ポルト・ベリョで二ヵ月過ごして戻ってきた。わたしたちが村を留守にしていたときの倣いで、ポコーのほか数名のピダハンが我が家に住み着いていた。だがポコーはひどくやつれていた。明らかに病気なのだが、何の病気なのかはわからなかった。死期が近いようで、まるで骨と皮だった。頰はこけ、四肢は肉が削げ、弱り果てて動くことさえできない。お乳が出ないので、赤ん坊も弱っていた。赤ん坊のいる女性は何人かいたが、自分の子どもに乳をやるのに精いっぱいで、ポコーの赤ん坊に乳はやれないという。わたしたちが村に戻って二日後、ポコーは息を引き取った。無線もなく、助けを呼ぶすべはなかった。それでも赤ん坊は助かった。

わたしたちは、誰がポコーの娘の面倒を見るのかみんなに尋ねた。

「赤ん坊は死ぬ。乳をやる母親がいない」みんなは言った。

「ケレンとわたしが世話をしよう」わたしは言ってみた。

「いいだろう」ピダハンたちはうなずいた。「だが赤ん坊は死ぬよ」

ピダハンには、死が見えるのだ。いまはそれがわかる。だがわたしは赤ん坊を助けると誓ったのだ。

最初の難問は赤ん坊にミルクを飲ませることだった。古いシーツやタオルを使ってオムツは作った。乳幼児の病気に備えて哺乳瓶は常備していたので、それでミルクを飲ませようとするのだが、赤ん坊は吸ってくれなかった。ほとんど意識がなくなっていたのだ。死なせてたまるものかとわたしは思った。なんとかミルクをお腹に入れてやらなければならない。わたしたちは粉ミルクに砂糖と少量の塩を混ぜ、温めた。たまたま消臭剤のライトガードのチューブが二本あった（ブラジルでは消臭剤はたいていプラスティックのチューブ入りで売っている）ので、中身を空けてきれいに洗い、中のプラスティックの管を取り出してそれもきれいに洗った。ライトガードのチューブにはわたしたちの「特製ミルク」を入れる。二本の管をくっつけて接続部分を医療用のテープでぐるぐる巻きにすると、管の一方の端をミルクを入れたチューブに差し込んだ。そして反対の端を慎重に赤ん坊の喉に挿入していった。赤ん坊はわずかばかり顔をしかめただけだった。やがて同じくらい慎重に、ライトガードのチューブを絞ると、かなりの量のミルクが赤ん坊の腹に収まった。

一時間もすると、赤ん坊はかなり元気になってきた。わたしたちは昼夜を問わず四時間ごとにミルクを与えた。三日間ほとんど寝ずに頑張り、赤ん坊は持ち直していくように見えた。ミルクをやるごとに、赤ん坊はさかんに手足を動かし、前回よりも大きな声で泣き、腸も動きだしていた。ケレンとわたしは有頂天になった。そんな午後に、この辺でしばらく赤ん坊から目を離しても大丈夫だと考えたわたしたちは、滑走路でジョギングしてくることにした。そこで赤ん坊の父親にわたしたちが出かけている間赤ん坊を見ていてくれるように頼んだ。わたしたちは滑走路に行って走りながら、少なくともひとりのピダハンの人生に、確かな手助けができたという思いに酔っていた。

ところがピダハンたちは、三つの理由で赤ん坊は必ず死ぬと確信していた。ひとつめ、もうすでに死にかけていること。人には、ここまで衰弱するともう助からないという局面があることをピダハンは信じていて、赤ん坊はその局面を越えていた。ふたつめ、ここまで具合の悪い赤ん坊は、乳を飲ませるピダハンの母親が世話をしなければ生き延びられないということ。だが赤ん坊の母親は死んでしまい、自分の子どもを飢えさせてまで他人の赤ん坊に乳をやる母親はいない。みっつめ、彼らは、わたしたちが持っている医薬品では最初のふたつの要因を補えないと考えていた。だからピダハンにとっては、赤ん坊にミルクをやるわたしたちはいたずらに子どもの苦しみを長引かせているようにしか見えなかったのだろう。

ジョギングから戻ってみると、我が家の片隅に数人のピダハンが集まっていて、強烈なアルコール臭が漂っていた。集まっていたピダハンたちは、何やら申し合わせたような顔でこちらを見据えてくる。

怒っているように見える者、恥じ入っているように見える者。自分たちが取り囲んでいる地面のあたりにただ目を落としている者もいた。わたしが近づいていくと彼らは場所を開けてくれた。ポコーの赤ん坊が地面に横たわり、死んでいた。カシャーサを無理やり飲ませて死なせたのだ。

「赤ん坊はどうしたんだ？」わたしは、目に涙がにじんできた。

「死んだ。これは苦しんでいた。死にたがっていた」

わたしは黙って赤ん坊を抱き上げ、腕に抱えた。涙はもうとめどもなく頬をこぼれおちていた。

「この人たちはどうして赤ん坊を死なせたんだろう」わたしは訳がわからず、悲しみに打ちひしがれながら自問した。

我が家にあった古い木箱で小さな棺桶を作り、赤ん坊の父親とわたしとで、一〇〇メートルほど上流のポコーが眠るマイシの土手に、墓穴を掘った。赤ん坊を墓に納め、埋葬を見にきた三、四人のピダハンの前で穴を土で埋めた。それから父親とわたしは川に入り、体についた土や泥を洗い落とした。わたしは家に戻り、考え込んだ。

しかしこの出来事について考えれば考えるほど、ピダハンの立場からすれば最善と思われるやり方で始末をつけたにすぎなかったのだと思えるようになってきた。彼らは意味もなく冷酷にふるまったわけではない。生命や死、病に対するピダハンの考え方は、わたしのような西洋人とは根本的に違うのだ。医者のいない土地で、頑丈でなければ死んでしまうとわかっていて、わたしなどよりよほど多くの死者や死にかけた人たちを間近で見ているピダハンには、人の目に死相が浮かんでいることも、どういう健康状態だと死に直結するかも、わたしが気づくよりずっと早く見ぬけてしまうのだ。ピダハンは赤ん坊が間違いなく死ぬとわかっていた。痛ましいほどに苦しんでいると感じていた。わたしが素晴らしい思いつきだと考えたミルクチューブは赤ん坊を傷つけ、苦しみを引き延ばしていると確信していた。だから赤ん坊を安楽死させた。父親が自らの手で喉にアルコールを流し込み、苦しみを絶ったのだ。母親が死んだあとも生き延びた赤ん坊はいるが、その子たちが親と死に別れたときは、全員申し分のない健康状態だった。

ピダハンは子どもも対等な社会の一員だと考えているが、それはおとなには許されているのに子どもはできないこと、あるいは子どもには許されるのにおとなには禁じられることがないということを意味する。たしかに、子どもは「目には入るが聞こえないところにいるのがいい」というような、年齢に基づいた差別待遇などはどこにもない。ピダハンの子どもたちは騒々しくてやんちゃで、手がつけられないほど頑固にもなる。周囲が期待することをやるかやらないか、自分で決めなければならない。いろいろやってみて、結局親の言うことを少しくらい聞いておくのが一番だと学んでいくようだ。わたしの大好きな男の子 *Paitá* パイターは、よき友であるコーホイの息子だ。コーホイはとびきり柔和なのんびりした人物で、そばにいるとこっちまでくつろいで眠りに引き込まれそうになる。いつも笑顔を絶やさず、元気いっぱいで、結核で死にかけているときでさえ病気に見えなかった。そういうコーホイの息子を見ていると、ピダハンの子どもたちのだいたいの様子がよくわかる。

ある日の午後、わたしはパイターが道をこちらに歩いてくるのを見かけた。当時三歳くらいだった。パイターはいつも垢じみていて、この子を見るとつい、マンガのピーナッツのピッグペンを連想してしまう。人を見るとき首をかしげる癖があって、にんまり笑い、屈託のない笑い声をあげる。道がぬかるんでいたので、パイターの脚はつま先からずっと泥まみれだった。だがわたしの注意を引いたのは、いたいけな三つの男の子が手巻きの太いたばこをふかしていたことだった。巻いてやったのは父親に違いない。ノートの切れ端で巻いた、強くて辛いたばこだ。その上パイターはワンピースを着ていた。父親がパイターの後からやってきたので、わたしは笑いながら尋ねた。「お前の倅、どうしちゃったんだい？」わたしはたばこのことを訊いたつもりだった。

コーホイは、「ああ、女の子の服を着せてみたくなったんだ」と答えた。

コーホイにしてみれば、息子のおかしな服装はたばことは何の関係もない。ピダハンが喫煙の習慣が健康に及ぼす悪影響を知っていたとしても、だからといって子どもに吸わせなくなるわけでもない。第一健康に甚大な影響を及ぼせるほどのたばこを吸えるピダハンなどいない。彼らがたばこを手に入れるのは二ヵ月に一度くらいで、それもせいぜい一日分くらいの量だ。それにもしおとなが喫煙の「リスク」を負ってもいいのなら、子どもだっていいはずだ。もちろん、ワンピースを着せられているのは子どもとおとなが完全に同じ扱いを受けているわけではないことの証だが、同じでない扱いのなかには、西洋ではふつう大人のものになっている行為を禁じることは含まれていない。

一度交易商人が、村じゅうが酔っぱらえそうな大量のカシャーサをくれたことがあった。そしてまさにそのとおりの結果になった。男も女も子どもも全員酔い潰れた。ピダハンは概してアルコールに強くない。しかし六歳の子どもがろれつがまわらなくなって千鳥足でふらついているのを見るのは、じつに珍奇な経験だった。だがピダハンにすれば、人生の困難はみんながいっしょに分かち合うのだから、人生の楽しみも分け合って当然なのだ。

ピダハンの家に生まれた子どもを取り巻く人間関係は、西洋の社会に生まれた子どもが出会う人間関係とさほど大きく違ってはいない。最大の違いは、ピダハンの子どもは村じゅうをうろつきまわるし、村の全員が多かれ少なかれその子と縁続きだと考え、なにがしかの責任を感じているという点だろう。

だが日常的にはピダハンの家庭は核家族で、いつも一緒にいるのは、父親と母親、それにきょうだい（ふた親とも同じ、片親だけ同じ、養子も含む）たちだ。親たちは子どもに愛情深く接し、丁寧に、しかも頻繁に話しかけ、めったにお仕置きをしない。

狩猟採集社会の例にもれず、ピダハンの親には性による分業がある。女たちはジャングルの実りを集め、イモを掘り、庭で食料を採る。男たちは狩りをし、木を切り、ジャングルを開く。子どもの世話を焼くのは主として母親だが、母親が畑やジャングルで果実を集めたり、犬を連れて小動物を狩りに行ったり、薪拾いや釣りに（面白いことに、女性はもっぱら釣り針と釣り糸で魚を釣り、犬を使って小動物を狩るが、男たちはそれに加えて狩りにも漁にも弓矢を用いる。弓矢は男性専用の道具のようだ）行ったりしている間は、男が家に残って子どもの面倒を見る。

ピダハンの子育てには、原則として暴力は介在しない。だがわたしの子育ての手本には暴力があった。ここでふたつを対比しておくのが肝要だろう。なぜなら最終的にわたしは、当時の自分よりもピダハンの姿勢のほうがはるかに健全だと確信するようになったからだ。わたしは父親としては若く、シャノンが生まれたのはわたしが十九歳のときだった。未熟さとキリスト教的子育て観とが相俟って、鞭を惜しむと子どもをだめにするという聖書の教えにしたがい、体罰は妥当であり効果があるとわたしは考えていた。シャノンは一番上ということもあり、わたしの人生のこの時期のとばっちりを一番多く被った。

ある日村にいるとき、シャノンが言った何かに、わたしはこれはお仕置きをしてやらねばならないと考えた。わたしは枝の鞭を手に、寝室に入るよう命じた。シャノンはお仕置きはいらないと叫びはじめた。すぐさまピダハンたちが集まってきた。わたしたちが声を荒らげるといつもやってくるのだ。

「何をしようとしているの、ダン」女たちがふたり、口を揃えて尋ねた。

か。

「何って、ええと……」ううむ。何と答えればいいのだろう。一体全体、わたしは何をしようというのか。

いずれにせよわたしは聖書の重みを忘れたわけではなく、シャノンに伝えた。「わかった。ここではお仕置きはなしだ。滑走路に来なさい。途中で枝を拾っておくんだよ。五分後にお父さんも行く！」

シャノンが家を出ていくと、ピダハンはどこへ行くのかと娘に問いかけた。

「パパが滑走路でわたしを叩くの」シャノンは怒りとうれしさがないまぜになった様子で答えていた。自分の言葉がどんな影響をもたらすか、意識していたのだ。

わたしが家を出ると、ピダハンの子どもや大人たちが大勢ついてきた。負けたと思った。ピダハンのいるところではもうお仕置きはできない。ピダハンのしきたりに従わないわけにはいかなかった。シャノンは勝利をせしめて得意満面だった。

ピダハン流の子育ては子どもにどう影響するのだろうか。一〇代のピダハンたちは、あらゆる社会の一〇代の若者たち同様くすくす笑い、一〇代同士でこそこそし、傍若無人だ。わたしの尻をでかいと言ってみたり、食事しようとわたしたちがテーブルについた途端に、そのすぐそばでおならをして、ジェリー・ルイスみたいに笑い転げたりする。一〇代の破天荒さは万国共通のようだ。

けれどもピダハンの若者が引きこもっているのは見たことがない。いつまでもふて寝したり、自分のとった行動の責任から逃げようとしたり、親の世代とは全然違った生き方を模索したりということもない。ピダハンの若者は現にとても働き者で、生産的な部分ではじつによくピダハンの社会に順応している（優れた漁師であったり、村全体の安全を守ったり、食べ物を調達するなど、社会全体の生存に寄与している）。ピダハンの若者からは、青春の苦悩も憂鬱も不安もうかがえない。彼らは答えを探しているようには見えない。答えはもうあるのだ。新たな疑問を投げかけられることもほとんどない。

もちろんこのように安定してしまっていると、創造性と個性という、西洋においては重要な意味をもつふたつの大切な要素は停滞しがちだ。文化が変容し、進化していくことを大切に考えるのなら、このような生き方はまねできない。なぜなら文化の進化には対立や葛藤、そして難題を乗り越えていこうとする精神が不可欠だからだ。しかしもし自分の人生を脅かすものが（知るかぎりにおいては）何もなくて、自分の属する社会の人々がみんな満足しているのなら、変化を望む必要があるだろうか。これ以上、どこをどうよくすればいいのか。しかも外の世界から来る人たちが全員、自分たちより神経をとがらせ、人生に満足していない様子だとすれば。伝道師としてピダハンの社会を訪れていた最初のころ、わたしが村に来た理由を知っているか、ピダハンに尋ねてみたことがある。「おまえがここに来たのは、ここが美しい土地だからだ。水はきれいで、うまいものがある。ピダハンはいい人間だ」当時もいまも、これがピダハンの考え方だ。人生は素晴らしい。ひとりひとりが自分で自分の始末をつけられるように育てられ、それによって、人生に満足している人たちの社会ができあがっている。この考え方に異を唱えるのは容易ではない。

■

興味深いことに、集団意識がいたって強いのにもかかわらず、村人に対して集団としての強制力が働くことはまずない。ピダハンが別のピダハンに何かを命じるのは、親子の間であっても稀だ。時として指図がましいことをする者はいるが、周りで見ている者たちは、言葉やしぐさや表情で、感心していないことを態度で表す。おとなが集団の規範を破ろうとしているのを、別のおとなが止めようとするところは見た記憶がない。

　ある日、わたしは主だった言葉の先生のひとり、カアブーギーのところへ行って、勉強の時間があるか訊いてみることにした。歩いて彼の家に近づいていくと、カアブーギーの兄弟のカアパーシがカシャーサを飲んでいるのに気づいた。カアパーシは吠えるのをやめろ、とカアブーギーの白い小犬を怒鳴りつけていた。さらに二、三歩進み、わたしがカアブーギーの小屋まであと十五メートルほどまで来たところで、カアパーシがショットガンをあげ、小犬の腹を撃ち抜いた。小犬は鋭く叫んで跳び上がった。どくどくと血があふれ、内臓は腹の裂け目から飛び出している。小犬は地面に倒れ込み、体を震わせて鼻を鳴らした。カアブーギーが駆けつけ、犬を抱き上げた。死んでいく犬を抱えたカアブーギーの目が、みるみる涙に濡れていく。彼がカアパーシの犬を撃つとか、カアパーシ本人に向かっていくとかするのではないかとわたしは心配した。

　村びとたちはカアパーシとカアブーギーを見つめている――犬たちが吠える声以外は、物音ひとつしない。カアブーギーは涙を浮かべ、死んだ犬を抱えたままただ座り込んでいた。

「カアパーシをどうするつもりだい？」わたしは尋ねた。

「どうするとは？」カアブーギーは不思議そうに訊き返す。

「つまり、犬を撃たれたことにどう始末をつけるのかということだよ」

「何もしない。兄弟を痛めつけたりはしない。あいつは子どもじみたことをした。悪いことをした。だがあいつは酒を飲んでいて、頭がまともに働いていなかった。おれの犬を傷つけてはいけなかった。これはおれの子どもとおんなじだったんだ」

　このときのカアブーギーのように、怒って当然のことをされたときでも、ピダハンは忍耐強く、愛情たっぷりに相手を理解しようとする。これまでにわたしが出会ったどんな社会でも、こうした態度はまず見受けられないものだった。ピダハンが平和主義者というわけではない。非の打ちどころのない人々というわけでもない。けれどもピダハンは平穏を大切にしている――少なくともピダハン同士での平穏を。彼らはピダハン社会を一種の家族と見なしていて、その一員であれば仲間の全員を護り、世話する責任があると感じている。だからといって、彼らが仲間内の規範を破らないというわけではけっしてない。どのような集団にもそれは起こる。ただピダハンは、互いに助け合うという規範をもっていて、それが文化的には比較的珍しいほどに強い規制となっているということだ。

それでいてピダハンは、自分や家族の生存に関しては独自の道を行きたがる。まず自分自身、そして身内の生存が優先だ。飢え死にしそうになっているピダハンや苦しんでいるピダハンを目にしたら、できるものなら見過ごしにしたりはしないが、そのためには助けられる側のピダハンがまぎれもなく助けを必要としている状態になければならない。つまり、病気であるとか、幼すぎたり年をとりすぎたりしていて自分では食べ物をとってきたりできない状態であることと、かつ手助けがあれば助かる（手おくれではない）状態にあることだ。それ以外の場合は、誰もが自分のことは自分で始末をつける。妻と子に満足に食べ物や住まいを提供してやることができなければ、家族はそのピダハンを見限って別の稼ぎ手を探すかもしれない。怠け者で、薪拾いもマニオク掘りも果実集めもしない女は、容姿が衰え子どもを産めなくなれば、捨てられることとだろう。

とはいえ、ピダハンたちの重んじる価値観には、この帰属意識がいきわたっているようだ。よそ者にはその資質がないことをピダハンはすぐに見抜く。たとえばブラジル人は、ずるくて同じブラジル人をこき使う。アメリカ人の親は子どもを叩く。彼らが最も戸惑うのは、アメリカ人が大きな戦いで大勢の人間を殺したり、アメリカ人やブラジル人が同朋同士で殺し合あったりすると聞くことだ。
あるときコーホイから、「父親は、自分の父親が他の先住民を殺しに行くところを見たと言っていた。しかしいまはわたしたちはそれはしない。悪いことだ」と聞いたことがある。こうした暴力と戦争への眼差しほどに重要とはいえないかもしれないが、ピダハンの文化にはほかにもあれこれ興味深い考え方が数多く見られる。

たとえば、婚姻その他の関係は、ピダハンの社会では「*kagi* カギ」という概念のなかに納まる。「カギ」という言葉は的確に翻訳するのがひじょうに難しい。ピダハンは米と豆が同じ皿に入っている（村では米も豆も栽培しないが、わたし自身かブラジル人商人、あるいは政府の役人が持ってくる場合がある）のを見ると、ピダハンは「*kagi* カギ」とともにある米という言い方をする。わたしが子どもを連れて村に行くと、「ダンが *kagi* カギといっしょにいる」と言う。わたしが妻といっしょに行っても、同じ言葉を使って「ダンがカギ *kagi* ときた」と言うかもしれない。犬を連れて狩りに行くと、「カギといっしょに狩りに行った」という言い方をする。となると、いったい「カギ」とは何なのか。それが婚姻とどう関係するのか。安易に翻訳はできないのだが、これは「想定される結びつき」というような意味になる。何が想定され、どういう結びつきなのかは、文化的な近しさと価値によって決まる。配偶者はその性質上、一緒にいることが想定される相手だ。米と豆、狩人と猟犬、親と子のように、婚姻も文化によって結びつけられた関係性だ。とはいうものの、同じカギを保ちつづけなければならないという文化的抑圧はない。

夫婦はこれといった儀式をせずに共同生活を始め、子作りをする。関係を始めようとするときにどちらも既婚者でなければ、同じ家に住みはじめればそれでことは足りる。もしふたりとも、あるいはどちらかが別の相手と結婚している場合は、まず二日から四日ほどふたりで村を離れ、その間もとの配偶者は彼らを捜す。村を出たふたりは戻ってきて一緒に暮らしはじめる場合もあれば、ただの「浮気」で、元の鞘に収まろうとする場合もある。相手に逃げられた側が復讐するケースはまずない。男と女、少年と少女の関係は、結婚しているいないにかかわらず常に愛情を基盤としていて、時折軽い浮気や深刻な浮気に味付けされるのだ。

性に関しても同様で、無理じいされたり傷つけられたりされないかぎり、子どもとおとなの性行為もなんら禁じられていない。*Xisaóoxoi* イサウーオイという三〇代のピダハンの男と話しているとき、九歳か一〇歳くらいの少女が彼に寄り添っていたことがあった。イサウーオイとわたしが話している間、少女はなまめかしい手つきで彼の胸や背中をさすり、さらに薄っぺらいナイロンの短パンに包まれた股間を撫でまわしていた。ふたりとも楽しんでいる。

「その子は何をしてるんだ?」わたしは訊かずもがなの質問をした。

「ああ、ふざけてるだけさ。いっしょにふざけるんだ。大きくなったらこの娘はおれの妻になる」イサウーオイはこともなげに答えた。そして実際に、娘が思春期を過ぎたころに、ふたりは結婚したのだった。

ピダハン同士の結婚にも、あらゆる婚姻関係と同様にさまざまなしきたりがあって、わたしたちの社会とはまた違った強制力をもっている。わたしはよく、ピダハンは不貞にどう対処するのかと訊かれる。ではこの夫婦なら、比較的年のいった夫と幼妻のカップルは、どうやって浮気の始末をつけるだろうか。彼らもおそらくほかのピダハンたちと同じ、わたしにはとてもこなれているように見えるやり方でけりをつけるのだろう。

浮気の解決法というか、対処法は、とてもユーモアに富んでいる。ある朝わたしは、ピダハン語を教わろうと思って、友人のコーホイビイーイーイヒーアイの家へ出かけた。小屋に近づいたわたしの目に映った光景は、普段と何ら変わりなかった。奥さんのイーバイホーイーオイが腰を下ろし、そこに膝枕してもらってコーホイビイーイーイヒーアイが寝そべっていた。

「よお、今日もピダハン語の勉強を手伝ってもらえるか？」

コーホイビイーイーイヒーアイが返事をしようと頭を上げたとき、イーバイホーイーオイが髪の毛をつかんで夫の頭を押さえつけているのに気がついた。夫が頭を上げようとすると妻は髪の毛を引っ張って引き戻し、傍らにあった棒を取り上げて頭のてっぺんや顔をとりとめなく叩きはじめた。コーホイビイーイヒーアイは笑ったが、あまり大きな声は出せなかった。動くたびに髪を引っ張られるからだ。

「女房がどこにも行かせてくれないよ」くすくすと笑いながら彼は言った。

奥さんもにやりとしたが、笑みはすぐに消え失せて、もっと強く夫を叩いた。かなり痛そうだ。コーホイとは話ができそうもないので、わたしはもうひとりのよき師であるアホアービシのところへ行った。彼は勉強に付き合うと言ってくれた。

いっしょに家に向かいながら、わたしは尋ねた。「コーホイビイーイーイヒーアイはどうしたんだ？　イーバイホーイーオイが頭を押さえつけてずっと棒で殴っているけど」

「ああ、あいつは夕べ別の女と悪ふざけをしたんだ」アホアービシはうれしそうに教えてくれた。「それで今朝はかみさんに怒られてるんだ。今日は一日どこへも行けないな」

強くて恐れを知らない狩人であるコーホイが一日じゅうあんな風に寝そべって妻に好きなだけ殴らせている（三時間後にもう一度ふたりの家に行ってみたが、同じ体勢だった）のは、明らかにコーホイが進んで罪の許しを乞うているということだろう。だが同時にそれは、社会が認める解決策でもあるのだ。その後も何人かの男たちが同じような扱いをされているのを見かけることになった。

次の日には万事元どおりになっていた。その後コーホイはずいぶん長い間女遊びをしなかった。夫婦の問題を解決するのに、ずいぶんと気の利いたやり方だとわたしは感心した。もちろんいつもうまくいくわけではない。ピダハンにも離婚はある（手続きはない）。だがほんの出来心だった場合には、こういう懲らしめ方は効果的だ。妻は目に見える形で怒りを表現することができ、夫は一日じゅう妻の気が済むまで殴らせることで後悔の念を示すことができる。重要なのは、その間喚き散らしたり怒りをあらわにしたりしないことだ。くすくす笑ったり、にやにやしたり、声をあげて笑ったりするのが大事だ。というのも、怒りはピダハンの社会では大罪だからだ。女性の浮気もよくあることで、妻に逃げられた夫は妻を捜しに行く。寝取った男を口汚くののしったり脅したりすることはあっても、暴力は許されない。誰に対しても、相手が子どもであれ大人であれ、ピダハンの社会で暴力は容認されない。

ピダハンの性風俗には、キリスト教的倫理観をもったわたしにはかなり衝撃的な部分もある。ことに、こちらの文化とピダハンの価値観がぶつかり合うような場面はなおさらだ。わたしが家族とともにピダハンの村に来た二度目の滞在期間中のことだった。午後、わたしがマイシ川のほとりに建てた木材の壁と草ぶき屋根の家の奥の部屋から真ん中のスペースに出てみると――このスペースは壁がなくて、うちの家族よりもピダハンのたまり場のようになっていた――シャノンが目の前の床に寝そべっている男ふたりを見つめていた。ふたりは笑い、短パンを足首のところまで下げて相手の性器を握り、互いの背中をぴしゃぴしゃ叩きながら床を転げまわっていた。わたしを見つけてシャノンがにんまりと笑った。性を秘密にしておきたいアメリカ文化の申し子であるわたしはショックのあまり叫んだ。「おい、娘の前でそんなことをするな！」

男ふたりは笑うのをやめてわたしを見上げた。「そんなことって？」

「その、おまえたちがいまやってることだ。ペニスのつかみ合いだよ」

「ああ」ふたりは狐につままれたような顔をしている。「おれたちが楽しむのを見たくないみたいだな」

短パンを上げ、新しい状況にいともやすやすと順応して、飴を持ってないか、とわたしに話題を振ってきた。

わたしはシャノンにもその妹弟にも、人の誕生や死といった営みを一から説明する必要はほとんどなかった。三人ともピダハンを見ていて、その多くを学ぶことができたからだ。

■

ピダハンの家族関係は、西洋人にもなじみやすい領域だ。親と子の愛情表現はあけっぴろげで、抱き合い、ふれあい、微笑み合い、たわむれ、話し、一緒に笑い合う。これはピダハン文化のなかで、真っ先に目につく特徴でもある。ピダハンを見ていると、わたしももっともっと忍耐強くならなければならないと自分の課題をつきつけられる。親は子どもを殴らないし、危険な場面でもないかぎり指図もしない。乳飲み子やよちよち歩きの幼児（おおよそ四歳か乳離れするまで――乳離れすると一転活動を求められるようになる）は好き放題が許され、手放しで愛される。

母親は、次の子どもが生まれると断乳する。すぐ上の子が三歳か四歳くらいのころだ。断乳は子どもにとっては少なくとも三つの点で辛い。大人にかまってもらえなくなること、お腹が空くこと、そして仕事をしなければならなくなること。誰もが働かなければならない。全員が村の生活に寄与しなければならない。ついこの間までおっぱいを吸っていたような幼児でも、大人並みの労働の世界に入るのだ。話し声や笑い声に混じって、夜にはよく子どもが泣き叫ぶ声が聞こえてくる。ほぼ例外なく、乳離れさせられた子どもの泣き声だ。あるとき村に来ていた医者が、夜中にわたしを起こした。

「ダン、赤ん坊が苦しそうに泣いている。重い病気じゃないかな」

「大丈夫ですよ」わたしは医師をなだめてまた眠ろうとした。

「いや、大丈夫じゃない。病気なんだ。いっしょに行ってくれないなら、わたしひとりで様子を見てくる」医師は言い張った。

「わかりました。様子を見に行きましょう」わたしは言ったが、内心ではおとなしく寝ていればいいのに余計なことに首を突っ込む医者だと思っていた。

わたしたちは赤ん坊の泣き声がしている小屋に行った。医師が懐中電灯で中を照らす。三歳くらいの男の子が座って泣きじゃくっていたが、親もきょうだいたちも、眠っているようだ。

「こんな大声がしていてよく眠れるな」

「寝たふりをしているだけですよ。いまはこの子のこと、話してもらえませんよ」

「でも、この子が病気じゃないと確かめたいんだ。何でもないのかどうか、親に訊いてみてくれ」

わたしは父親の *Xooi* ウーイに問いかけた。「ウーイ、子どもは病気か？」

返事はない。

「話したがってませんよ」

「頼むから、訊いてくれ！」医師も引き下がらない。わたしはいやになってきた。

「ウーイ、子どもは病気なのか？」わたしは質問を繰り返した。

動作にも言葉の間合いにもうんざりした様子をにじませながら、ウーイが頭を起こしてぶっきらぼうに答えた。「いや、母親のおっぱいを吸いたいだけだ」

わたしはその言葉を通訳した。

「病気じゃない？」医師はウーイの言葉を信じていいのかどうか思いあぐねて訊き返してきた。

「病気じゃありませんよ。さあ、もう寝ましょう」

わたしたちはハンモックに戻った。

乳離れした子どもはもはや赤ん坊ではなく、特別扱いされない。母親のとなりで寝かせてもらえず、寝台で寝ている両親たちから決定的な距離をおかれて、きょうだいたちに混じって眠らねばならない。離乳したばかりの幼児は空腹を味わう。授乳中の赤ん坊以外、ピダハンなら誰しも知っている感覚だが、以前にも触れたとおり多少の空腹はピダハンの世界では苦労の内に入らない。だが初めて大人の世界に足を踏み入れた幼児には衝撃だ。

乳離れすると、子どもは親に手ずから食べ物を口に入れてもらうことはないし、甘やかされることもない。男の子なら二、三年のうちに、父親や母親や姉たちが畑や狩りに出ている間に魚くらい捕ってこられるようにならないといけない。

子どもたちの生活は苦痛ばかりではない。もしおもちゃが手に入ればそれで遊ぶし、人形とサッカーボールは特に大好きだ（村ではサッカーのルールを知る者はひとりもいない。彼らはたんにボールが好きなのだ）。コーホイと *Xiooitaóhoagí* イオウィタオーホアギーに感心させられたのは、街に出るから何か買ってこようかというと、このふたりだけはいつも子どものためのおもちゃを頼んでくることだった。村の人たちはコマや笛、おもちゃのカヌー、木彫りの人形などを作ろうと思えば作れるのだが、よそ者に頼まれないかぎり自分からは作らない。だからこうした品々がピダハン特有の産物なのかどうかははっきりしない。外の土地から移入されたものかもしれないし、いまの風潮に合わなくなって廃れた古い手工芸の名残にすぎないのかもしれない。

ただ例外がひとつある。村に飛行機がやってくるとその直後、少年たちがバルサ材を集めて模型飛行機を作ることがよくあるのだ。

ピダハンはみんな、時折やってくる飛行機が大好きだ。わたしが知りえたかぎりでは、村はこれまでに三種類の飛行機を迎えている。水陸両用機と水上飛行機、それにセスナ二〇六だ。水陸両用機は胴体で水面に着陸し、単発のエンジンが操縦室の上にある。そのほかの二種類も単発だが、エンジンは飛行機の前部に格納されている。飛行機が来ると少年たちはマチェーテでバルサを削って模型を作り、時にはウルクン（ベニノキ。種と油脂が赤い染料になる）の染料で赤く色を塗る。めったにないことだが、自分の指を傷つけて、血で赤く塗る場合もある。

飛行機が来たのを見ていない村の少年が、二日ほどして模型飛行機を持って現われたこともある。飛行機が来たことを目撃した少年から話を聞き、その少年たちの作った模型を元に自分の模型を作ったようだ。少年たちの作る模型飛行機は長さがおおよそ三〇センチから六〇センチほど、厚みが十二、三センチから十五センチほどの大きさで、面白いことにいくつかの目撃談を組み合わせて作られている。村に来る飛行機はすべて単発機でプロペラはひとつだが、少年たちの作る飛行機にはたいてい二ヵ所にプロペラがついている。ひとつは操縦席の上、もうひとつは飛行機の先端だ。ピダハンが見る飛行機のふたつのタイプの合体型ということだ。

ピダハンの文化を探求するには、長い時間を彼らとともに生活することが必要だった。わたしたちが一度に最も長く滞在したのはおそらく一九八〇年で、ほぼ丸一年を村で過ごした。この滞在期間の始まるとき、わたしたちの大きな家の草ぶき屋根とヤシの床は取り換えなくてはならない状態だった。というのも、わたしたちが村を離れている間、ピダハンはわたしが書斎にしているロフトで寝たがる。彼らは星を見るのが好きで、屋根の草に指を突っ込んで星を覗くための穴を広げるので、屋根がぼろぼろになってしまうのだ。

だが草ぶき屋根の修繕こそ、ピダハンの世界、ジャングルへのほんとうの入口であり、彼らに対するわたしの見方が以前に増して肯定的に変化する転機ともなった。わたしは彼らを、世界で最も機知に長け、周りの環境を生かして生きられる人々であると考えるようになった。ジャングルにいる彼らを見て、わたしは村が彼らにとっては居間にすぎないこと、たんに手足を伸ばすためだけの場所であることに気づいた。人のくつろいでいる様子だけを見てその人となりを理解することはできない。ジャングルと川はピダハンの職場であり、工房であり、アトリエであり、遊び場だ。

屋根の状態を見たわたしは、屋根を葺く草と、床の穴（ピダハンが家のなかで料理の火をおこして焦がしてしまった）をふさぐパシューバヤシを集めるのを手伝ってくれないかとピダハンに頼んだ。そのころわたしは、ピダハンとともに何ヵ月も過ごしていたのに、まだジャングルに深く入ったことがなかった。つまり知らないこととはいえ、それまでわたしは彼らをよく知る機会をみすみす逃していたというわけだ。

すぐれた言語学者であるためには、何時間も机の前に座っているだけではだめで、さらに何時間も何時間も人々と一緒に過ごすのが肝心だ。わたしは自分もピダハンといっしょにジャングルに入り、屋根の材料を集めるのを手伝い、彼らから学び、行動を共にしようと決心した。

そこでわたしは出発の準備を始めた。軍放出品の一クォート（九四六ミリリットル）水筒二本をいっぱいに満たして、やはり放出品のガンベルトに吊るし、メキシコ製の特大「アカプルコ」マチェーテも刺した。森に入るピダハンの男は五人だったが、全員で斧一本とマチェーテ二、三本が装備のすべてで、長袖に長ズボン、長靴に帽子をかぶり、水筒と長いマチェーテを吊るしているわたしは笑われてしまった。それでもわたしたちはジャングルへの道を歩きはじめた。ピダハンの仲間たちが笑い声をあげ楽しげに話す傍らで、わたしはといえば一歩進むごとにマチェーテと水筒がぶつかりあってガラガラ音を立てた。その上マチェーテが木に当たるたびにわたしの大事なところをつついてくるのを防ごうとしては失敗した。

三〇分もすると、ジャングルは高く、暗くなり、地面に近い部分の茂みはまばらになってきた。気温は下がり、蚊が羽音をうならせる。そしてもっと心地よいアマゾンの音も聞こえてきた。ピハの甲高いフウェー・フウィーウーという啼き声だ。ふと気づくと、同行者たちの様子が一変していた。ピダハンは広げた手を胸の前でX字に交差させ、そのくせ小走りでなければ追い付けないような速さで歩きつづけた。体の使い方にまるで隙がない。軽く、確かな足取りで進んでいった。

小川のほとりに来ると、コケに覆われた木が橋代わりになっていた。ピダハンは瞬時のためらいも見せずに丸太の橋を渡っていく。わたしは二歩も行ったかと思うと足を滑らせて流れに落ちた。落ちたのと同じくらいの素早さで（こういう流れには、電気エイだのアナコンダだの小型のワニだの、おびただしい数の剣呑な生き物が棲んでいるのだ）小川を飛び出し、無様に土手を上がったわたしは、道を見つけてピダハンのあとを追いかけた。ピダハンはわたしが川に落ちたのには気づかないふりをしていた——恥ずかしい話だったし、手を貸せば余計きまり悪くなるのが彼らにもわかっていたからだ。わたしが追いつくと、丸太橋から落ちるのなど大したことでも恥ずかしいことでもないと言わんばかりにみんな笑ってみせた（当然ながらピダハンなら決して落ちたりしない。たとえ子どもでも犬でも老人でも、障がいのあるピダハンでも落ちないだろう）。ようやく、パシューバが立ち並んでいる場所に来た。わたしはヤシの幹に斧を入れるのを手伝った。すぐに悟ったことだが、わたしのほうが体格もよくて力も強いのに、ピダハンのほうが一振りで深く刃を食い込ませることができる。斧の使い方がうまくて、動きに無駄がなかった。わたしは汗びっしょりになり、水筒の一本はすでに空になっていた。ピダハンはちっとも汗をかいていない。彼らは何も飲んでいなかった。

一度に運べる分は切り倒したということで意見が一致し、わたしたちはヤシと草を束ねた。ひとり一個か二個束を持ち、村へと一〇キロあまりの道を引き返した。来たときには道は間違えようがないように思えたが、だんだん方向に自信がなくなり、わたしは立ち止まってピダハンを注視した。彼らは笑みを浮かべて立ち止まり、「おまえが先頭を行け」とにやにやした。「おまえがおれたちを村に連れて帰るんだ」わたしは頑張った。だが何度も間違った角を曲がって灌木の袋小路に迷い込む。ピダハンたちはかなり楽しんだ。わたしのせいで帰りが遅くなっているのに、わたしを先頭に立てて満足げにしていた。急ぎ足の者はひとりもいない。やっとはっきりした道筋を見つけて調子よく歩きはじめると、今度は荷物が重くなってきた。一歩ごとに背中にしょったヤシが垂れ下がっている枝にあたったり幹にぶつかったりする。地面に浮き出している根に足を取られ、道に散らばる朽ち葉に足を滑らせた。わたしは息があがり、疲れ切っていた。驚いたことにピダハンには疲れた様子がまったくない。村にいるとき、ピダハンの男たちはできるだけ重い物を運ばないようにしていた。箱やたるなどを運ぶのを手伝ってくれないかと頼んでも、なかなか色よい返事はもらえない。たまに手伝ってくれるときも、軽々運べそうなものでもほとんど地面から持ち上げずに動かすくらいだ。だからてっきり、彼らは腕力や持久力がないのだと思い込んでいた。間違いだった。彼らは普段外から来た品物を持たないので、扱い方がわからないことを知られたくなかっただけだ。あるいは、わたしが自分ですべき仕事なのに人に手伝わせるのが気に入らなかったのかもしれない。耐久力とか体力とは関係ない理由だったのだ。

歩きながら、自分が疲労困憊し、汗だくになっていることを意識していた。こんなに重い荷物を背負ったまま村までたどり着けるかどうか心もとなくなってきた。そんなことを考えていると、コーホイが横にやってきてにっこりし、手を伸ばしてわたしの背中のヤシの束を取り、自分が肩に背負っている束の上にのせた。「おまえは運び方を知らない」とだけ言った。彼の肩にはたぶん二二、三キロは余分な荷物がのった勘定になる。鬱蒼と枝や蔓が垂れ下がっているジャングルの細い道を一〇キロ近く歩くのに、二〇キロ以上の負い荷は大変だ。だが彼はいま、合わせて五〇キロ近い荷物を背負っている。コーホイが重みを痛感しているのはわたしにもわかった。一緒に汗して働き、苦労や失敗を一緒に笑い、ピダハンとわたしの友情は、このときのジャングルの行程で一層確かなものになったのだった。

■

もうひとつ、わたしが最初にピダハン文化で重視される主な概念を理解しようと努めたときにはっきりさせたいと思ったのは、文化的な強制力、つまり社会が求める行動をピダハンのひとりひとりにやらせている力は何かということだった。

アメリカ先住民のほとんどの部族には、長など権威の象徴がいると信じられている。これは誤りだ。アメリカ先住民の部族の多くは、伝統的に平等社会である。人々の生活は、外部から理解されているよりはるかに自由で、いかなる指導者の影響も受けない。アメリカ先住民の多くが王権的な社会構造になっていると誤解してしまう理由はたくさんある。

まず、他の社会を見るときに、自分たち自身の社会の価値観や仕組み、物事の進め方を投影してしまうこと。自分自身の社会に何らかの指導者がいない状態、特に社会の規則を守らせる力をもった指導者がいない場面を想定しにくいため、古くからうまく機能している社会でそのような強制力が働かないことを想像するのは、わたしたちにとっては困難だ。

加えて、西洋人の多くはハリウッド映画をはじめ、先住民社会を描いたフィクションの影響を強く受けている。映画に登場する先住民社会には、酋長の豪胆な人柄が欠かせない。

最後に、おそらくここが最も重要なのだが、西洋社会にとっては、先住民社会に交渉相手となる指導者がいてくれたほうが都合がいい。たとえば先住民の土地を入手するにせよ、あるいは譲渡するにせよ、合法的に進めるには代表者がいなければ交渉はまず不可能だ。ではどうするかといえば、ブラジルのシングーでもアメリカ大陸のどこででも起こっていることだが、傀儡の長が立てられ、「彼らの」法的な指導者であるという人造の権威を纏わされ、先住民の所有物に関して商取引が進められていくのだ。

あらゆる部族には長がいるはずという考えの背景には、社会には支配と管理が必要であるという事実がある。そして多くの人にとっては中央集権的支配のほうが、アメリカ先住民の集団でよく見られる分散的な支配よりも形として理解しやすい。フランスの社会学の先駆者であるエミール・デュルケームは十九世紀の終わりから二〇世紀の初めにかけて、強制は社会構造の基盤であると説得力のある論を立てた。どのような社会でも、その成員は集団としての価値と制限によって結びつけられており、社会の多数派はその価値の領域のなかにとどまる（境界内にとどまらない例として最もわかりやすいのが犯罪者など社会の辺縁にいる無法者たちだ）。

ところでピダハンも社会を形成している。したがってもしデュルケームをはじめとする社会学者が――つまるところ一般常識が――正しければ、ピダハンの社会にも人々を境界線のなかにとどめ置く何らかの手段、行動が均質になるように働く何らかの手立てがあるはずだ。管理されて均質化された行動は社会にとっても、その社会を構成しているひとりひとりにとっても結局のところ有利に働くはずである。何より将来の見通しが安定したものになるのだ。では、ピダハンの社会で誰の目にも明らかな強制力とは何なのだろうか。

いわゆる「公的な」強制力というものはピダハン社会には存在しない。警察もなければ裁判所もなく首長もいない。だが強制は確かに存在する。わたしが観察したかぎり、主な形は村八分と精霊だ。ある人物の行動が多数者にとって害を及ぼすほど常軌を逸してくると、その人物は程度の差こそあれ、社会から追放される。ピダハンと付き合いはじめた最初のころに出会った老人、*Hoaaipi* ホアアイーピは変わり者で、妻とふたりきりで他のピダハンとはかなり離れたところに住んでいた。彼とは二度会ったが、初めてのとき船を漕いでわたしに会いにきたホアアイーピは、西洋の品物を一切持たず、船もブラジル製のカヌーでなくカガホーイーだったし、身につけているのは腰布一枚だった。これはつまり、ほとんどのピダハンが互いにしている物々交換のようなごく当たり前の社会的付き合いを、彼がまったくしていなかったということだ。ホアアイーピがやってくると、わたし以上に注目の的になっていた。彼は

*Tíigíí* ティーイギーイという別のピダハンが放った矢で怪我をしていたが、傷につける薬は欲しがらず、代わりにコーヒーと砂糖を所望した。わたしは会ってもらえたお礼に喜んでコーヒーと砂糖を差し出した。わたしには気のいい老人に見えたが、ピダハンはホアアイーピが近づくことを喜ばなかった。みんなに言わせると老人は卑しいのだそうだ。いまにいたるまで、その言葉の意味は判然としないが、彼こそわたしが初めて出会う追放されたピダハンで、その後もこうした例をいくつか見かけることになっていく。

ここまで大仰ではないが、日常よくある村八分の例は、しばらくの間食べ物の分け合いに混ざらせないというやり方だ。村八分が続くのは一日あるいは数日で、それ以上に長くなることはめったにない。わたしのところにはしょっちゅう村人がやってきて、誰彼がこれこれこういうわけで自分に腹を立てていて漁に行くのにカヌーを使えない、誰もカヌーを貸してくれない、と訴える。その後たいてい口添えしてくれないかと頼まれるがこれは断り、食べ物をくれないかと頼まれると差し出した。村の争いごとに口をはさむと思われるのを避けるためだ。

一方精霊は、ああいうことはしてはいけなかったとか、こういうことをしてはいけない、と村人に告げる。村のなかの誰かひとりを名指すこともあれば、全体に話しかける場合もある。ピダハンは注意深く耳を傾け、おおむね *kaoáíbógí* カオアーイーボーギー（「早口」という名の精霊）の忠告に従う。精霊は、「イエスを称えるな。あれはピダハンではない」とか、「明日は下流で狩りをしてはいけない」というような具体的な勧告をすることもあれば、「ヘビを食べてはならない」というような共同体共通の訓戒をする場合もある。精霊と村八分、食料分配の制限などを通じて、ピダハンは自分たちの社会を律している。多くの社会と比較すれば強制はきわめて少ないほうだが、彼らの社会の異常な行動を統制するのに多すぎも少なすぎもしないようだ。

■

アマゾン文化のなかで少数民族に囲まれて育ったわたしたちの子どもは、世界を別の物差しで「見る」ことを教わり、それは彼らの成長にとても有意義だったと思う。初めてピダハンと会ったとき、子どもたちは全員、こんなに醜い人たちは見たことないと騒いだ。ピダハンはめったに石鹼で体を洗わない（石鹼を持っていない）し、女たちも髪の毛を梳かない（櫛が手に入らない）。子どもたちの肌は泥や鼻水や血で汚れているのがふつうだ。だがピダハンをよく知るようになると、子どもたちの態度も変わった。初めての出会いからおよそ一年後、ブラジルの軍人が村を訪ねてきて醜い人々だと感想を洩らすと、子どもたちは真っ赤になって怒った。「ピダハンを醜いと思う人がいるなんて、信じられない」と。自分たちの第一印象はすっかり棚にあげ、このときにはもうピダハンを美しい人々と感じるようになっていたのだ。子どもたちは、アメリカ人的、ピダハン的、ブラジル人的思考回路で同時にものを考えられるようになり、シャノンとクリスはすぐに友だちを作った。特に勉強する必要がないときは、同じ年代のピダハンの少女たちと早朝から出かけて行って、カヌーでマイシ川を上り下りしては、午後も遅くなってから果実や木の実などジャングルの恵みをたくさんお土産にもって帰ってくるようになった。

子どもたちはまた、ピダハンが自然の脅威に巧みに対処することも知った。シャノンとわたしは一度、男たちのアナコンダ狩りについていったことがある。友人であり言語の先生でもあるコーホイビイーイヒーアイに、自分と弟の *Poiói* ポイオーイーをわたしのモーターボートで上流四分ほどの場所へ連れて行ってほしいと頼まれたのである。その場所に着くとコーホイは、あとは土手まで手で漕ぐのでエンジンを切るようにと言った。言われたとおりにすると、コーホイとポイオーイーが右手の土手に木が張り出しているあたりを目指して、静かに漕ぎはじめた。コーホイがわたしとシャノンに向かって、「水面のすぐ下の穴が見えるか?」と訊いた。

「さあ」とわたしたちは答えた。わたしの目には何も見えなかった。

「よく見て!」

コーホイは言って弓を取り上げた。ピダハンの弓の例にもれず、長さは二メートル近くある。コーホイはそれで川の水をかきまぜた。

「これであいつは怒るぞ」コーホイはくすくす笑っている。「見えるか?」

「いや」わたしが答えた。シャノンにもわたしにも、夏期特有の濁った水しか見えなかった。

「泥を見て!」コーホイが叫んだ。「動きだしたぞ」

すると確かに、濁った水が小さく渦巻きはじめていた。わたしが何か言うより早く、コーホイが立ち上がり弓を引いた。ものの一秒のうちに二本の矢が水のなかに飛び込んだ。

するとたちまち、三メートルはあろうかというアナコンダが飛び出してきて、ばちゃばちゃとのたうちまわった。頭と腹にピダハンの矢が刺さっている。

「こいつを揚げるから手を貸してくれ」コーホイはわたしと、うれしそうに笑っているポイオーイーに言った。

「こいつをどうするんだ?」巨大なヘビの体を引っ張り、尻尾をつかんでボートに揚げながらわたしは尋ねた。シャノンは口をあんぐり開けて見つめている。ピダハンはアナコンダを食べないので、のたくる巨体をどうしてわたしのボートに乗せなければならないのか、理解に苦しんだ。

「女たちを脅かすんだ」コーホイは笑った。

わたしたちはアナコンダを村に持ち帰った。村に着くころ、アナコンダがまた動きはじめているのに気がついた。そこでわたしはオールでそいつの頭を殴りつけ、死んでいることを確かめたが、おかげでオールが折れてしまった。それを見てコーホイとポイオーイーは余計に大笑いした。頭に矢の刺さったヘビが生き返らないかと心配するなんて。ヘビの体から矢を抜くと、わたしたちは女たちが体を洗う川岸の近くにヘビを横たえた。

「きっと怖がるぞ！」コーホイとポイオーイーは笑いながら土手を駆け上がった。

わたしはモーターボートをつなぎ、船外機をはずしてシャノンといっしょに土手を登った。シャノンは早く母親や弟妹に見てきたことを教えたくて、先に立って駆けていった。

ところが女たちを驚かす作戦は失敗だった。ヘビを取って戻ってきたところを見られていて、わたしたちが土手を上がるとすぐに女たちが下りていき、ヘビを川から引っ張り出して笑い飛ばしたのだ。

ピダハンのいたずらが楽しいのは、集団意識が強固だからだ。皮肉を言ってみせることができるのも、川べりにアナコンダを仕掛けても許されるのも、互いが信頼のきずなで固く結ばれた共同体だからだ（もちろん信頼に綻び目がないわけではない。盗みや裏切りも皆無ではないからだ。それでも大枠には、共同体に属するひとりひとりがお互いを理解し、同じ価値観を共有しているという信頼感がある）。

「*xahaigí* アハイギー」という共同体意識は、核家族を基に成り立っている。人々はまず家族のもとで社会の価値観を学び、言葉を身につけるのだ。ピダハンの社会では家族が中心だ。ピダハンは誰もがある意味で兄弟であり姉妹である。だが最も強い絆は核家族のなかで結ばれている。

# 第七章　自然と直接体験

ピダハンと自然の関係は、彼らを理解するうえで一番の基本だ。この関係を理解することは、彼らの文化と価値観の全体像をつかむことや、彼らの物質文化を理解し、共同体意識を知ることと同じくらい重要だ。ピダハンが自然をどう語るか詳しく見ていくにつれ、環境に関する概念や言葉から、彼らがさまざまな自然の事象をどのように関連付け、さらにはそれをどのように人間の営みと結びつけているかがわかるようになっていった。「*bigí* ビギー」「*xoí* オイー」というふたつの言葉はこの文脈で使われるもので、ピダハンのものの見方を理解する助けになってくれる。

わたしが「ビギー」という語の片鱗をつかんだのは、ある日、雨の降った直後だった。最初にわたしは、湿ってぬかるんだ地面という意味で「*bigí xihoixaagá* ビギー　イホイーアアガー」という言いまわしを採取した。次に曇った空を指差して、「曇り空」に当たる表現を得ようとした。言葉の提供者が口にしたのはふたたび「ビギー　イホイーアアガー」――「ぬかるんだ地面」と同じ表現を繰り返すだけだった。何か聞き洩らしていることがあるに違いない。地面と空は全然違うものだ。そこでわたしは、何人か別の人にも訊いてみた。答えは全部同じだった。もちろんわたしがまったく見当違いな表現、たとえば「おまえはばかだ」とか「おまえは指差している」を聞かされているという可能性は捨てきれない。だがそうではないという強い感触があった。

この概念はひじょうに重要だ。とりわけ興味深いのは、ピダハンの病を理解する手掛かりになるという点だ。それを知ったのは比較的早い段階で、コーホイビイーイヒーアイと娘の *Xibii* イービイーについて話していたときだった。わたしはイービイーがなぜマラリアにかかったのかを説明しようとしていた。まず蚊と血液のことから話しはじめた。

「違う違う」コーホイは話の途中で口をはさんできた。「イービイーが病気なのは葉を踏んだからだ」

「なんだって？　わたしも葉を踏んだけれど、病気ではないよ」わたしは答えたが、コーホイがイービイーのマラリアをどう説明しようとしているのか、見当もつかなかった。

「上から来た葉だ」コーホイはそう言って、謎を深めた。

「上から来た葉とは？」

「上のビギーの血のないものが下のビギーに降りてきて葉をおいていった。ピダハンが上から来たビギーを踏むと病気になる。ビギーは葉に似ている。だが人を病気にする」

「上から来たビギーだとどうしてわかるんだ？」

「踏んだら病気になるからだ」

わたしはコーホイにこのことをもっと尋ね、さらに別の何人かとも話した。わかったのは、ピダハンにとって宇宙はスポンジを重ねたケーキのようなもので、それぞれの層はビギーと呼ばれる境界で区切られている。空の上にも世界があり、地面の下にも世界がある。この見方はまったく同じではないが、ヤノマミの世界観と似ていると思った。彼らも宇宙は階層になっていると信じている。

「ビギー」がはじめに想像していたよりずっと広い概念であったように、環境に関連するもうひとつの言葉「オイー」も、幅広い意味をもつ。最初わたしは、「オイー」とはたんに「ジャングル」を意味すると理解していた。それが最も一般的な用法だからだ。やがて実際には「オイー」が、「ビギー」と「ビギー」の間のすべての空間を示すことに気づいた。つまり、「生物圏」の意味にもなるし、「ジャングル」の意味にもなり、われわれの住む惑星を表すと同時に地表の土を表すこともできる「earth」に似ている部分がある。ジャングルに入ろうとするとき、「オイーに行く」と言えるし、カヌーに乗っていて、あるいは刺す虫が体に止まっているのを見て「動かないで」と言いたいとき、「オイーのなかで動くな」と言うこともできる。雲ひとつない快晴の日は、「オイーはきれい」だ。だからこの言葉はたんなる「ジャングル」よりずっと広い。

これらの言葉は、環境を見るわたしの目をすっかり変えてくれた。だがさらに大きな驚きが待っていた。

最初の大きな驚きは、どうやら物を数えたり、計算したりしない、数がないらしいことだった。初めのうち、世界じゅうのいろいろな場所で見受けられるように、ピダハンには一、二、「たくさん」という数え方があると考えていた。だがやがて、わたしや前任者たちが数と思ったものがたんに相対的な量を示しているだけのものだとわかってくる。それに気づいたのは、ピダハンに次はいつ飛行機が来るかと尋ねられたときだった。彼らはこの質問が好きなのだが、それというのも彼らにとってはわたしが飛行機の到着日を知っているのが魔法のように思われるからだった。

たとえばわたしは指を二本出し、「*Hoi* ホイ日」と答える。「ホイ」はわたしが二に当たると考えていた単語だ。するとピダハンは不思議そうな顔になる。注意深く観察してみると、ピダハンが指であれ体のどこであれ、あるいは棒きれなど自分の体以外のものであれ、何かを使って数えたり計算したりという光景を目にすることがなかった。またわたしがピダハン語の「二」であると思っていた単語は、小さな魚二尾を指すのにも、もう少し大きな魚一尾を指すのにも使われている。これはその単語が「二」であるという判断とは対立するが、ピダハンにとっては「数」が相対的な量を示すものではないかという新たな発見の傍証となる状況だった。小さい魚二尾と中くらいの魚一尾は量的にはほぼ同じだが、どちらももっと大きい魚よりは少なく、そこでまた異なる〝数〟が持ち出されることになる。このような経緯からわたしは何人もの心理学者と協力し、数々の実験から、ピダハンには数がなく、計算の体系もないと結論づけて、たびたび公表することになっていった。

だがそうした実験を実際におこなう前から、わたしはピダハン語に数が欠落している証拠を経験的につかんでいた。

一九八〇年、ピダハンに頼まれてケレンとわたしは夜、算数と字の授業をするようになった。これには家族全員が加わり、シャノンもクリステンもケイレブ（当時の年齢は順に、九歳、六歳、三歳）もピダハンの男女に混じって勉強した。八ヵ月間毎晩、わたしたちはピダハンにポルトガル語で一から一〇までの数え方を教えた。ピダハンが数を習いたかったのは、自分たちがお金について理解できないせいで交易商人たちからだまされていないかどうか、見抜けるようになりたかったからだと言っていた。八ヵ月の間、ピダハンはこちらから声をかけずとも毎日欠かさず集まってきた（授業はいつも、ピダハンたちの熱心さに促されて始まった）けれども、最終的にみんな、自分たちにこの科目を身につけるのは無理だと判断し、授業は終わりを告げた。八ヵ月かけても、ピダハンはひとりとして一〇まで数えられるようにならなかった。誰ひとり、三足す一を、それどころか一足す一も計算できるようにならなかった（少なくとも一足す一はいつも二と書くか言うかすることができるようになるのが「計算できる」証拠だとすれば）。成果は、時折誰かがたまさか正しい答えを出せる程度のものだった。

ピダハンが計算能力を身につけることができない理由がほかにあるとすれば、彼らが結局のところポルトガルの（あるいはアメリカの）知識を重く見ていないからだとわたしは思う。実際彼らは、ポルトガルやアメリカの考え方のうちある種のものが自分たちの生活に侵入してくることをはっきりと拒んでいる。外の世界の文化のことを好んで聞きたがるが、それは主として楽しみのためだ。わたしたちが算数の授業で初めのうちにしていたように、ある種の問題には一番ふさわしい回答というものがあると水を向けようものなら、いい顔はされず、話題を変えられてしまうかいらだちを示されるかのどちらかだ。

このことを示す例をもっと考えてみると、ピダハンに紙を所望されて渡すと、「物語を書き記す」という事実に思い当たる。書かれているのは、まったく同じ円形の模様で、それが繰り返し出てくる。だが書いた人物はその物語をわたしに「読んで」聞かせてくれる。内容は、その日の出来事、病気の知り合いのことなどなどで、書かれた模様を読んでいるのだという。紙に模様を描いてそれを指し示しながらポルトガル語の数字を読み上げる者もいる。模様がどれも同じで区別できないことも、書き方には正しい書き方と間違っている書き方があるということもまったく意に介さない。こちらがある記号を二回描いてくれと頼んでも、まったく同じ模様が描かれたためしはなかった。彼らは自分たちの模様も、わたしが用いる記号も同じようなものだと考えていた。授業では、かなり真剣に「教え」こまなければまっすぐな線を引かせることができなかったし、さらに特訓しなければ、身についたと思った技能を繰り返させることもできなかった。これはひとつには、彼らが特訓をゲームのように考えて楽しんでいたためであり、ひとつには「正しい」線の描き方なるものは彼らにとって、まったく無縁の未知なる概念だったからだろう。

こうした事実はとても興味深く、わたしは次第に、それがもっと広くピダハン文化全般に通じる何かと結びついているのではないかと考えるようになっていった。だがその何かが何なのか、そのころわたしにはまだヒントが得られていなかった。

次に気づいたのは、ケレンやスティーヴ・シェルドン、アルロ・ハインリクスと話していてわかったのだが、ピダハンには色名がないということだった。ほかの何かを表す単語を合成したのではない、それだけで色を表す単語がないのだ。最初は単純に、スティーヴ・シェルドンが分類したピダハン語の色名を鵜呑みにしていた。シェルドンが作成した色名の一覧には、黒、白、赤（黄色も指す）、緑（青も指す）が挙げられていた。

ところがここに挙げられた単語はどれも単純な語ではないことがわかった。句だったのだ。ここに挙げられたピダハンの表現をできるだけ逐語的に訳すと、「血は汚い」が黒、「それは見える」または「それは透ける」が白、「それは血」が赤、そして「いまのところ未熟」が緑だ。

色名は少なくともひとつの点で数と共通項がある。数は、数字としての一般的な性質が共通するものをひとまとめに分類して一般化するものであって、特定の物質にだけ見られる、限定的な性質によって区分けするわけではない。同様に色を表す表現も、心理学や言語学、哲学の世界で縷々《るる》研究されてきたように、多くの形容詞とは異なり、可視光線のスペクトルに人工的な境界線を引くという特異な一般化の役割をもっている。

単純な色名がないとはいえ、ピダハンが色を見分けられないとか、色を表現できないというわけではない。ピダハンもわたしたちと同じように身のまわりの色を見ている。だが彼らは、感知した色を色彩感覚の一般化にしか用いることができない融通の利かない単語によってコード化することをしない。その代わりに句を使う。

数も、勘定も、色名もない。わたしにも最初からすんなりと理解できたわけではないが、証拠が積み重なっていくにつれて視界は開けていった。特に、ピダハンの会話や長い語りを勉強することが助けになった。

次にわたしがピダハン語にないと気づいたのは、これもやはり多くの言語学者がどの言語体系にも存在すると信じてきた一群の言葉、数量詞だった。つまり、「すべての」とか「それぞれの」「あらゆる」などだ。

この事実を理解するにはいま挙げた三つの数量詞に最も近いピダハン語の表現を見てみるのがいいだろう（数量詞に近い表現の部分は太字にしてある）。

*Hiaitíihí hi* ***ogixáagaó*** *píó kaobíi*
**大部分**の人（逐語的には『人の大きいところ』）が泳ぐために行った／泳ぎに行った／泳いでいる／水浴びしている……

*Ti* ***xogixáagaó*** *ítii isi* ***ogió*** *xi kohoaibaaí, koga* ***hói*** *hi hi Kóhoi hiaba*
わたしたちは魚の**ほとんど**を食べた（逐語的には『わたしの大きいところが魚の大きいところを食べたが、それでもわたしたちが食べなかった小さいところがあった』）

次の例は、わたしが採取できたかぎりで、「それぞれが野に行った」の「それぞれ each」にもっとも近い表現を含む文だ。

*Xigihí hi* ***xogiáagaó*** *xoga hápií. Xaikáibaísi, Xahoáápati píó, Tíigi hi píó,* ***ogiáagaó***
（逐語的には、「人の**大きいところ**／**大部分**がみんな野に行った。*Xaikáibaísi* アイカーイバイーシ、*Xahoáápati* アホアーアーパティ、*Tíigi* ティーイギの**大きいところ**が行った」）

*Gátahai hóihii* ***xabaxáigio*** *aoaagá xagaoa koó*
よそ者のカヌーに**いくつか**缶があった（逐語的には『缶の小さいところで結びついた状態にとどまっているのはカヌーの腹のなかだ』）

だがふつう食べた量や食べたい量を表すのに用いられるふたつの語 *báaiso, gíiái* は訳すとすればそれぞれ「全体 whole」「部分 part」となり、これらは数量詞のように思える。

*Tiobáhai hi **báaiso** kohoaisóogabagaí*

子どもは**全部**を食べたがった／食べたがる（逐語的には『子どもほとんど／全部を食べるは欲しがっている』）

*Tiobáhai hi gíiái kohoaisóoga**bagaí***

子どもはそのものの**一部分**を食べたかった／食べたい（逐語的には『子どもそこで食べるは欲しがっている』）

逐語的な意味は別として、このふたつの語を数量詞と考えないのには理由がある。まず、数量詞が使われないような使われ方をすること。次に挙げる例を比較してみればわかる。誰かがちょうどいまアナコンダを殺したところで、コーホイが最初の文を口にする。次に、誰かがヘビの一部をとってから、それはわたしに売りつけられた。それに続いてコーホイが発した二番目の文でも *báaiso*（全体）の語が使われている。そのような使い方は英語ではありえない。

*Xáoói hi paóhoaǎí xisoí báaiso xoaboihaí*

外人はアナコンダの皮をそっくり買うだろう

*Xaió hi báaiso xoaobáhá. Hi xogió xoaobáhá*

そう、彼は全体を買った

このやりとりが、ピダハンに数量詞がないことを示す上で重要であるのを理解するために、まず同じような状況を英語で考えてみよう。たとえば店の店主などがあなたにこう言ったとする。「わかりました、肉を全部あなたにお売りしましょう Sure, I'll sell you *all* the meat」

そこであなたは店にある肉全部に相当する代金を支払う。

ところが店主があなたの見ている前で肉の一部を取りのけてから残りを包装し、渡してきたとする。店主がずるをしたと思わないだろうか。思うとすればそれは、all という単語が入っているせいだ。all の正しい使い方は、あとには何も残さず、その仲間のすべてが含まれるということだからだ。英語の話し手は、そして all のような語を体系にもっている言語の話し手は、いまのような状況を「店主が肉を全部売った」とは表現しない。言うとすれば、「肉の大部分を」だろう。言語学者と哲学者は数量詞のこのような特質を真理条件と呼ぶ。真理条件とは、話し手がある言葉が正確に使われているかどうかを承認するような状況だ。もちろんその条件は場合によって異なる。たとえば子どもなら、「子どもはみんな all ぼくのパーティに来るよ」というかもしれないが、子ども自身も親も、世界じゅうの子どもみんな、国じゅうの子どもみんな、地域の、街の子どもみんなが実際に来るとは思っていない。来るのはたんに子どもの友人の一部だ。この場合、話し手である子どもはみんな all という語を言葉の厳格な意味では使っていないが、同程度に容認できる使い方をしていることになる。ピダハンの場合、ピダハン語のどの言葉でも、真理条件には、all の正確な数量的意味は含まれない（all は「ある集合体の構成要素のひとつひとつもれなく」という意味だ）。

それがわかるのは、先の例でいくと、アナコンダの皮の一部を取り去ったとしてもピダハンはいつも、

「彼はアナコンダの皮を全部買った」と言うからだ。「全部」にあたるピダハン語がほんとうにallの意味ならば、これは成り立たない。だからピダハンには数量詞がないということになる。

■

ピダハンの文化についていろいろな発見が積み重なってくると、わたしは彼らの社会のなかで重要性がそれほどはっきりしていない部分をもっと細かく知りたくなった。それを探るのに、わたしはもっぱら物語を集めた。

ピダハンの会話と物語が、村にいるわたしの時間の大半を占めることになった。それが社会全体の信念や価値観を具現化しているものに違いなく、観察だけではよく知ることのできない部分を見せてくれるものだったからだ。物語の話題にもヒントがあった。人々は経験していない出来事については語らない――遠い過去のことも、未来のことも、あるいは空想の物語も。

わたしがいつも楽しく耳を傾けたのはカアブーギーから聞かされた物語で、パンサー（黒いジャガー）*を仕留めたときのことだ。獲物はおそらく一五〇キロ（体重は、頭の大きさと、ピダハンが四人がかりでも村に運んで来られなかったという事実から類推した）はあった。カアブーギーは籠に頭と前肢を入れ、わたしに見せるために村に持ち帰ってくれた。

最初、頭と前肢を見せてくれたすぐあとに語られた話は細部まで詳しかった。彼が狩りに出かけると、犬が臭いを嗅ぎつけて先に立って走っていった。そのうちにけたたましい犬の鳴き声が聞こえたかと思うと突然やんだ。様子を見に走っていくと、丸太の片側に犬の半身が、反対側にもう半身が横たわっていた。よく見ようと近づいていった彼の右目の端に黒い塊が映った。カアブーギーはその前の年にわたしが買ってやった二八番径の単発ショットガンを持っていた。彼は振り向きざま悲しいくらい小さなその銃で発砲した。すると鹿玉の一部がパンサーの目に飛び込んだ。パンサーは横向きに倒れ込んだが、すぐ立ち上がろうとする。このショットガンは薬莢が自動的に排出されるタイプではなく、カアブーギーはすばやく薬莢をつつきだすともう一度弾を込めた。弾丸は三発あった。ふたたび発砲すると、今度は肢にあたった。最後の一発でカアブーギーはパンサーを仕留めた。パンサーの頭はわたしの頭よりはるかに大きく、前肢もわたしの掌がすっぽり包まれてしまうほどの大きさだった。爪はわたしの指の半分くらいもの長さがあり、犬歯は抜き出してみると一〇センチ近くもあって、象牙色の堅い歯だった。

カアブーギーに頼んでテープレコーダーの前で話してもらったときは、次のような語りになった。採録するにあたって、流れがよくなるように言語学的な細かい記号などは省いている。文化的背景の大きく異なる世界から来た人と話をするのは、この物語によく表れているように、たんに言葉の意味を正確に把握すればいいというものではない。一語一語はほぼ完璧に訳せても、物語をつかむことはなかなかに難しい。なぜならわたしたちの物語には言葉では表されない前提となる世界があって、その世界は自分たちの文化によって作られているものだからだ。筋をたどりやすいように、文ごとに番号を振ってある。

＊訳注　著者によれば、このパンサー、ジャガーはいずれも「生物学的には同じ生きものを指す」が、二つの呼称を使っている理由は、「ピダハンは体色が黒いものと斑紋があるものとを異なるものと見ている。そこで彼らはここに挙げた物語のように、この生きものについて語るとき両者を区別することがある」という。原書のこの部分には panther, jaguar という呼称が使われている。さらにピダハンは「場合によっては一方の呼称で呼んでいた生きものを他方の呼称で呼ぶなど二つの呼称を混用することがある」という。日本語訳では物語の言語資料的価値を考慮し、原書英文の panther にはパンサー、jaguar にはジャガー、（より小さなネコ科の生きものと思われる）cat には猫をそのまま当て、それらの混用も含め原文に即している。

## パンサーを仕留める

1 ここでジャガーがわたしの犬に襲いかかり、犬を殺した。

*Xakí, xakí ti kagáíhiaí kagi abáípí koái.*

2 そこでジャガーはわたしの犬に襲いかかり、犬を殺した。この出来事はわたしに関して起こった。

*Ti kagáíhiaí kagi abáípí koái. Xaí ti aiá xaiá.*

3 そこでジャガーは犬を殺した、犬に襲いかかって。

*Gaí sibaibiababáopiiá.*

4 それに関して、ジャガーは犬に襲いかかった。わたしはそれを見たと思った。

*Xi kagi abáípísigíai. Gaí sii xísapikobáobiihaí.*

5 そこでわたしは、つまりパンサーは、わたしの犬に襲いかかった。

*Xaí ti xaiá xakí Kopaíai kagi abáípáhai.*

6 そしてパンサーはわたしの犬に襲いかかった。

*Xaí Kopaiai kagi abáípá haii.*

7 そこでわたしは話した。これはパンサー［の仕業］だと。

*Xaí ti gáxaiá. Kopaíai xáaga háía.*

8 そこでわたしはパンサーについて話した。これがそれが行ったところだ。わたしは［それがどこへ行ったかを］見ると思う。

9 *Xaí kopaí ti gái. Xaki xisi xísapi kobabáopiíhai.*
ああ、わたしは言った。ジャガーはそこで丸太に跳び上がった。

10 *Mm ti gáxaiá. Xakí xísaobogáxaiá xai.*
犬については、パンサーが襲い掛かった。

11 *Giaibaí, kopaíai kági abáipáhaii.*
パンサーは犬を殴って殺した。

12 *Kopaíai xíbaikoaísaagáhai.*
そこでわたしが銃でジャガーを撃ったとき、それは倒れはじめた。

13 *Xaí kapágobaósobáíbáohoagáixiigá xaí.*
*Kaapási* カアパーシにわたしは言った。籠を[わたしに]投げろ。

14 *Kaapási xaí. Ti gái kaapási kaxáowí kobáaátahaí.*
籠をわたしに投げろ。[それは]犬を入れるため。

15 *Xí kagihoi xóbáaátahai. Kagi abáipí.*
猫も同じ。それは犬に襲いかかった。

16 *Sigiáihí xaí báóhoipaí. Xisao xabaabo.*
パンサーは犬に襲いかかった。そうしてそれは犬を亡き者にした。

17 *Kopaíai xisao xabaabáhátaio. Xaí xabaabáátaío.*
ジャガーを犬と同じ籠に入れろ。

*Xí kagigía xiowi hi áobísigío. Kagigía xiowi.*

18 それを犬と一緒に入れろ。彼は犬を亡き者にした。彼はだからすでに［死んだ］。

*Hi aobisigío xabaabátaó. Hi agía sóxoa.*

19 おまえは籠にジャガーの部分を持つ。籠をおまえの頭に乗せろ。

*Xísagía xiigáipáó. Kagihoi xoáobáhá xaí.*

20 犬はそのとき夜に臭いをかいだ、そのとき確かに。

*Giaibáihi xaí xahoaó xitaógixaagahá xai.*

21 それは犬の真上にいる。それは犬に襲いかかり、殺した。

*Kagi xí gíí bagáihí kagi abáboitaá híabá.*

22 それは犬に襲いかかりたかった。ほんとうに襲いかかりたかった。

*Kagi aboíboítaásogabaisai. Xóógá.*

23 そしてわたしは話していた。そしてカアパーシが、獣、彼……

*Xaí ti gáxaiá xaí Kaapási hi ísi hi . . .*

24 遠くから撃つな。それを撃ち落とせ。

*Káapí xoogabisahaí. Kapáobíigaáti.*

25 わたしはすばやく行動に移り、幹に乗り、それを殺した。そこでそれは変わった［死んだ］。

*Xi ti boítáobíhaí. Xíkoabáobáhátaío xísagía.*

26 それは死にかけていた。だから離れることができなかった。

*Xí koabáobíigáhátaio. Xíkahápii hiabahátaío.*

27 よろしい、そうしてそれはそのように死に至った。そこでそれは死に向かっていた。

*Xigíxai xí koabáobáátaío. Xaí koabáobííga.*

28　するとカアパーシが、よろしい、彼がそれを撃った。

*Xaí Kaapási, xigía xapáobísáihí.*

29　すると獣はこのように変わり、死んでいった。獣は立ち上がった。それはふたたび去った。

*Xaí sagía koábáobái. Xisagía sitoáopáó kahápitá.*

30　それの死は長く続いていた。

*Koábáobáísaí.*

31　それだからわたしはそれをまた撃って、肘を砕いた。

*Ti xagiá kapaigáobítahaí. Xitoíhió xááhíxaí.*

32　その後わたしはそれをまた撃った。その後わたしはまた撃った、その後。

*Ti í kapaigáobitahaí. Xaí ti giá kapáobíso.*

33　それは死にそうだ。死にそうだ。それは分厚い毛皮があった［頑丈であることのピダハン流の言い方］。

*Koabái. Koabáígáobihaá xaí. Xisaitaógi.*

34　それはこのように死ぬことにした。彼は動かない。それはほんとうに頑丈だ。

*Xí koaií. Hi abáátaiogíisai. Xisaitaógi.*

35　彼は死んでいなかった。［わたしは言った］あのよそ者、おまえ［ダン］よそ者、［ジャガーが］死ぬのを見ていない。

*Koaí hi abikwí. Gáí xáowíí, xáowí gíxai, kobaihiabikwí.*

36　するとすぐに［わたしは］それを動かした、すぐに。

37 *Xaí pixái xí kaapíkwí pixáixííga.*
ただ猫たちを、*Xisaitaógi* イサイタオーリ[スティーヴ・シェルドン]はすでに見ている。

38 *Xaí báóhoipaí so Xisaitaógi sowá kobai.*
これ[彼が見たの]はジャガー、ただパンサーはスティーヴ・シェルドンは見ていない。

39 *Xakí kagáíhiáí, so kopaíai, Xisaitaógi hi í kobaihiabiigá.*
さて、ピダハンはいま[ジャガーを]撃った、たったいま。

40 *Pixái soxóá hiaitíihí kapíkwí pixáixííga.*
するとピダハンはパンサーをひどく恐れる。よろしい、わたしは済んだ。
*Xaí hiaitíihí baaiowí. Baóhoipaí Kopaíaihi. Xigíai.*

カアブーギーが殺したパンサーの物語は、多くの意味で興味深い。これが完結した物語であることがわかるのは、まず主要な登場人物であるジャガーを紹介するところから物語が始まっているからだ。そして最後は *xigíai* イギーアイ、直訳すると「それは合わさった」、通常「オーケー」の意味に使われるピダハンの言葉で終わっている。この場合イギーアイは、物語の完結を示す。

ピダハンでない人間の耳には、物語はずいぶん繰り返しが多用されているように聞こえるだろう。最初のほうはパンサーが犬を殺したことが何度も再現されている。だがこの繰り返しには修辞的な目的がある。ひとつには興奮を表している。だがそれに加えて、聴き手の周囲で大勢のピダハンが一時にいろいろしゃべっている騒々しさのなかで、聴き手が間違いなく出来事を聞きとれるようにという配慮でもある。また繰り返しはピダハンの語りでは「おしゃれ」なのだ。ピダハンは繰り返しの多い物語が好きだ。

「パンサーを仕留める」は直接体験であり、その意味で典型的な語りだ。この直接体験であるというところがピダハンの語り全般を限定する決定的な要因である。ピダハンの物語が常に直接体験であることに気づいてから、わたしは新しい単語を学んだ。それがじつはピダハンについてどうしても不思議だった多くの事実を理解する上での鍵となった。

その言葉とは *xibipíio*（イビピーオ）だ。覚えているかぎりでわたしが最初にこの単語を耳にしたのは、ジャングルからハンターが戻ってきたのを迎える言葉のなかだった。*Xipoógi* イプウーギはおそらくピダハンのなかでも最もすぐれた狩人だが、彼がジャングルから出て村に入ってきたとき、何人かのピダハンたちが叫んだ。「*Xipoógi hi xibipíio xaboópai* イプウーギ　ヒ　イビピーオ　アブーパイ（イプウーギ、彼イビピーオ　来る）」

次にこの言葉を聞いたのは、コーホイビイーイヒーアイがマイシ川を下り、マルメロス川に差し掛かったあたりで魚獲りをしていて、カヌーで戻ってきたときだった。川の湾曲部に現れてこちらに近づいてくるコーホイビイーイヒーアイを見つけると、子どもが夢中になって叫んだ。「コーホイビイーイヒーアイがイビピーオ来るぞ！」

だがこの言葉を一番よく聞くのは、飛行機が村に来たり去って行ったりするときだ。飛行機関連で初めてこの言葉が使われるのに気がついたのは、家族とともに村にきて以来、数週間ぶりに見ることになる飛行機を心待ちにしていたときだった。その日の朝、興奮していたわたしは、コーホイビイーイヒーアイに向かって大きな声で呼びかけた。「おい、コー！　太陽が真上にきたら飛行機が来るぞ！」我が家より上流にある家から、コーホイが叫び返してきた。「飛行機を見たい！」それから彼はほかのピダハンに向かって、「ダンがきょう飛行機が来ると言っている」と大声で告げた。正午が近づき、村じゅうのピダハンが耳をそばだてはじめた。それまでにおもに子どもたちが何度か飛行機が来たと叫んでいたが、どれも引っかけだった。子どもたちは「来たよ！」と怒鳴り、すぐに笑い転げて何も見ていないし聞いてもいないとあっさり白状する。だがついに、わたし自身が飛行機の音に気づくより何分も早く、村じゅうからほぼ同時に叫び声が上がった。「*Gahióo, hi soxóá xaboópai* ガヒオー、ヒ　ソオーアー　アブーパイ（飛行機がもう来る）」すると村人たちは手近な空地まで走って行って、雲をついて近づいてくる飛行機を誰よりも先に見つけようと眼を凝らした。またまたほぼ全員がほとんど同時に声を挙げた。「飛行機が来た！　ガヒオー　イビピーオ　アブーパイ」

飛行機が離陸したときも、みんな同じことを叫んで、「ガヒオー　イビピーオ　オピタハ」ポルト・ベリョに向かって水平線に消えていく機体を見送った。

こうした観察から、わたしのこの言葉の意味の見当をつけはじめた。たとえば「彼はちょうどいま到着した」とか、「飛行機はたったいま飛んでいった」の「ちょうどいま／たったいま」に相当するのではないだろうか。この仮説はひじょうにうまくはまるように思われ、わたしは自分でもこの言葉を使うようになった。わたしの用法をピダハンも理解してくれているように思えた。

そんなある晩、アイカーイバイーが、上流のピダハンの村から移ってきたばかりのアバギという年寄りとわたしの家にやってきた。そのときたまたま灯油ランプを消したばかりでもう一度つけるのが面倒だったので、わたしは懐中電灯をつけた。ところが話しているうちに懐中電灯の電池が弱ってきた。台所に行ってマッチを取ってきたところで電池の寿命がきた。真っ暗闇のなかでわたしはアイカーイバイーとアバギと話しつづけた。するとアバギが突然、わたしがやった釣り針を落としてしまった。わたしはマッチを擦って貴重な釣り針を探すのを手伝った。マッチの火が瞬いて消えそうになる。男たちは、「マッチがイビピーオする」と言った。別の晩にも、消えかかるキャンプファイアーを前に、この言葉が同じように使われた。このような状況では、イビピーオは副詞として用いられてはいなかった。

ウワーオ。「たったいま」という意味じゃなかったんだと、ある日の午後、わたしは気づいた。ある物質が視界に入ってくる、または視界から出ていくという状態を表すために使われるものなのだ。誰かが川の湾曲部を曲がって現れるのは視界に入ってくることだし、それならば何かが視界から消えるとき、たとえば飛行機が水平線の彼方に見えなくなるのにピダハンがこの表現を使うのもうなずける。

そうはいっても、まだ何かが足りない気はしていた。「視界に入ってくること」と「視界から出ていくこと」という正反対の概念をいっしょくたにする文化的切り口があるはずだ。そこでわたしは、イビピーオが話をしている人についても用いられることを思いだした。話し手の声が聞こえはじめるか、あるいは聞こえなくなるとき、たとえば朝わたしがポルト・ベリョのＳＩＬのメンバーと無線で話して、家族は元気だ、これとこれを今度送ってほしい、と注文するような場合にもこの語は使われる。

わたしの話を漏れ聞いたピダハンは、その朝初めて無線機から流れてくる男性の声を聞いて、「よその男がイビピーオ話している」と表現することが可能だ。

カヌーが川の湾曲部の向こうからやってくると、そのとき村にいるピダハンはみんな土手の縁まで走って行って、誰が来たかを見ようとする。自分たちの村に誰が来るのか知りたがるのはごく自然な好奇心の現れだとわたしは思っていたが、ある朝魚捕りに出かけようとカヌーで漕ぎ出したコーホイビイイヒーアイを見つめて、子どもたちがくすくす笑っているのが目に留まった。コーホイが湾曲部を曲がって見えなくなったまさにそのとき、子どもたちは一斉に叫んだ。「コーホイ　イビピーオ！（コーホイが消えた！）」同じような光景は誰かが来たり去って行ったりするたびに繰り返された。誰かが必ず「誰誰は消えた！」と発言するのだ。誰かが戻ってきたときも同様だった。ピダハンの関心を引いているのは、消失することであり出現することであって、消えたり現れたりする人物の正体ではなかった。

イビピーオは、ぴったりと重なる英語の見つからない文化的概念ないし価値観を含意していると思われる。もちろん「ジョンは消えた」とか、「ビリーがたったいま現れた」という言い方をすることはできる。しかしこれはイビピーオと同じではない。第一に英語では「消えた」というときと「現れた」というときに別々の言葉を用いるのだから、両者は別々の概念だ。またここが肝心なのだが、われわれ英語圏の話し手は、現れたり去って行ったりする人物のほうに焦点を当てていて、誰彼がわれわれの知覚の範囲に入ってきたとかそこから出ていったという事実に着目しているのではない。

最終的にわたしは、この言葉が表す概念を経験識閾と名づけた。知覚の範囲にちょうど入ってくる、もしくはそこから出ていく行為、つまり経験の境界線上にあるということだ。消えかかる炎は知覚経験の内と外を絶えず行き来する炎なのである。

今度の翻訳は「うまく」いった。おかげでどのような状況ならイビピーオを使えるか、的確に判断できるようになったのだ（そして、役に立つ翻訳というものは、このような比較対照する言語のないなかで他言語を研究する者にとって最高の贈り物だ）。

単語イビピーオはこのようにして、それまでわたしが個別に取り組んでいたピダハンの価値観に共通するひとつの顔をもたらしてくれたのだった。その価値観とは、語られるほとんどのことを、実際に目撃されたか、直接の目撃者から聞いたことに限定するものであるらしかった。

もしわたしの仮説が正しければ、ビギーなる言葉でくくられる、別の階層の存在である精霊なども生きた目撃者から得られた情報を元にしていることになる。直観的にはまさかと思う話だが、階層宇宙をこの目で見たと主張する目撃者はたしかにいる。階層そのものは肉眼で見られる——大地と空だ。そしてこれらの階層の住民も見ることができる。異階層の存在は上の境界線を越えて降りてきて、つまり空から降りてきてわたしたちのジャングルを歩きまわるからだ。ピダハンはその足跡をたびたび目にしている。存在そのものを目撃する場合もあり、それによるとジャングルの闇のなかをぼうっとした影がさまよっているらしい。

またピダハンも夢のなかでビギーを超えられる。ピダハンにとって夢は、直接に体験される現実世界の延長だ。ひょっとしたらほかの階層の居住者も夢のなかで移動しているのかもしれない。いずれにせよ彼らはたしかに境界を行き来していて、ピダハンはそれを目撃している。

ある朝三時ごろ、数人のピダハンがいつものようにわたしたちの家の表の部屋で寝ていた。そのうちのひとり *Xisaabi* イサアビが突然起き上がり、たったいまジャングルで見てきた夢の光景を唄いはじめた。「*Tiī hiOxiaī kaHApiī. BAaxaIxAagaHA* ティイー　ヒオーイアイー　カハーピイー。バアーッアーッアーガハー（わたしは高くあがった。それは美しい）」に始まり、上の階層の空へ、さらにその上へと昇っていった旅を描写していった。わたしは歌声で起こされてしまったがちっとも気にならなかった。歌は恐ろしいまでに美しく、マイシ川の対岸にこだまして戻ってくる。満月が明るく輝いて唄うイサアビを照らしだしていた。わたしも起き上がってイサアビが唄っているところまで行き、彼の背後にそっと座った。ピダハンの男たち、女たち、子どもたちが二〇人もいただろうか、わたしたちを取り巻いてパシュージバヤシの床に寝ていた。イサアビのほかに動く者は誰もいない。木々の影のすぐ上に銀色の月が灯り、マイシの滑らかな川面に淡い光を投げていた。イサアビは月に顔を向け、川の彼方を見透かしてわたしを無視している。だがわたしがそばに腰を下ろしたのは聞こえていたに違いない。彼は古びた毛布を体に巻きつけて頭を覆っていたが、顔は出ていて、周りで人が寝ているのもかまわず大声で唄っていた。いや、周りの人々はただ寝たふりをしていたのかもしれない。

次の日わたしはイサアビに夢のことを尋ねた。わたしはまずこう訊いた。「どうして明け方に唄っていたんだ?」

「わたし、*xaipípai* アイピーパイ」イサアビは答えた。

「アイピーパイとは?」

「アイピーパイは寝ているとき頭のなかにあるものだ」

わたしはやがて、アイピーパイが夢であることを理解したが、それはただの夢ではない。現実の体験に数えられるのだ。人は、自分の夢の目撃者である。ピダハンにとって、夢は作りごとではない。目を覚ましているときに見える世界があり、寝ているときに見える世界があるが、どちらも現実の体験なのだ。またイサアビが夢を歌で語ったのは、それが新しい体験だったからで、新しい体験はしばしば音楽的に語られ、ピダハン語のもつあらゆる音調が用いられる。

夢は、直接体験されたことだけを語るというイビピーオの法則からはずれていない。実際にはさらなる補強証拠でもある。夢と覚醒のどちらも直接的な体験として扱うことで、ピダハンは、わたしたちにとってはどう見ても空想や宗教の領域でしかない信仰や精霊という存在を、直接体験として扱うことができるわけだ。もしわたしが、自分の抱えている問題を解決してくれる精霊を夢に見て、夢が覚醒しているときの観察と質的に同じものだとすれば、夢のなかの精霊はわたしにとって直接的な体験であり、イビピーオなのである。

こうした発想を吸収しようと努めるうちに、ピダハンの文化や言語においてほかにもイビピーオを応用できないものかと考えるようになった。特にわたしは、異様に見えるピダハンの文化の側面を再考しはじめ、それがイビピーオで表される直接体験の概念で説明できないものだろうかと考えた。まずはピダハンの量に関する表現をイビピーオで説明することにとりかかった。

体験の直接性が重んじられることが、それまでの数ヵ月間でわたしの頭のなかや記録したノートに積み重ねられてきたピダハンの特異性や了解しがたい事実の謎を埋めてくれるものだとわたしは信じていた。数や勘定がないこともこれで説明されるだろう。数とか勘定とは、直接体験とは別次元の普遍化のための技能だからだ。数や計算は定義からして抽象的なものだ。対象を一般化して分類するのだから。だが抽象化は実体験を超え、体験の直接性という文化価値を侵すので、これは言語に現れることが禁じられるということだ。この仮説は有望そうではあったが、確実を期すにはもっと磨きをかける必要があった。

一方これと並行して、わたしは直接体験の重要性を支持してくれそうなあれこれも思いだしていた。たとえば、ピダハンは食料を保存しない。その日より先の計画は立てない。遠い将来や昔のことは話さない。どれも「いま」に着目し、直接的な体験に集中しているからではないか。

これだ！　とある日わたしは思った。ピダハンの言語と文化は、直接的な体験ではないことを話してはならないという文化の制約を受けているのだ。その制約とは、これまで深めてきた考えからすると、次のように要約できる。

叙述的ピダハン言語の発話には、発話の時点に直結し、発話者自身、ないし発話者と同時期に生存していた第三者によって直に体験された事柄に関する断言のみが含まれる。

言い換えれば、ピダハンは自分たちが話している時間の範疇に収まりきることについてのみ言及し、それ以外の時間に関することは言及しない。だからといって、誰かが死んだらその誰かから聞いた話を全部忘れてしまうというわけではないのだが、それはめったに話題に上らなくなる。時折いまは死んでしまった誰かから聞いた話をしてくれることもあったが、それもひじょうにすぐれた言葉の先生役がごく稀に話してくれるにすぎない。言葉の教師として経験を積むと、主格で話すピダハン語の用法から離れ、客観的視点で話題について言及できるようになる者がいる。これはほかのどの言語をとっても、なかなかできるものではない。つまり、直接体験の原則は、時に例外はあっても稀で、日常的にはまず破られることがないのである。

ということは、この言語では単純な現在形、過去形、未来形は用いられる。いずれも発話の時点と直接的な関係があるからだ。だがいわゆる完了形や断言にならない埋め込み文などは存在しない。「あなたが着いたとき、わたしはもう食べ終わっていた」という文章で、「着いた」という動詞は話している時点と関連がある――話している時点に先んじて起こったことである。このような時制は直接体験の原則と問題なく両立する。しかし「食べ終わっていた」は発話の時点からは決定できず、「着いた」と相関している。食べ終わるという行為は発話の時点から想定されうるある時点の行為に先んじて起こっている。また英語では、なんら支障なく「明日あなたが到着するころには、わたしは食べ終わっているでしょう」と言うことができる。ここでは「食べ終わる」のはあなたの到着の前のことだが、到着は発話時から見て後のことだ。とすれば、体験の直接性の原則からして、ピダハンにはこのような時制、学校の文法の時間に教わる完了形なるものは存在しない。同じ理屈で、ピダハン語では「背の高い男性が部屋にいる」というような文章も許されない。「背の高い」では断言にならないのと、そのことと発話の時点とに関係がないからだ。ピダハンの血縁関係が単純なことも直接体験の法則で説明できる。血縁関係は話し手の生まれてから死ぬまでの時間軸の外には広がらず、原則として自分が直接出会える間柄になる。平均して四五年生きるピダハンにとって、祖父母は現実に目に見える相手だが、曾祖父母はそうではない。曾祖父母に出会える者もいるけれども、全員が経験できるわけではない（ピダハンは誰もが誰かのおじいさん、おばあさんを知っているが、その上の世代は全員が知っているわけではない）。だから特定の少数者の経験ではなく、大勢の経験を反映し、血縁者のなかに曾祖父母が含まれないのだ。

この原則は歴史や創世神話、口承の民話などが欠如している理由も説明してくれる。人類学ではおよそどの文化にも、自分たちやそれ以外の世界がどこから来たかを説明する物語、創世神話があると仮定する。だからわたしは、ピダハンにも森やピダハンや川や生物などなどがどのように創られたかを記す物語があるものと信じて疑っていなかった。

そこでわたしは、語りを聞かせてくれる村人たちに、マイシ川を創ったのは誰かとか、ピダハンはどこから来たのか、ジャングルを創ったのは？　鳥はどうやってこの世に生まれた？　というような質問を浴びせた。言語人類学の野外調査の本を借りたり買ったりして、それらの手順に忠実に従い、いかなる文化にももれなくあるはずの人類創世物語を記録しようと意気込んだ。

だが成果は何ひとつ得られなかった。スティーヴやアルロにも尋ねた。ケレンにも訊いてみた。創世神話や昔話、おとぎ話などを聞き書きできた者はひとりもいなかった。およそ話している人間自身の体験や話し手が直接体験した誰かから聞かされた出来事以外の語りを聞いたことのある者は誰もいなかった。

この事実も、直接体験の法則に照らしてみれば筋が通る。社会の絆を深める役目を果たす物語を神話というなら、ピダハンにも神話はある。自分たちの特別な視点から目撃した物語が、毎日のように語られるのだから。前にも挙げたジャガーの物語や、出産で亡くなった女性の物語のように、繰り返し語られる神話はほかにもある。つまり「日常的な出来事の物語」と対話が、結束を決定的に固める道具なのだ。そこに空想の余地はない。ピダハンの神話には、ほかの多くの社会の神話に共通して見られる特徴が欠けている。ピダハンの神話には、現存する目撃者のいない出来事は含まれないということだ。これは小さいが大きな違いだ。ピダハンにもほかのすべての社会同様、共同体を結びつける役割を果たす物語がある、という点では小さな違いだが、ピダハンが神話に「実証」を要求するという点で、大きな違いだ。物語が語られるときには、その時点で生存している証人が必要なのだ。

あるときコーホイと神について話していると、彼から尋ねられた。「おまえの神様はほかにどんなことをするんだ?」

わたしは、「そうだな、星を作り、地球を創った」と答えて、逆に訊いた。「ピダハンはどう思う?」

「そうだな、ピダハンはそういうものは造られたのではないと言う」

ピダハンには、絶対神や創造神という考え方はないことを知った。個々の精霊はいるが、彼らは精霊を実際に見ていると信じているし、それも定期的に見ていると考えている。突き詰めてみれば、ピダハンが見ているのが目には見えない精霊ではないことがわかる。われわれを取り巻く自然のなかに実在するものの形をとった精霊なのだ。ピダハンはジャガーを精霊と呼び、木を精霊と呼ぶ。精霊がどのような性質を備えているかによってとられる形が変わるが、いずれにしても「精霊」はわれわれが想像するものとは違っていて、ピダハンが口にすることはすべて、実際に体験できるものでなければならないのだ。

ひとつの例として、ジャガーとの遭遇を描いた物語について考えてみよう。これはもともとスティーヴ・シェルドンが採取した話だ。ピダハンのなかにも、これがたんに猛獣との出会いを語っているにすぎないと考える者もいるが、多くのピダハンは精霊ジャガーとの遭遇であると解釈している。

**イプウーギとジャガー**

話者——*Kaboibagi* カボイバギ

採取と記録——スティーヴ・シェルドン

要約——ジャガーに襲われた *Xitihoixoí* イティホイオイーについては、一度名前が出たことがあるだけだが、誰もが彼が何者かを知っている。ジャガーが彼を襲い引っ掻いたが、彼は傷を負わずに逃げのびた。

1　イプウーギが兄弟の呼ぶ声を聞いた。
*Xipoógi xahaigá xobabiisaihiai.*

2　彼は言った、*Xitahá* イタハーの親。親は何を叫んでいたか。
*Hi gáxaisai Xitahá. Xibigai soóxiai xisoi xaitísai.*

3 イプウーギが言った。行って、見よ。

*Xipoógi gaigói. Hi xáobáopábá.*

4 彼が言った、イプウーギ。それはジャガーだ。

*Hi gásaihíai Xipoógi. Xi baóhoipaíi xaítisai.*

5 彼が言った、イプウーギ。おまえの弓を投げろ。

*Hi gásai Xipoógi. Gí hóiiigopápí.*

6 ジャガーはもうイティホイオイーを捕まえていた。

*Xí soxoá hi xabáii boáhoipáii Xitihoixoí.*

7 彼女が言った。*Boaí* ボアイー、おまえが［も］行け。

*Hi gásaihíai. Boaí gí tipápi.*

8 おまえが行って、見よ。

*Hi xobaaopiíhaí.*

9 ジャガーが吠えた。

*Hi baóhoipaioi aítisai.*

10 彼女が言った。ジャガーは遠くへ行った。

*Hi gásai. Xi káopápá baóhoipaíi.*

11 それはもう彼を捕まえていた。

*Xi soxoá hiabáipí.*

12 おそらくそれは連れの犬［*kagi* カギ］を食った。彼は犬を連れていった。

*Xí kagi xohoabá. Hi xaii ísi xioi boiigahápisaihíai.*

13 女が言った。さあ、行こう。ジャガーは逃げたかもしれない。

*Hi xaigíagáxaisahai xipoíhió. Kaxaó xi baóhoipaíi kagi xaígióiigahápi.*

14 彼はたぶん連れの犬を見たのだろう。連れの犬は去った。犬はジャングルへ入った。

*Hi xaigía kagi xáobáha. Kagi xahápi. Hi giopaí oóxiai.*

15 彼が言った。おまえのマチェーテを持っていけ。矢を砥げ。

*Xísaigía hi xaigía hi gáxaisai. Híaigí xiigapí tagasága. Xií sokaopápaá.*

16 女はおそれた。

*Hi baiaí hí xaagahá xipoíhió.*

17 彼は疲れてきていた。

*Hi xaógaahoisaabai.*

18 するとそれは彼の顔を殴った。

*Xi higí sóibáogíso.*

19 それは彼を噛んだ。

*Hi xoabahoísaihíai.*

20 それは彼の腕を引っ掻いた。

*Hi xaigía hi xapiságaitáo.*

21 それは彼の肩を引っ掻いた。

*Hi boásoa gaitáopáhátaí.*

## 22　彼［イティホイオイー］が言った。矢はすべてなくなった。
## *Hi gásaihíai kahiabáobíi.*

ピダハンが精霊を見ると主張するとしても、たとえば多くのアメリカ人が祈りが聞き届けられ自分は神様と話したとか、幻視や霊魂を見た、と主張することを考えるとさほど驚くにはあたらない。超自然との接触は世界じゅうで絶えず報告されている。霊魂など存在しないと信じる人間にとっては、それが見えるというのはばかげているが、それもひとつの見方にすぎないのだ。

歴史を通して常に人は、超自然現象を見たと主張してきた。ピダハンが特別なのではない。プロローグでわたしはピダハンと精霊との出会いの場面を紹介した。また、精霊との遭遇は直接体験の法則にかなうと指摘もした。それにしてもピダハンはたくさんの種類の精霊に出会っている。

最もよく語られる精霊は「カオアーイーボーギー（早口）」だ。この種の精霊はピダハンの身に起こるいいことから悪いことまで幅広い出来事の原因になる。気分次第でピダハンを殺すこともできるし、役に立つ助言をしてくれることもある。カオアーイーボーギーはピダハンの世界にひしめく活発な人間型生き物二種のうちの一方に属している。二種類のうちのひとつめは *xibiisi* イービイシ（血）といい、血液の流れる生き物だ。ここにはピダハンたちや外国人が含まれるが、アメリカ人はひじょうに肌が白いので、ほんとうに血液が流れているのかどうか疑われることもある。カオアーイーボーギーを含め、精霊はすべて *xibiisihiaba* イービイシヒアバ（血なし）に属する。

カオアーイーボーギー以外の精霊にはさまざまな別の呼び名があるが、総称して *kapioxiai* カピオイアイ（それ以外）という。血管に血液が流れている人間はやはりイービイシだ。イービイシかどうかは肌の色でだいたいわかる。血液で肌の色が暗くなるのだ。精霊のすべて、つまり血液の流れていないものは概して肌の色が淡く、金髪だ。そのため、色黒の人は人間で、色白の人は伝統的に人間ではないことになっていた。ただしピダハンは白人のなかにはイービイシがいることを認めてくれる。それは主として、わたしやそのほか数名の白人が血を流すのを見たからだ。

それでも時折、疑問が表面化してくることもある。ピダハンのもとへ通うようになって二五年以上経ったある夜、ピダハンの男たちとコーヒーを飲んでいて突然尋ねられたのだ。「おい、ダン。アメリカ人は死ぬのか？」

わたしはそうだと答え、はっきりした証拠を出せと言われないことを願った。こんな質問をされたのは、アメリカ人の平均余命がピダハンの寿命よりはるかに長いことが原因のようだった。アルロ・ハインリクスはいまでも時々、ピダハンに自分と妻のヴィの写真を送っている。写真のふたりは丈夫で健康そのもの、生き生きして見える。ふたりとももう七〇代なのに。ピダハンにはそれが不思議でたまらない。

またピダハンは時折わたしのことも話している。夜わたしが川で水浴して出てくると、「これは川に入って行ったのと同じ人間か？　それともカピオイアイなのか？」と言い合っているのである。

川に入った前後で同じか違うかをピダハンが議論しているのを聞いたとき、わたしはヘラクレイトスの問答を思いだした。時間の経過によって物質の本質は変化していくのか思索したヘラクレイトスは、まったく同じ川に人が二度にわたって足を踏み入れることができるかと問うた。初めに川に入ったときの水はもうそこにはない。岸も水流で形が変わっている。だからまったく同じということはできない。となるとわたしたちはどうやら違う川に入っているようだ。しかしそれは必ずしも満足のいく結論とは言えない。たしかに同じ川なのだ。では、ある事物や人間がいまこの瞬間と一分前とで同一であるというのはどういうことなのか。いまの自分とよちよち歩きのころの自分とが同じ人間であるとどうして言えるのか。体内にある細胞は全部入れ替わっている。考え方も変わっている。ピダハンでは、人は人生の区切りごとに同じ人間でなくなる。精霊から名前をもらう、ということが精霊を見ると時々あるが、そうなるとその人はかつてのその人とまったく同じ人物ではなくなるのだ。

ポルト・ノヴォに着いてコーホイビイーイヒーアイのところに行き、いつものように言葉の勉強をしてもらおうとしたとき、頼んでも返事がなかったことがある。そこでわたしはもう一度呼びかけた。「*Ko Kóhoi, kapiigakagakaísogoxoihi?* コ コーホイ、カピイガカガカイーソゴオイヒー?(おい、コーホイ、わたしと紙にしるしをつけないか?)」それでも返事がない。そこで今度は、どうして口をきいてくれないのか尋ねた。すると彼は、「おれに話しかけてるのか? おれの名前は *Tiáapahai* ティアーアパハイだ。コーホイはここにはいない。おれは以前コーホイと呼ばれていたが、そいつは行ってしまって、いまここにはティアーアパハイがいる」と答えた。

だから、川に入ったわたしが違う人間になって出てくるとピダハンが考えるのも不思議はない。だがわたしに関して言えば、ピダハンの心配はもっと大きなものだった。もしも、いろいろな証拠にもかかわらずわたしがイービイシでなかったとすれば、わたしはもともとまったく異質な存在なのかもしれず、彼らにとって脅威になるからだ。だからわたしは、自分があいかわらずダンであることを強調した。カピオイアイではない、と。

雨の降らない夜には、よく甲高いファルセットが村の近くのジャングルから聞こえてくる。まるで精霊の声のようだ。そして実際に、村じゅうのピダハンがこの声をカオアーイーボーギー、つまり早口の声と見なしている。声は村人にヒントや助言を与える。次の日は何をして過ごしたらいいかとか、夜に襲ってきそうな危険（ジャガーや精霊、他の先住民）など。カオアーイーボーギーは性交が好きで、しょっちゅう村の女と交わりたいといって、かなり細かな事実まで付け加えて伝えてくる。

ある夜、わたしは自分の目でカオアーイーボーギーを見たいと思った。その夜の声の主のところまで、三〇メートル近く藪をかき分けて入っていくと、ファルセットで語っていたのは *Xagábi* アガービというペキアルの村から来たピダハンで、精霊に深く関心をもっていると評判の男だった。「録音してもいいかな」反応はわからなかったが、きっと断られないだろうと思いながらわたしは尋ねた。「いいとも」アガービはすぐに普段の声で答えた。およそ一〇分にわたって、わたしはアガービのカオアーイーボーギー語りをテープに収め、家に戻った。

次の日、アガービの家に行って訊いてみた。「なあ、アガービ、昨夜はどうしてカオアーイーボーギーみたいに話していたんだ？」

アガービは驚いた顔をした。「ゆうべカオアーイーボーギーがいたのか？　おれには聞こえなかった。でも、おれはここにはいなかったからな」

妙なことだな、とわたしは思った。

ピーター・ゴードンといっしょにピダハンの数の概念（数に関する言語学と心理学の面からみた表現や制限など）を調べる実験を行っていたとき、ピーターがピダハンに精霊について質問したがった。彼は自分の発見を、自分なりのピダハン観に正しく位置づけようとしていた。すると実験の被験者だったイサウーオイが「今夜暗くなってから来るといい。ここに精霊が来るから」と言ってくれた。ピーターとわたしは必ず行くと約束して実験を続けた。

調査が終わるとわたしたちは村をはさんでマイシ川の向こう岸に設けた野営地に引き返した。川で水浴してから缶詰の肉で夕食にするつもりだった。だがうれしいことにカヌーで魚を獲ってきた帰りの村人が、大きなバスを一尾イワシの缶詰めと交換しようといってくれた。これで味気ない缶詰肉から救われる。わたしたちは一も二もなく譲り受けた。

ピーターが卵にオートミールを混ぜた衣を魚につけ、焚火で焼いた。水浴し、オートミールと魚の皮とバスの白身の塊の焦げたもの（ピーターのアイディアは料理にまとまらなかったのだ）をおいしくいただいたあと、わたしたちは川を渡って精霊に会いに村に向かった。それまで精霊との会合に招かれたことなどなく、どんなことになるのかまったく予測できなかった。

あたりは暗く、空には星が無数にきらめいて、天の川もはっきり見えた。大きなカエルが鳴いている。ピダハンが数人、ジャングルに向かって丸太に腰かけていた。ピーターとわたしもその近くに座り、ピーターが高品質の外部マイクを取りつけたプロ仕様のソニー・ウォークマンをセットした。数分が何事もなく過ぎた。ピダハンの子どもたちは大きな笑い声をたてたり、くすくす忍び笑いしたりしていた。少女たちがわたしたちを見て、それからジャングルに目を移した。顔を手で覆い、指の隙間から覗いている。

いくらかの間は、きっと精霊が劇的効果を狙っているに違いないなどと考えているうちに、ピーターとわたしは同時にファルセットの声を聞き、女装した男性がジャングルから出てくるのを見た。亡くなって間もないピダハンの女性の服を着たイサウーオイだった。話しているのが女性であることを示すために裏声を使っている。女の長い髪の代わりに頭から布をたらし、それがピダハン女性の長い後ろ髪に見えた。「彼女」がドレスを着ている。

イサウーオイ演じる役は、自分が埋められている地面のなかがとても寒くて暗いと訴えた。死ぬとはどんな感じかを話し、地面の下にはほかにも精霊がいることを語った。イサウーオイが「交霊」している精霊は、通常のピダハンの語調とは異なるリズムで語っていた。普段の三項韻脚でなく、二項韻脚で発話している。ピダハン語のリズムの分析がさらに興味深いものになると考えていると、「女」は立ち上がり、去った。

何分も経たないうちにイサウーオイの声が聞こえてきたが、今度は低いしゃがれ声だ。「聴衆」は笑いだした。よく知られたひょうきんな精霊が現れようとしているのだ。するとジャングルのなかからイサウーオイが勢いよく飛び出してきた。素っ裸で、小ぶりな木の幹で地面をどんどん叩いている。叩きながら、自分の邪魔をするやつには害をなす、怖いものなど何もない、などなど男性ホルモンが奔流しまくっているようないさましいことを言い募った。

わたしとピーターは、ピダハン劇場に遭遇したのだ！　もちろんそれは西洋人であるわたしの価値観から見た分類だ。ピダハンはこの光景を芝居だなどと言わないだろう。これはある意味で、芝居見物と同じ効果をもたらしているのも事実なのだが。彼らは芝居ではなく精霊を見ている。この出来事が繰り広げられる間、ピダハンは一度もイサウーオイをその名では呼ばなかった。必ず彼が表現している精霊の名で呼んでいた。

わたしたちが目にしたのはシャーマニズムではなかった。ピダハンには、精霊に代わって、あるいは精霊に話しかけられる人物はただひとりではない。ほかの者より頻繁に精霊とやりとりする者はいるけれども、ピダハンなら誰もが精霊と話すことができるのだ。長年にわたって見てきたが、多くのピダハンがこのように精霊として話をしていた。

次の朝ピーターとわたしがイサウーオイに、精霊を見ることができてとてもよかったと伝えようとすると、彼もアガービ同様、自分はその場にいなかったと言って精霊の出現について語ろうとしなかった。

これをきっかけに、わたしはもっと精力的にピダハンの信仰を追究してみた。イサウーオイをはじめピダハンは、わたしとピーターが目にしたような光景を作りごとであると解釈するのか、それとも現実であると解釈しているのか。つまり、あれは本物の精霊なのか、芝居なのか。あとからこのときの録音を聞いたピダハンも、ほかの村のピダハンも、これは精霊だと断定した。またピーターとわたしが「精霊ショー」を見ている最中、隣に座っていた若い男が、あれはイサウーオイではなくて精霊だ、とわざわざ実況解説してくれた。さらに、ピダハンがわたしのことをいつも同一の人物かどうか疑っていること、白人はみんな精霊で自分の意思で姿を変えられると信じていることなどを考え合わせると、ピダハンがあの出来事をまぎれもなく精霊との交感としか考えていない、と結論するほかはなかった。西洋における交霊会や霊媒と同じだ。

ピダハンは文字どおり、頭で精霊を見ている。掛け値なしに精霊と話している。ピダハン以外の者たちがなんと思おうと、ピダハンは全員、自分たちは精霊をじかに体験していると言うだろう。だからピダハンの精霊は、直接体験の法則の一例なのである。こうした観点からすると、ほかの文化における神話もこのような制限に則っていなければ、ほかの神話をピダハン語で的確に表現することはできない。

西洋人に実在すると理解されないものを実体験するということがありうるのか、という疑問がわいてくるのも無理のないことではある。だが、「ありうる」と言える理由がある。ピダハンが精霊を体験しているというとき、彼らが何事かを体験しているのは事実であり、それをピダハンは「精霊」と名づけている。その体験に、「精霊」という呼び名だけでなく、ある性質を結びつける。そのような存在や血液がないことといった性質はひとつ残らず正しいかと言えば、正しくないと言い切れる。けれどもわたしたち西洋人も日常的に多くの正しくない経験をしている。ショッピングセンターで見かけた身長一七八センチのひげ面の男はリンゴ・スターに違いない（実際にはわたし）と主張してみたりする。飼い犬が何を信じて何を望んでいるか、さも確証があるように話してみたりもする。午後四時半にわたしが立ち上がって洗濯室に行こうとすると、うちの犬も起き上がって尻尾を振る。洗濯室に餌が置いてあるのを犬が知っていて、これからわたしが餌をやろうとするところだと思って尻尾を振るのだと言うのは勝手だ。だがひょっとしたら、これは犬の知識と思考に基づいた行動ではなく、たんに刺激に対する反応かもしれない（もっともわたしは犬が知っていて、考えた上で行動していると信じたいが）。

けれどももしもピダハンの神話が直接経験の法則に従わねばならないのならば、世界の多くの聖典、つまりキリスト教の聖書も、コーランも、ヴェーダも、ピダハン語に訳したり、ピダハン語で論じたりすることができない。なぜならそうした聖典には生きた証人の存在しない物語が数多く含まれているからだ。だからこそこれまで三〇〇年近くかけても、伝道師たちがピダハンの信念を少しも揺るがすことができなかったのだ。アブラハムの物語に現存する目撃者はいない。少なくともわたしが信心深く、信仰を実践していたときには。

# 第八章　一〇代のトゥーカアガ——殺人と社会

ジョアキンは、マイシ川沿岸にあるポント・セテのアプリナ族の居住地に住む者の例にもれず、朝は早く起きて仕事にかかった。ジャングルの畑と小さなマニオク畑の手入れをし、夜の狩りに備えて動物の痕跡を探し、澄んだマイシ川を上流に上って魚を獲る。「セテ」の住人はたいていそうだが、ジョアキンもピダハンよりがっしりして屈強そうに見えた。トゥピとアプリナの血を引いているせいで、痩せて引き締まったピダハンに比べると筋肉質だ。生まれてから一度も靴を履いたことのない足は幅広く頑丈で、つま先ががっちり地面をつかみ、高価な登山靴を履いた西洋人よりよほどしっかり歩くことができる。ジョアキンは内気でひじょうに物静かな人物で、年のころは三〇ほど、よく笑みを浮かべるが、前歯が欠けているのを隠すために、口元をほころばせるたびに手で隠している。わたしが気づいていないと見ると、すぐカップを盗もうとした（プラスティックの割れないカップは羨望の品だが、先住民にはなかなか手に入らない）。ピダハンのことは、自分たちより劣っていると見て笑いものにしていた。だが彼も所詮はピダハンと同じ自然に囲まれ、同じように苦難に立ち向かって生きなければならないことに変わりはない。ただ、ピダハンよりも物質的に恵まれていることは——ピダハンの側は何とも思っていないのだが――ジョアキンにとっては明らかに重要な事実だった。もっとも、彼もポント・セテの住人たちも、みんなピダハンをよき友人と考えていた。セテのアプリナ族はいつもピダハンに親切だった。ジョアキンには知る由もなかったのだが、ピダハンの村のひとつでは、ジョアキンのこともセテの住人のことも、友人はおろか、彼らが占有している土地の合法的な住人とすら見なしていなかった。ジョアキンのようにある程度西洋の産物に頼って生きる生き方も、ピダハンの文化とはかけ離れ、ピダハンから心理的に遠ざけられる一因だった。この村ではジョアキンを下等な侵入者と見ていた。

ピダハンが自分たちを実際にはどう評価しているのか、アプリナたちが痛ましくも思い知ったのは、ひどくまわりくどい展開によってだった。ことはまず、アプリナ族とコラリオ一家の対立という形で始まった。コラリオ一家はアプリナともピダハンとも取引している商売人だ。

コラリオ一家は神の集会派という宗派の福音主義キリスト教徒という触れ込みだったが、計算ができず文字ももたないピダハンから、ブラジルナッツやゴム、ソルバ、コパイバといったジャングルの産品を市場価格よりはるかに安値で引きとって大いに利得を得ていた。だがアプリナはブラジルのラジオ・ナショナルが毎日放送する市場価格を短波のラジオで聴き、市場価格に近い交換レートを守っていた。

ある日アプリナは、三艘のボートで商売をしているコラリオ一家に、ペテンをするならもうポント・セテに来るなと警告した。ダルシエル・コラリオが警告を無視して近づくと、アプリナはショットガンで、彼のボートに発砲した。商品の多くが使いものにならなくなった上、船室にも穴が開いた。コラリオはストーヴの後ろに隠れて難を逃れ、身を低くして弾丸の雨にさらされないように注意しながら、やっとの思いでマイシ川を下って逃げた。アプリナはこれで充分思い知らせてやったと考えた。

だがコラリオたちは伊達に商売で成功をおさめてきたわけではなかった。一家は事態を重く見た。ア

ルマンド・コラリオは先住民はみんなビシンジョ、つまりちっぽけなケモノと呼ぶような人間で、自分の息子を襲ったサルたちに復讐を誓った。息子であるダルシエルの倫理観も父親と大差なかった。わたし自身、ダルシエルがピダハンに酒を飲ませ、わたしから盗むよう仕向けたのをどやしつけたことがあった。次に彼が来たときボートに行って、今度マイシに現れたらボートから放り出し、おまえの目の前で船を焼き払って、家まで泳いで帰らせてやる（二七歳の伝道師の口から発せられるにしては不謹慎極まりない啖呵だ）と言い渡したのだ。わたしがマイシ川沿岸地方を離れてＵＮＩＣＡＭＰに戻ったあと、コラリオ一家はセテへの復讐計画を実行に移した。

　ダルシエルとアルマンドは、セテの住人にコラリオ一家の力を思い知らせてやるために、ピダハンを尖兵にしようと考えた。やる気満々のピダハンはすぐ見つかった。血の気の多いティーンエージャーのグループで、リーダーの *Túkaaga* トゥーカアガ（ポルトガル語で大型の刺すアリを意味するトカンデイラからとった名前）はセテからすぐ下流にあるコアタの村で最もすぐれたピダハンであるオピーシの息子だった。ダルシエルは、一〇代の少年たちの冒険心を利用し、一人前であるところを見せびらかしたい願望を焚きつけて、セテの住人たちに向けて撃ちまくれるように、新品のショットガンを与えた。コラリオ一家はブラジルナッツや堅木など、アプリナ居住地のそばでとれるジャングルの産品を好き放題手に入れたかった。またピダハンは、魚や狩りの獲物を捕る競争相手を追い出し、アプリナの土地を自由に使いたかった。さらにコラリオの思惑の背景には復讐心があった。

運命の日、アルマンド・アプリナは長男のトメや妻たちとともに、カヌーで川を上り、狩りと漁に出かけていた。ジョアキンと義理の兄弟でピダハンのオタヴィオ（ピダハン語の名前は*Toíbaítii*トイーバイティイといい、ピダハンでは唯一よそ者と結婚した）とは村に残り、オタヴィオが魚を獲っている間、ジョアキンと妻はマニオク掘りと薪拾いに行った。マニオク掘りは重労働だ。マニオクの塊茎は長さが五〇センチ近くあり、それが土に深くしっかり埋まっている。力を込めて引っ張ったり、時には叩き切ったりして土から掘り起こすのだ。掘り出した塊茎は大きな枝編み細工の籠に入れ、十五キロから二〇キロほどマニオクがとれたら籠を背中に持ち上げて、額に背負い紐をひっかけて固定する。マニオクのほかに、ジョアキンはおよそ十五キロの薪を腕に抱えて、腹で支えながらバランスをとっていた。大きな荷物があったので、家まで戻る道々、普段のように周囲に充分な注意を払うことができなかった。ジャングルで生活する人間なら誰しも注意を怠らない。けれども大丈夫だろうとジョアキンは考えていた。よく知った道だし、村にこんなに近いところで大きな捕食動物が身を潜めているとは思えなかった。

道の先に息を潜めて待っているのが、真新しい二〇番径のショットガンを帯びたトゥーカアガであることを、コアタ村のティーンエイジ仲間 *Xowágaii* ウワーガイイと *Bixí* ビイーのふたりと一緒に待ちかまえていることを、ジョアキンは知る由もなかった。三人の少年たちはそれまで人間を傷つけたことは一度もなかった。だが三人とも腕の確かな狩人で、動物を殺すことには慣れていた。ジョアキンと妻が、マニオクをふやかすために川に浸したあとは、魚を捕ろうか狩りに行こうか話しながら近づいてくるのを、トゥーカアガは神経を研ぎ澄まして待っていた。ジョアキンの妻がまず通り過ぎ、次にジョアキンの姿が見えた。三メートルほどの距離に近づいたところで、トゥーカアガは相手の腹のあたりを撃った。

　ジョアキンの股間から、腿から、腹から、血が噴き出した。弾の勢いに、額から荷物を提げている紐と腕に抱えた薪の重さが加わって、ジョアキンは激しく地面に打ち付けられた。ジョアキンの苦悶を聞いた妻とその妹で、オタヴィオの妻、ライムンダが発砲音のもとへ駆けつけた。ジョアキンを一目見たライムンダは、助けを求めにオタヴィオを捜しに行き、ジョアキンの妻はなんとか出血を止めようと土や葉を傷口に押しつけた。オタヴィオは、日の照りつける外から小屋のなかにジョアキンを運び込むと、川上にいるトメと義理の父を捜しに全力でカヌーを漕ぎだした。

　その間もジョアキンは苦しんでいた。二〇番径の弾丸はわき腹や腹を貫通し、筋肉をえぐり取っていた。日が暮れるまで、ジョアキンは息があった。トメとアルマンド、その妻たちがオタヴィオから、ジョアキンが何者かに撃たれたと聞いたのは、ちょうどジョアキンが息を引き取ったころだった。トメとアルマンドはそれぞれのカヌーですぐさま村へ取って返した。襲ってきたのはコラリオ一家か先住民のパリンチンチン族だと思い、ピダハンだとは疑いもしなかった。マイシ川流域では、トメは、ピダハンはもちろんのこと、交易商人たちより強くて血の気が多い。彼の気性を知っている者は、誰でも刺激しないよう、彼のそばでは小さくなっているのがふつうだ。腕や脚の筋肉は有名なボディビルダー並みに盛り上がっているし、一日じゅう斧を振るい、一晩じゅう狩りをし、次の日にはまた魚を捕っても、少しも活力の衰える気配を見せない。そんな男が休むことなく懸命に川を下った。真夜中ごろトメはセテに着いた。何よりもまずジョアキンの容体を知りたかった。すでに息のないことは知らなかった。そのあとで、警告もなしに義理の兄弟を撃った卑怯者を追い詰めてやるつもりだった。

バン！　銃声が響き、マイシ川の土手にこだました。トメと妻が村の手前の最後の曲がり目に差し掛かったとき、マイシの水面に反射するかすかな星明かりだけを頼りに、誰かが彼らに発砲してきたのだった。散弾のほとんどはトメの肩と背中にあたった。彼はパドルを持ったまま川に投げ出された。マイシの深みに沈みこもうとする夫を、妻のナザレがかろうじて髪をつかみ、頭を水上に引き上げた。彼女はほんの数発の散弾を食らっただけで済んだのだ。ナザレはカヌーの底においてあったアルミ鍋をつかむと、トメの髪の毛をしっかり握りしめたまま、左手の鍋で岸にこぎ寄せた。トゥーカアガに率いられたピダハンの若者たちは、前回同様このときも銃撃の結果を見届けなかった。撃ったあとはすぐその場を去り、走ってコアタの村に戻っていった。

すぐ後ろに来ていたアルマンドが息子を川から引き揚げた。セテに住む四人の男のうち、ひとりは殺され（居留地に着いてすぐ、アルマンドはジョアキンの死を知らされた）、ひとりは重傷を負わされた。生き残った者たちは途方に暮れ、ジョアキンを埋葬するとすぐさま下流のコアタ村に向かった。オタヴィオの仲間であるピダハンに助けを求めたのだ。アルマンドとオタヴィオ、トメとその妻たちは三日の間コアタ村でピダハンとともにいた。よもや家族を殺した張本人の家に匿われているとは夢にも思っていなかった。コアタ村のピダハンたちが実際にはアルマンドもトメもアプリナの女たちも忌み嫌っているともわかっていなかった。何ヵ月もあとになって、コアタ村の中心的人物であるオピーシが笑いながらわたしに言ったところによると、ピダハンがセテのアプリナの男たちの息の根をとめなかったのは、男たちが村のなかにいたから誤ってピダハンを傷つける恐れがあったから、そして運悪くオタヴィオが間に入って、彼を傷つけることになるのを避けたかったからだそうだ。

トメの傷は重かったが、ブラジルナッツを買いにきた商人が懇願されて、彼を船で二日下流のマニコレの病院に連れて行った。傷が重く、感染症を起こしていたにもかかわらず、トメはもち直し、完全に回復した。だが彼が病院にいる間にセテの生き残りは襲撃者がピダハンであったこと、ピダハンたちはアプリナがマイシ流域にとどまるのを望んでいないことを知ったのだった。アルマンドの弟で下流のテラ・プレタ（黒い土）に住んでいたアプリジオまでが、ディアロイ族の妻と息子ふたりとともに、住まいをおいたてられるはめになった。

五〇年以上もたってから、ピダハンはとうとうマイシ川流域からアプリナを完全に追い出したのだった。それはとてつもない衝撃だった。アプリナたちはマイシとマルメロスの合流地点からカヌーで一日下ったブラジル人の土地で、小作人として働くしかなかった。その土地にとどまる条件は、所有者のブラジル人のために毎日無給で朝から晩まで働くことだった。トメはピダハンに復讐を誓い、交易商人を通じて脅し文句を伝えさせた。だが家族が彼を引きとめた。もしマイシ流域に舞い戻れば、ピダハンが待ち構えていてきっと殺されるだろう。トメにもそれはよくわかっていた。ピダハンに知られることなく、彼らの土地に入れるわけがない。同時にピダハンもトメを恐れていた。トメはピダハンに負けないくらいマイシ流域に精通していたし、敵にまわせば恐ろしい相手であることを、ピダハンもよく知っていたからだ。

セテの傷ついた住人たちとアプリジオにとって確かだったのは、彼らがもう美しく滋養に富んだマイシ流域を、自分の家と呼べないことだった。その後二年の間に、アプリナ族はトメとその妻、アプリジオの息子（トメにとってはいとこ）のロックとオタヴィオの妻のライムンダを残し、死んでしまった。オタヴィオはマイシから程近いところに、妻と子と暮らしていたが、最後にはひとりでピダハンのもとに戻った。ピダハンなら誰しも、結局は自分の仲間と生きていきたいと願うのだ。アルマンドはどうやら毒にあたって死んだらしい。彼の死因は誰にもはっきりとは知られていないが、ただそれがあまりにも突然だったことはわかっている。妻と娘は自ら毒を飲んだ。数年後、アプリジオも亡くなった。

アプリナの経験は、ピダハン文化の暗い側面を物語っている。ピダハンは仲間内では寛大で平和的だが、自分たちの土地から他者を追い出すとなると、暴力も辞さない。よそ者を黙認しともに暮らしてくれるとしても、未来永劫受容してくれているわけではないことも、もう一度心に刻まねばならないだろう。アプリナたちは異なる文化をもった人々の間であっても、一世代をともにすれば両者を隔てている違いを乗り越えられると信じた。だがそのような障壁を乗り越えるのはまず不可能であることを、文字どおり命と引き換えに学んだのだ。人類の歴史を通じて多くの人々が学んできたように――最近ではユーゴスラヴィアやルワンダの人々が身にしみて思い知ったように。

だがこの物語にはもうひとつ別の教えもある。それはトゥーカアガ本人の去就に関わることだ。ジョアキンをあやめ、トメを殺しかけてからわずか二、三ヵ月ののちには、トゥーカアガはもうあらゆるピダハンの村から離れてひとりで暮らすことになっていた。村々から疎外されてひと月ほどのち、彼は謎に包まれた状況で命を落とした（つまりピダハンはそのことについて語りたくないという意味であり、彼は「風邪」で死んだという者もいたが、それもありうる話だ）。わたしは、一族の誰かに殺されたのかもしれないと思っている。ピダハンたちは全員、最終的にはトゥーカアガの行為に脅威を感じたのだ。警察がジョアキンの死を捜査しにやってきたからだ。近隣の居留地で、見せしめのためにピダハンを襲う計画があるという噂も出た。当初ピダハンは見せしめなど怖くないと言っていたが、彼らがどんなに大きな口をきこうと実際には怖がっていることは伝わってきた。

ジョアキン殺しの余波を話すにつけて、大勢のピダハンが命を落としかねない事態になりうることを、ピダハンたちも徐々に実感するようになったのだろう。おそらくそのために、トゥーカアガは村から追放されたのだ。追放はアマゾン地方では究極の刑罰だ。ここでは、身を守り、狩りや食料採取などに互いに協力し合うことが命綱なのである。

ピダハンが指導者も法も規則も必要としていないことはすでに見てきた。生き延びる必要、そして追放という仕組みがあれば社会を律していける。トゥーカアガには厳しい試練だった。ふたりの共犯者はわたしの知るかぎり何の罰も受けていない。ふたりともわたしの友人だ。だがふたりにトゥーカアガのこと、ジョアキンの死のことをこれ以上尋ねようとは思わない。

# 第九章　自由に生きる土地

日常的にピダハンを襲う厄介事の筆頭は、病気、それによそ者が自分たちの土地に侵入してくることだ。ブラジルを含めさまざまな国から、ダイビングや釣り、狩猟を目的に大勢の人がやってくる。マルメロス川では、日本人の釣り人を乗せたブラジルのフィッシングボートは珍しくないし、外来者たちはカボクロを仲介者にたて、ピダハンに釣り場の案内をさせる見返りに、サトウキビ酒や衣類、マニオク粉、それに決して安くはないカヌーまで提供する。カボクロとの商売もピダハンにいい影響は与えない。カボクロはほとんどの場合、食料やジャングルの産品をサトウキビ酒としか交換しないのだ。反感を買うのを恐れ、あるいは外来者たちと衝突しないために、ピダハンはたいてい貢物のように、手元にあるだけの食料を差し出してしまう。

外界の助けがなければピダハンだけでは始末をつけられないことといったら、まず、自分たちの土地の境界を定めることと、侵入者を防ぐこと、そして病気に薬をもらうことだ。最後の部分に関しては、ケレンとわたしも普段から手を貸してきた。だがわたしは、最初のふたつの問題についてもっと自分が手助けする必要があると感じるようになっていた。飛行機ではなく川からピダハンの村を訪れてみると、周囲をカボクロに囲まれているのがはっきりわかり、保護された居留地が必要であることが実感される。家族ではじめて村に入ったとき——ケレンとクリスのマラリアで予定より早く滞在を切り上げたとき——には飛行機で行ったが、次の機会にはわたしたちは船でマイシ川をたどってみた。

このときわたしたちは、かなり長い期間、つまり一年近くを村で過ごすつもりでいて、膨大な荷物を運びこむには飛行機より船のほうがずっと安くついたのだ。また、個人的にも船旅を選びたい理由があった。飛行機酔いを避けたかったのである。わたしたちは一家揃った初めての長期滞在に出発するための荷物とともに、ポルト・ベリョの波止場に着いた——日用品を詰め込んだ二〇〇リットル入りの金属容器に燃料容器、木箱、スーツケース、ダッフルバッグに段ボール箱。波止場の労働者たちが「手を貸し」に駆けつけてくれたが、鞄一個にでも手を触れさせると法外な駄賃を要求されると聞いていたので、彼らを追い払い、すべての荷物をひとりで運んだ。ぬかるんだ急な土手を下り、肩幅もない揺れる板を渡り、水漏れしていそうなヘクレイオに荷物を積み込んでいく。このあと何度もこれだけの装備を運ばなければならなかった。どろどろの冠水した道路や、大型哺乳類がつけたけもの道を通ったこともある（一度など、けもの道をつくったくだんのピューマがまだ目に見える範囲にいた）。

いま振り返ってみると、わたしたち一家はこれだけの荷物がピダハンの目にどのように映るか、深く考えていただろうか。たぶん、カリフォルニア出身のアメリカ人一家の必要を満たす最低限の装備（つまり膨大な品物）くらいではピダハンは驚かないと勝手に想像していたのではないだろうか。まだまだ駆け出しだったこの当時は、便利な品々なしで暮らすというやり方を考えてみたこともなかった。わたしたちにとってもピダハンにとっても幸いだったのは、その勝手な想像が間違っていなかったことだった。だがそれはわたしたちが慎重に配慮した結果ではない。ピダハンがわれわれの持ち物にさして興味を示さず、決して盗もうとしなかった（食料以外には）おかげだ。ピダハンはいつも、わたしたちの持ち物が自分たちに何かしら関わりのあるものだと考えているそぶりは見せなかった。

いずれにしろ、その後数年の間、村へ行くには川からというのがわたしたちのお気に入りのコースになった。装備はたくさん運べるし、そのおかげで滞在期間も長く延ばせる。それに途中で小さな居留地を訪ねてピダハンの隣人であるブラジル人とも親しくなれる。彼らの多くが定期的にピダハンを訪れ、交易していた。

ピダハンの周辺に住むブラジル人を知るようになると、気にかかることが出てきた。ピダハンの土地に食指を動かしている者が多かったのだ。なぜピダハンが狩りや漁の獲物に恵まれた土地を与えられているのかしょっちゅう問いただしてくる。「**Mas, seu Daniel, porque aqueles bichinhos têm direito à toda aquela terra bonita e os civilizados não?**（しかしね、ダニエルさん。どうしてあのちんけな生き物が美しい土地を使えて、われわれ文明人が使えないんですかね？）」こうした物言いにわたしが気を揉んだのは、このなかからピダハンの土地に入り込み、その一部や場合によっては大部分まで自分のものにしようとする者が出てきそうなことが想像できたからだ。ピダハンが合法的に認められた居留地を手にするために自分が力を尽くすべきであることはわかっていたが、どうすればそれができるのか、まだ具体的な考えはもてないでいた。

■

わたしたち一家はそれまで、何年もの時間をブラジルで過ごしていた。そこで、博士号をとったあとの一年はアメリカに戻り、言語学研究の中心であるマサチューセッツ工科大学の言語哲学部で研究を続けることにした。マサチューセッツ州ケンブリッジにあるMITの言語学科はノーム・チョムスキーの学科であり、彼の文法理論がわたしの研究生活に大きな影響力をもつようになっていたのだ。

だがMITに来て五ヵ月で、シカゴのイリノイ大学の人類学者、ウォード・クラッケ博士を通じて、国立インディオ保護財団（FUNAI）がピダハンの居留地を法的に定めるための実地調査に加わってほしいと言ってきた。わたしは一も二もなくその誘いを受けた。

ボストンからリオデジャネイロまで丸ひと晩、それから軽飛行機で七時間かけてポルト・ベリョに着いた。FUNAIには、ピダハンの居留地としてどの範囲の土地が定められるべきか助言することを求められていた。FUNAIでわたしを招いてくれたのはわたしが気易くシャラーと呼んでいた人物で、彼はFUNAIでは高官だった。シャラーは二年にわたってムンドゥルク族やパリンチンチン族やピダハン族の土地をめぐった末、彼らが伝統的な生活様式を守れるように居留地の問題を法的に万全にしたいと考えるようになっていた。中肉中背で男ぶりがよく、真黒な髭を生やし、髪を長くのばして、金髪のブラジル美人である伴侶のアナといつも行動を共にしている。生真面目でいながら堅苦しくなく、いつも寛いだ服装のふたりは、社会問題に熱心なヒッピーのカップルという印象だ。だがふたりは、ブラジルの先住民たちが少なくとも先祖伝来の土地を持ちつづけることで、伝統の暮らしを続けられるように、持てる時間のすべてを費やして奔走している人たちだった。

シャラーとわたしが友人になったのは、わたしが一九七七年から一九八五年まで断続的に訪れていたポスト・ノヴォのピダハンの村を、シャラーが訪ねてきたときだった。わたしたちはピダハンの居留地を守る必要性を長々と話し合ったものだった。その後シャラーはFUNAIとの契約を更新して地位も上がり、ピダハンとパリンチンチン居留地確定のための調査を統括できる立場になった（先住民の土地の境界を定める三段階のプロセスの第一歩となる)。そこでシャラーはわたしとパリンチンチン文化の研究者であるウォードに、通訳としてブラジルに来てくれないかと頼んできたわけだ。当時彼らの言語を話せるのはわたしたちだけと考えられていた。シャラーによれば、FUNAIはブラジル国内の経費はカバーできるけれども、ブラジルまでの旅費は自分で調達してほしいということだった。するとウォードが連絡をとってきて、ハーヴァードの人類学者でいまは亡きデイヴィッド・メイベリー＝ルイスが設立した「カルチュラル・サヴァイバル」という団体が旅費を工面してくれるかもしれないという。ここは絶滅危惧民族の生活様式を保護することを目的とした団体で、連絡をとってみると、それほど価値ある職務のためならカルチュラル・サヴァイバルが喜んでブラジル行きのチケットを手配すると言ってくれた。

じつはわたしは一九七九年からずっと、年ごとに外から脅かされているピダハンの土地を守ることに関心をもってくれる役人を見つけようとしていたが、無駄足に終わっていた。ポルト・ベリョにいるFUNAIの理事四人(デルシオとアモーリ・ヴィエイラの兄弟は順に理事を務め、アポエナ・メイレルスは居留地保全の可能性を探るため、ピダハンの村にいたわたしを訪ねてくれた。もうひとりはベナモールという名前だけ知っている理事だった)にも個別に請願し、居留地を確定してくれるように頼みこんだ。アモーリは一九八〇年代の初め、FUNAIの職員を二週間村に派遣して現地の感触をつかませようとしてくれたが、まもなく理事を退いた。ベナモールに至っては、「ピダハンの人間だらけの土地でピダハンの言葉に囲まれて暮らしたい者などいるわけがない。ピダハン語は始終叫んでいるようにしか聞こえない」と言い放った。

わたしは、マイシ川を始まりから終わりまでずっとたどっていけるのが楽しみだった。わたしにとっては初めての経験だし、またピダハンの村を全部訪ねることができるのも待ち遠しかった。見てみたいこと、知りたいことはたくさんあった。たとえば、村の様子はどこもこれまで見てきた村と同じなのか、ピダハン語はどこでも同じで、わたしの話し方が通じるのか、など。ピダハンと過ごした最初の数年、わたしはほとんどずっとポスト・ノヴォにいたが、ここはマイシ川とマルメロス川の合流点に近い場所にある。ほかの村になかなか行けなかったのは、どこもみんな奥地にあって行くのが困難だったし費用ももっとかかるからだった。

ＦＵＮＡＩはわたしを通訳として招いてくれていたので、わたしの仕事はＦＵＮＡＩの人類学者のために、ピダハンの話や答えを訳すことだった。人類学者はその村固有の生活様式や土地利用の範囲を知るため、マイシ川流域のすべてのピダハンと面談し、実際に利用されている土地はどこなのか、彼らが先祖伝来の土地と考えているのはどの範囲なのかを地図に記すのが役目だ。

何時間もかけてわたしはウマイタに着いた。ここからマイシまで行く船を見つけなければならない。そこでわたしはタクシーをつかまえ、マデイラ河畔までの道のり三キロほどを乗せてもらった。歩いても行けないわけではなかったが、このときは気温が摂氏三八度に近く、暑くて疲れていたのだ。船着き場にはほとんど塗装もされていない貧弱な木造ボートがたくさんあった。知りあいもいないし、ＦＵＮＡＩがほんとうにボートのチャーター料を出してくれるかどうかもわからなかったので、とにかく空いている舟を見つけ、できるだけ安く借りられることを祈った。わたしはいまにも沈みそうな八メートルほどの木製ボートのところにいるふたり兄弟に近づいた。ひとりが船尾にいる。アマゾン水系のボート所有者はよく船尾に陣取っているのだ。彼は一生懸命漏れる個所を直そうとしていた。もうひとりはハンモックに寝そべって、土手に近づき手を叩くわたしにものうげな視線を送ってきた。ドアのないところで手を叩くのは、ブラジル流のノックなのだ。

「オラ（やあ）」わたしはエンジン音や乗組員の叫び声や土手を駆けまわって遊ぶ子どもたちの声に負けないように叫んだ。

「オラ」相手はおざなりに答えた。

「（あなた方のボートで、マイシ川まで連れていってもらえるだろうか。マイシに着いたらFUNAIが代金を支払う）」

「（しかし、もしFUNAIが来ていなかったら？）」ハンモックの男は疑わしげにこちらを見て尋ねた。

「（そのときは自分で支払う）」

どういう腹積もりの男かはわからなかったが、彼は言った。「（わかった。連れていく）」

「（よかった。ではわたしは昼を食ってくるから、そうしたら出発しよう）」

「（いいだろう）」彼は答えた。

わたしは上流方面に少し走り、一〇軒ほど並んだ定食屋のひとつに入った。

「ケロ　ウム　プラト　フェイト、ポル　ファヴォール（定食をひとつ頼む）」カウンター代わりの厚板の向こうにいる太った女性に注文した。こういう店の定食はだいたい、大きな皿に肉と豆と米とスパゲッティを山盛りにして、上にグレープナッツとマニオク粉を混ぜた黄色いソースがかかっている料理だ。

「（肉がいい？　魚がいい？　チキンがいい？）」と聞かれ、

「トードス（全部だ）」とがっついて答えた。

一〇分もしないうちに脂ぎった料理を載せた皿が湯気を立ててわたしの前に置かれた。マニオクの汁にチリペッパーを加えたトゥクピという黄色いソースの瓶もついている。きんきんに冷えたブラジルのラガービール、ブラーマ一リットルで料理を五分で流し込む。代金は米ドルで三ドルほどだった。

「オブリガード（ごちそうさん）」船着き場へ取って返すためにドアに向かいながら、わたしは型通りの礼を言った。

「プロント？（用意はいいか？）」船の主が尋ねた。

相棒は水のなかから出て燃料を補給していた。

「（いいよ、行こう）」わたしは答えた。

狭い渡し板をあがり、持ってきた小さなカバン二個を甲板に載せるとハンモックを取り出して（ごくせまい）船室のなかに吊った。それから船首に出た。

「（マイシまでどのくらいかかる？）」これは愚問だ——目的地がどこであれかかるだけの時間がかかるのだし、ほかに船はないのだから。

「（ひと晩じゅう進めば明日の昼には着くだろう）」

それが午後の三時ごろだった。エンジンが回されて勢いづき、ぽんぽんと大きな音を立てた。

「エンボーラ！（出発）」掛け声がかかった。

偉大なるマデイラ川を下って次第に速度があがっていくと、熱く澱んでいた空気は水面を渡るさわやかな風になった。長旅の疲れとたっぷりの昼食にビール、それに船を捕まえられた安心感から、急に眠たくなってきた。わたしは自分のハンモックに行き、生ぬるい気温とそよ風、ハンモックの寝心地に誘われて旅のほとんどを眠って過ごした。時折そこここで眩しさに目を覚まし、一度クラッカーと甘いブラックコーヒー、バターにミルクの朝食を摂った。マルメロス川を上っているとき、一度美しい黒い水が自分たちの下をゆったりと流れるさまを見て、こんな夢の国を旅できる自分はなんと幸せなのだろうと改めて思ったりもした。マルメロスの高い土手はほとんどが砂地で、厚い粘土質のマデイラの土手と対照的だ。

　およそ二四時間後、船主の予言どおりわたしたちは目的地に着いた。このときもまたまどろんでいたわたしは、岸辺にいるピダハンの盛んな話し声に目を覚ました。興奮しているときのピダハンは聞き間違いようがない。手放しで笑い、叫んでいるので騒々しいことこの上ない。わたしのハンモックをゆらゆら揺らしながらボートは速度を落とし、マイシ川がマルメロスに注ぎ込んでいるピダハンの村への水路の際に停泊している別のボートに近づいていった。そのボートはわたしが乗ってきた物より大きかった。FUNAIの職員ふたりがわたしを待っているものと思っていたのだが、ボートのデッキからこちらを見つめているのはブラジル政府の職員ふたりとFUNAIが派遣した人類学者と地図製作者、それにINCRA（国立植民土地配分機関）の専門官だった。

　わたしが小型ボートの甲板に出るとすぐに、ピダハンは大声でわたしの名を呼びはじめた。わたしを運んでくれた船主兄弟は、自分たちの身は安全かと聞いてきた。「（わたしといっしょにいるかぎりはな）」わたしは冗談で言ったのだが、彼らは本気にした。

「おい、ダン。ケレンはどこだ?」ピダハンたちが尋ねた。

「彼女が乗ってたボートが沈んでマイシの底に留まってる。ケレンは溺れたんじゃないかなあ」

　一秒の半分ほどの間ピダハンは揃って口をあんぐり開けわたしを見つめた。その後たちまち笑いだした。ブラジル人は全員あっけにとられてこのやりとりを見ていた。

「（最初マイシの合流部でアメリカ人の言語学者を出迎えろと言われたときは正直むっとしたんだ）」FUNAIの人類学者レヴィニョは白状した。「（ブラジルのなかなのにどうしてブラジル人がアメリカ人に通訳してもらわなければならないんだってね。でもこれでわかったよ。ぼくたちはここに来て三日に

なるけど、彼らの言ってることは何ひとつわからないし、こちらの言いたいこともこれっぽっちも伝えられなかったんだ）」

われわれはひとつひとつの村を訪れて、自分たちがいる土地について、それをどう利用しているかについて、その土地をピダハン個人が所有していると考えているのかどうかなど、ピダハンの考え方を尋ねていった。レヴィニョが質問し、わたしが通訳する。マイシ川を時間をかけてさかのぼり、ピダハンが定住している場所を見つければそのたびに立ち寄った。案内役はコーホイビイーイヒーアイに頼んだ。ポルトガル語は彼が一番まともだったからで、川からは見えない隠れた居留地を見落とさないようにするためだった。ピダハンの居留地（核家族一軒だけの村もあれば、数家族が共に生活している村もあった）に差し掛かると、村を少し通り過ぎた上流でエンジンを停止し、流れに乗って近づく。まずわたしが舳先に立ってピダハン語で叫ぶ。「ダンがピダハンでない友だちと一緒だ。きみたちと話に来たんだ」それからコーホイが、誰も害をなすつもりはなく、話してくれた礼には釣り針を渡すし、話をする以外には手出しをしないと付け加える。初めて会うピダハンがボートに乗ってきた場合は、かなり興奮したおしゃべりになった。女性や子どもたちは土手を村へと上がっていくわたしの姿を、土手の上や小屋のなかからただじっと見つめてくるのが常だった。

■

ピダハンの土地を確定するためのＦＵＮＡＩチームに一週間同行して、通訳としての仕事は終わった。初めて見るアマゾン横断高速道に到達したのだ。横断道の先にはピダハンの村はなく、帰り道にはふたつの選択肢があった。ＦＵＮＡＩの船にとどまり二週間かけてマイシ川からマデイラ川へ入り、そしてマナウスに戻るか、アマゾン横断高速道でヒッチハイクしてポルト・ベリョへ戻るかだ。わたしはヒッチハイクを選び、船はマイシ川にかかる橋のたもとでわたしを下ろしてくれた。橋といっても木造のちっぽけな代物で、三〇〇キロ以上東の鉱山会社ミネラサオ・タボカから丸太や鉱石を満載してひっきりなしにやってくるトラックの重量を支えるにはなんとも心もとなかった。

この旅の間に、わたしたちは多くを学んだ。ＦＵＮＡＩの作図家は五日目に、航空写真をもとに作成されたブラジル政府発行のこの地域の地図に誤りがあることを発見した。ある朝コーヒーを飲んでいて、いまの速度では次の村まで二日以上かかると彼が言ったのだった。食料も燃料も足りなくなってきていたので、みんな心配になった。わたしはコーホイに、次の村は近いか遠いか尋ねた。すると彼は、次の村はトイトイで昼までには着くと答えた。コーホイの答えをＦＵＮＡＩの作図家に伝えると、「（そうか、ピダハンの川のことだから、ピダハンに異議を唱える気はないよ。でもそうすると軍の地図が間違っているってことになるな)」と彼は言った。正午ごろ、わたしたちはトイトイ村に着き、作図家は念入りに自分の地図を眺めた。そこで判明したのは、地図の中央、マイシ川のコーホイの村とトイトイ村の間の部分が、誤って二倍の距離で描かれていたことだった。ブラジル政府にとってはひじょうに重要な発見だった。

ピダハンとわたしにも、もっと嬉しい成果があった。ピダハンに、公的に認められた居留地ができることになるのだ。居留地を彼らの土地と認めさせる長たらしい役所仕事も、ようやく緒に就くのである。一方レヴィニョとわたしは何時間もピダハンの文化について語り合った。彼は創世神話がないことに食いついた。創世神話らしきものを聞きだそうとあの手この手で試したが徒労に終わった。また、口承の歴史や口承の民話が欠如していることにもただならぬ関心を示した。それがどれほど珍しい例外であるかわたしが意識するようになったのはおそらくレヴィニョのおかげだ。彼の熱意は伝染力が強く、しまいには彼の友人で、リオで人類学の博士号を取ろうとしていたマルコ・アントニオ・ゴンサルベスまでピダハン文化の調査に来てしまったくらいだ。

わたしに関して言えば、生きているピダハンのほとんど全員と会い、名前を知ることができた。みんなわたしに夢中になった。彼らは自分たちの言葉を話す白人がいるという噂は聞いていたが、実際にその白人に出会った者は少数だった。特に子どもや女性は、わたしがピダハン語で話しかけると口をぽかんとあけてびっくりした。どの村でも、家族と一緒に来てここに住んでくれと誘われた。それは魅力的な誘いだった。というのも、このときわたしが出会った上流のピダハンたちは、片言のポルトガル語をほとんど会話にさしはさまなかったからだ。下流のピダハンはポルトガル語の動詞を知っていて、わたしと話すときにはピダハン語にポルトガル語を混ぜようとする。もちろん、できるだけわからせようとする配慮だ。だがほんのわずかでもポルトガル語が混じると、自然なピダハン語を身につける支障になる。上流の村へ行けばポルトガル語の「雑音」のはるかに少ないピダハン語と出会えるだろう。

　そうしたわけで、この調査行は関わったすべての者に収穫をもたらした。ピダハンにも、ブラジル政府にも、科学にも、そしてこのわたしにも。

# 第一〇章　カボクロ――ブラジル、アマゾン地方の暮らしの構図

カボクロは程度の差こそあれアマゾン先住民の末裔だが、いまではポルトガル語しか話さず、地域経済に根を張って自分たちをれっきとしたブラジル人だと思っている。ピダハンはカボクロを *xaooí-gíi* アウウーイ・ギーイ（真正の外国人。接尾辞 *-gíi* は「真正の」「ほんとうの」を意味する）と呼ぶ。アメリカ人や、都市在住のブラジル人を含めた外国人のことは、たんにアウウーイだ。ピダハンがほかのよそ者よりもカボクロたちとうまくコミュニケーションできるのは、出会う頻度が高いことと、同じ環境を共有していて、狩りや漁、カヌー、ジャングルの知識などおおむね似通った技術をもっているからだ。

カボクロの風俗は二〇〇年以上の間、ほぼ毎日のようにピダハン社会を侵食してきた。腕っ節にものを言わせる男社会で、わたしが育ったカウボーイ社会の風俗に通じるものがある。だがそれだけではなく、カボクロには運命論者的なストイックな一面もあって、これはアメリカの風俗にあまり見られないものだ。

外の世界に関するピダハンの知識はほとんどがカボクロから仕入れたものだ。アメリカ人とカボクロは価値観がひじょうに異なっていて、ピダハンはその違いを見分け、たいていはカボクロのものの見方

を支持する。それが自分たちの見方に近いからだ。

たとえば、アメリカ人とカボクロとでは、体格を違った目でみる。カボクロのほうが一様に、怠け者や太りすぎに手厳しい。往々にしてカボクロは、健康でよい資質があり、神に仕える身であれば、勤勉であるはずだと信じている。健康で仕事に励むことができるならば、神はあなたのために目を光らせていてくださる、と考える。太っているのは、カボクロの目には堕落のしるしだ。太りすぎの人間は、自分が必要とするぶんより多くをとっている怠惰な無精者なのだ。したがって、かなり裕福なカボクロ（これは結構な数になる）であっても、強烈な職業倫理がある。必要もないのに自らマチェーテをふるって土地を開墾し、使用人とともにジャングルへ収穫に出かけるカボクロは珍しくない。こうした価値観は、ピダハンもある程度共有している。引き締まった体、タフな精神、ジャングルや狩り、漁を知りつくし、頼るのはわが身だけ。

ピダハンが外国人をどう見て、そのなかで自分がどうあてはめられているのかを知るには、カボクロを理解しなければならないことに、わたしは気づいた。といってもそのためにカボクロたちのなかに入り、家を建てて暮らすつもりはなかった。彼らについては出会いのなかで知っていくしかない。そしてカボクロの風俗に触れる機会があるとすれば、それは川の旅である。

■

その意味で、とりわけ印象深い旅がある。そのときわたしは歯科の医師と、視力と眼鏡調整の訓練を受けた自分のいとことを連れてピダハンのところに行き、歯科診療と（無償の）眼鏡を提供しようとしていた。ポルト・ベリョの波止場に見慣れない船がいた。新しそうな大型船で、マナウスとマニコレに行くと掲示してあった。マニコレはマデイラ川中流域の小さな町だ。アマゾン流域の住民が長距離を移動しようとしたら、この手の船がほとんど唯一の手段だ。

わたしは乾季の七月で乾いた急な土手を下り、狭い渡し板を伝ってボートに乗ると、ドーノ（船主）はいるかと尋ねた。

上半身裸で四五歳くらいの禿げ頭の男が近づいてきた。身長は一七五センチほどだろうか。「エウ ソウ ドーノ（わたしが船主です）」

アマゾン水系で働く男の例にもれず、屈強そうで、日に焼けた肌は歳月を刻みつけていかにも固そうだった。船主はたいていそうだが、彼の体型も、ほしいままに飲み食いできる身の上を物語っていた。生地は白いが泥で汚れたバーミューダパンツを穿き、足元はアマゾン御用達のゴム草履だった。

「（マナウスにはいつ出発する?）」わたしは尋ねた。

「（五時ごろ出発する予定です）」船主は慇懃に断言した。

街なかへ向かう道々、わたしは旅の道連れたちにマデイラ川をへクレイオで旅する楽しさを強調した。「きっと気に入るぞ！ 船が動くとそよ風が吹いて、鳥や野生動物も見られるし、ジャングルも眺められる。世界最大の川の旅だ。それにブラジルの料理はうまいよ！」

わたしがせっついたおかげで、三時半にはわれわれ三人は波止場に着き、わくわくして冗談を言い合いながら渡し板を渡った。「われわれの」船にまだ荷物を積み込んでいるトラックが何台かあるのが目に入ったが、それもまもなく終わり、約束どおり五時には出港できるものと思っていた。ハンモックを吊ると、わたしたちは冷たく冷やしたココナッツを買った。てっぺんにあけた口に刺したストローで、甘い果汁を味わった。喉も潤いすっかり腰を落ち着けたわたしたちは、これからの旅のことを話しながら、傾きかけた日差しのなかで、マナウスの市場へ運ばれる箱やブタンの瓶、山ほどのバナナをせっせと積み込んでいく労働者たちを眺めていた。彼らの苦役もまもなく終わるはずだった。なにしろもう五時を過ぎているのだから。それにしてはトラックの数がやけに多いように思われた——このトラックすべての積み荷をたったの一時間で船に積み終えるとは思えない数だった。だが心配することはない。一時間くらいの遅延はアマゾンでは遅れに入らない。やがて六時になり、さらに時計の針がめぐった。わたしはドーノのところに行っていつになったら出発できそうか尋ねた。

「ダキ　ア　ポーコ（もうすぐだ）」陽気な答えが返ってきた。

わたしは連れにこの答えを伝えた。ドーノの言うには、無料の夕食が出るらしい。これはなかなかい条件だとわたしは思った。こういう船では最初の晩は夕食が出ない場合がほとんどだからだ。そのうちに妙なことに気がついた。この間乗客が誰も乗ってこないのだ。痩せて筋肉質の酔っ払いがひとり、カウボーイハットを顔に乗せてハンモックでいびきをかいているだけだった。

夕食のあとも、ずらりと並んだトラックの荷物がデッキの下と一番下のデッキに積み込まれていく。笑いだしたくなるような光景だった。このボートでいったいどれだけの積み荷を運べるのだろうか。すでにわたしから見て許容量の二倍は積んでいる。七時になり、八時が過ぎた。九時半になったとき、いったいぜんたいどうなっているのだとわたしは船主に詰め寄った。

「（ああ、申し訳ない。今夜は出発できません。まだ届いてない積み荷があるんですよ）」ドーノはこともなげに答えた。

ほかに出港する船はない。それにSILに戻るための車もない。本部はわたしたちが借りたコンビ（フォルクスワーゲンのマイクロバス）をすでに回収していた。こうなったら船の上で頑張るしかなかった。

虫が、特に蚊が大量に飛びまわっていた。わたしたちはハンモックにおさまったが、思ったとおりに不愉快な一夜になった。川の旅に慣れたブラジル人は知らない船では決して旅をしないことを思いだしたのはそのときだったが、もう遅かった。ポルト・ベリョ＝マナウス間の航路では新参の船だから、みんなこの船が安全で信頼できて、高すぎずまともな食事を出してくれるかどうかわかるまで乗ろうとしなかったのだ。少なくともわたしはそう合点した。

ついに朝が来て、ほかにも客が乗ってきていることに気がついた。わたしたち白人以外は全員が、この船は朝にならないと出発しないと知っていたとでもいうのだろうか。わたしの「豊富な経験」もあてにならないものだ。午前一〇時ごろ、ねっとり甘くてとびきり濃いコーヒーとハード・クラッカー、それに缶入りバター（わたしの大好物だ）の朝食のあと、わたしたちはとうとう出港した。わたしたち三人は一番上のデッキにあがり、風を楽しみながらデッキふたつ分下でうるさく回っているモーターの音をものともせずに語り合った。やっと航路についたのだ。やがて三人ともそれぞれ自分のハンモックに寝そべって、日陰でそよ風に吹かれながらのんびりと本を開いた。

それもつかの間、午後四時ごろになって船が突然停止した。ほかの乗客が、砂洲に乗り上げたと教えてくれた――ここにも乗組員の未熟さが表れていた。それから二四時間というもの、船長は砂洲から脱出しようと頑張った。船本体のエンジンと、船長のモーターボートで船を動かそうと試みたあげく、午後遅くに船長はどこへともなく出発した。午前三時、戻ってきたときには、自分のモーターボートより大きな船を二隻引き連れていた。といっても本船よりはかなり小さな船ではあったが。連れが寝ていたわたしを起こした。

「ダン、危険なことになっているぞ！」

ふたりに促されてついていき、上甲板に出ると、床の隙間からドーノと船長が舵をなおしているのが見えた。彼らの足元に少しずつ水が集まっている（ガスケットを緩めて作業していたからだ）。「このままだと沈んでしまうよ」友人たちは騒いだ。

「もう沈んでいるんだよ」わたしは答えた。「この船は砂洲に乗っかってるんだ。これ以上は沈まないよ」

わたしたちのあとから乗り込んだ乗客はみな貧しい。少しでも金がある者は、マナウスには飛行機で行くか、あるいはそもそも旅などしない――ピダハンの村に行こうというのでもないかぎり。旅行者向けのパンフレットには快適なアマゾン川クルーズなどと謳われているけれども、実際にヘクレイオを一目見ればそれが嘘だとわかる。ヘクレイオはそのほとんどがくたびれてさんざん使い古されたいかにもあぶなっかしげな乗り物だ。貧しい人々はほかに選択の余地がないからヘクレイオを使う。乗客の足元はほとんどがゴム草履。たまにカウボーイブーツを見かけ、ごく稀にナイキやリーボックが混じっている。女たちはぴっちりしたショーツとタンクトップ。ジーンズとブラウスは少数派だ。長ズボンをはいた男も少なくはないものの、ほとんどは短パンで、上半身は裸か、政治スローガン入りのTシャツあるいはポロシャツか、派手な模様の半そでシャツだ。どの人も贅肉がなく引き締まり、よく日に焼けて、互いに威勢よく話す。ブラジル人は話し好きで、こういう船旅ではとても陽気だ。旅の楽しさと日常の雑務から解放されているのとで気持ちが高ぶり、ユーモアのセンスも刺激されて、見慣れない白人とさえも交流を楽しむ気分になるのだろう。

わたしたちも乗客の一部と話をした。だが最初の晩からいたカウボーイハットの男はだんだん鼻についてきた。彼はあいかわらず酔っていた。年のころは五〇くらいだが健康そのもので、わたしにはいつまでもスペイン語で話しかけてくる（ブラジル人の多くは、ポルトガル語よりもスペイン語を解するアメリカ人のほうがずっと多いことを知っている）。わたしが不自由なくポルトガル語で返事をし、こういう船旅は何度も経験済みだと言っているにもかかわらず、こちらの胸を痛いほどつつき、「この船はマニコレへ行くんだぞ。この船では寝るときはハンモックだ。こっちの連中は全員ポルトガル語を話す」などなど細かいことを言いつづける。こちらは避けようとするのだが、かまわず付きまとわれた。それが数時間も続いて迷惑なことこの上なかった。見慣れない人間に目をつけていたぶることが、ブラジル北部ではますます目立つようになってきている。

■

カボクロの矜持を垣間見せてくれた出来事があったのはずっと以前、マルメロス川のほとりでのことだった。そのときは家族とともに雨のなか、川を下っていた。ピダハンの村に数ヵ月滞在し、引き返すところで、まずボートでオーシリアドラへ出てポルト・ベリョ行きのヘクレイオを捕まえ、ポルト・ベリョからサンパウロへ飛行機で飛ぶ。そこでわたしはＵＮＩＣＡＭＰでの研究を再開する予定だった。ケレンとシャノンがかつてマラリアで倒れたときにたどったルートだったが、そのころには年に一度必ず通る道になっていて、わたしたち家族はこの行程をすっかり楽しみにするようになっていた。ケレンたちを連れた最初の緊急事態の折には親しみを感じられなかった人たちとも知り合い、友情を大切に育てていた。

パウ・ケイマードの集落に近づくと、女性がひとり、停まってくれと合図をよこしていた。雨が降っていたし停まりたくはなかったが、アマゾナス州の人たちはよほどのことがなければ他人の手を借りようとはしないことを知っていたので、ボートを女性の立っているほうへ向けた。まもなくわたしたちはエンジンを切り、手で漕いで岸辺に近づいた。

「（どうしたんです？）」わたしは訊いた。

「（父がひどく悪いんです。見てやってください）」

わたしたちはボートを岸につないだ。以前途方に暮れて無我夢中で助けを探したときに見たのと同じ急な土手が、あのころと同じ家々とわたしたちの間にあった。今度はわたしたちが手を貸す番だ。ケレンが薬品箱を手にし、子どもたちを後ろに従えてわたしたちは女性の家に向かった。

家のなかは暗かった。ジャングルで切ってきた木の柱に板を張り、屋根はこのあたりに多い草ぶきだ。床は木で、板と板の間の隙間が広く、爬虫類や虫が好き勝手に部屋に這い込んできていた。実際アマゾンではどこでも目にする大型のゴキブリが何匹も、隅の暗がりに目についた。ここのは体長七、八センチもあり、踏むと白い粘液が飛び出してくる。

アマゾンのカボクロはほとんど例外なくハンモックを吊って寝ているのだが、珍しいことに手作りのダブルベッドが部屋の隅に置かれていて、夜になったら使えるように蚊帳が上に畳んであった。ベッドは板とヤシ材で作られ、フォームラバーのマットレスが敷いてある。長年使ったせいか、正体のわからない（また知りたくもない）さまざまなしみがついていた。ベッドに寝ていたのは、セウ・アルフレド（ミスター・アルフレド）で通っている老人だった。

アルフレドはカヌー作りの名人で、息子たちも彼の技術を受け継いでいた。この一帯でカヌーが欲しければ、みんなアルフレドに頼みに来た。堅いイタウバの基底部に、4×1材《フォーバイワン》で大型ボートを作る場合のように側面を継ぎ、大きなカヌーを作る。また、イタウバの堅木を使ったダグアウト・カヌー（カスコ——殻の意）も作った。カヌー作りでアルフレドほどの技量がある者は周辺では誰もいなかった。ピダハンはアルフレドに好感をもっていて、ピダハンの女たちを横取りしようとしない男だと言っていた。ピダハンに言わせれば、このあたりのカボクロには珍しいことらしかった。

彼はアルロ・ハインリクスの説得でキリスト教徒になっていて、以来二〇年というもの信仰の命じるままに行動してきた。信頼のおける人物と慕われ、病気の人がいれば見舞い、讃美歌を唄い、誰彼となく力を貸した。

わたし自身、早朝に居留地の近くの岸辺にカヌーを留めて、ウクレレを手にしている彼の姿を時折見たものだった。土手を上がってきた彼は、讃美歌の旋律をつまびき、仕事のために居留地の中心部に向かう人々に笑いかけながら唄っていた。女性は川で洗濯する衣類を抱え、男たちは狩りの道具を携えている。みんな微笑み、手を止めてアルフレドの歌に耳を傾けた。甲高く、美しいというより熱っぽさの勝った声で、自分は明日を恐れない、なぜなら今日イエスを知っているから、と唄っている。しばらく唄うと彼は病人を見舞い、村を歩きまわって軽口を飛ばしたり、イエスのおかげで人生がどんなに好転したかを話して聞かせたりした。たったひとりの伝道団だった。

カボクロがカボクロ社会で信用されるというのはじつは珍しい。だがアルフレドは信用され、しかも尊敬されていた。あの一帯で、誰からも疑いの目を向けられていない人間といえば、わたしの知るかぎり彼が唯一だった。

わたしは彼が伏している病の床に近づき、尋ねた。「（お加減が悪いのですか？）」

「（ああ、とても悪い。近くに来てください。見えないんだ）」しわがれた声で彼はささやいた。

近づいてみると、彼の腕が細く、顔は苦痛にゆがんで全身が震えていることに気がついた。

「アー、エ セウ ダニエル！（ああ、ダニエルさんでしたか！）」

下痢便と吐瀉物の臭いが立ち込めていた。

「（痛むのですか？　ポルト・ベリョの病院にお連れしましょうか？）」

わたしはアルフレドから一目置かれている人間のひとりだった。白人でプロテスタントの伝道者であるわたしに事あるごとに手を貸してくれ、不信感をもっているそぶりは決して見せたことがなかった。

「（いいえ、わたしは死ぬのです。娘にはあなたを呼ぶ必要はないと言っていたのですが。まもなく終わりが来るでしょう）」

アルフレドの暗い目、しぼんで青黒くなった体、病に弱り、自分で作ったベッドで動けなくなっている肉体を見るうちに、喉の奥に生まれた塊がどんどん膨らんでいった。ケレンはとっくに目に涙を浮かべている。子どもたちは目を見開き、戸口のところで固まっていた。

「（ですが、何かさせてください、アルフレド。ポルト・ベリョの医者ならば、よく効く薬を持っているはずです）」

「（いいえ、ダニエル）」アルフレドが遮った。「（自分が死ぬときはわかるものです。ですが、悲しむことはありませんよ。死をもってこの苦しみを終わらせることができて、わたしはうれしいのです。それに、死ぬことは怖くはありません。イエスの元へ行けるのですから。長い間、ほんとうによい人生を生きることができて感謝しているのです。子どもや孫にも恵まれました。みんなわたしを愛してくれています。みんなわたしのそばにいてくれます。自分の人生と家族に、ほんとうに感謝しているのです）」

苦痛と病に苛まれながらも、周りじゅうの人がみんな悲しんでいても、アルフレドは死を目前にしてなお、ゆるぎない成熟と慰撫をもたらそうとしてくれている。それはいまだかつてわたしが接したことのない円熟した人間味だった。わたしは彼の右手をとった。娘さんは、湿らせた布で父親の額をぬぐいながら、泣いていた。彼女がわたしたちに礼を言い、アルフレドも感謝の言葉を口にした。

「おいで、みんな」わたしは子どもたちに呼びかけた。「行こう」

「どういうこと、パパ。あの人死ぬの？」シャノンが尋ねた。

クリステンとケイレブは部屋のなかをのぞき込み、それからわたしを見た。

「そうだよ、あの人は自分がもうすぐ死ぬと思っている」わたしは涙をのみこむのがやっとだった。「このあたりの人たちは、死が近づくとわかるんだね。でもアルフレドを注意してよくご覧。あの人は怖がっていないよ。イエスを信じているからだ。自分が天国へ行くのがわかっているんだよ。わたしもあんな風に最期を迎えたいものだ」

わたしはまるで、聖人に謁見したような心持ちだった。

コーヒーとクッキーを勧める家族に、オーシリアドラへ急ぎ、ヘクレイオに乗る前に会わなければならない人たちがいるからと断って出発した。エンジンをかけ、舳先を川下に向けながら、わたしはまたしてもカボクロたちの人となりについて考えはじめていた。自分自身が苦労した経験から、アマゾンやその支流沿いの家々のなかに、必ず安心して逃げ込める避難所があることをわたしは知っていた。その家族は、たとえそれまでの人生ですれ違ったことさえなくても、切望しているときにきっと手を貸してくれるだろう。雨露をしのぐ屋根を貸してくれるかもしれない。食べ物を与えてくれるかもしれない。ほかに手がなければ、助けを借りられるところまで、船に乗せて漕いでいってくれるだろう。食べ物の最後のひとかけらでも差し出してくれるだろう。

だがひとつわからないのは、カボクロが先住民にひどい偏見をもっていることだった。カボクロはよく、「(ダニエル、われわれは働くことを覚えた先住民だ。怠け者ではない。誰からも何も恵んでもらっていない。わたしたちが先住民を嫌うのは、やつらが物乞いで、わたしたちよりよほどいろいろな援助を手に入れているからだよ)」

面白いことに、カボクロは先住民をカボクロと呼ぶ。カボクロが自分たちを本気でカボクロと呼ぶことはめったになく、ヒベイリーニョ（川の縁に住む人々）か、ふつうはたんにブラジル人、と名乗っている。

もしこの地域で外界と接触していない先住民、あるいはしていてもきわめて限られた接触しかない先住民を探そうとするなら、カボクロのこの先住民観を考慮に入れておかなければならない。多くの場合、ある地域に先住民がいるかいないかを知っているのはカボクロだけなのだ。だがカボクロに「昔からの固有の言葉を話す先住民がこのあたりにいるか？」などと質問してはならない。そういう先住民を見つけたかったら――とりあえずアマゾンの特定の地域では――こう訊くのが得策だ。「Tem caboclos por aqui que sabem cortar a giria?（このあたりに俗語を〝裁つ〟方法を知っているカボクロ［先住民］はいるか？）」この奇妙にもってまわった言い方をする理由も、カボクロとたっぷり話せばすぐ理解できる。カボクロは先住民の言語を独立した一言語とは思っていないし、先住民の諸言語がじつは全部同じひとつの言葉だと信じているのである。

■

カボクロは自分たちを貧しいと思っており、自分たちの暮らし向きをよくするためなら相当な努力も辞さないし、時には命さえ危険にさらす。西洋資本主義社会の一員として、彼らもまた、競争に先んじていたいのだ。カボクロは自分たちの貧しさを痛切に感じている。一方ピダハンは、カボクロより所有物こそ少ないが、「貧しい」という概念がなく、自分たちの持てるものに満足している。カボクロが金銭に執着していることをはっきり教えてくれたのが、一九八〇年代はじめのポルト・ベリョのゴールドラッシュだった。当時マデイラ川の水系で金が発見された。この時期マデイラ川沿いの町、特にポルト・ベリョは空前の景気に沸いた。大勢のカボクロが金の探査に商売替えして裕福に——一時的にしろ、金持ちになった。金鉱探査はとても危険で辛い仕事だ。潜水の訓練など受けたこともないカボクロが潜水帽を被り、真っ暗な泥水のなかをライトもなくもぐっていく。流れの速いマデイラの底までは十五メートル。アナコンダやカイマン、アカエイがうようよする川の底で巨大な真空ホースをゆっくりと滑らせていかなければならない。

空気は川面に停めた平底船から送られてくる。船にいるカボクロたちが水銀と重力を利用した濾過装置で、吸い上げられた泥や岩、ゴミなどと金を分けるのだ。マデイラ川の水銀汚染も大きな問題になっていった。

下から金があがってくると、上のカボクロはホースを引いて潜水夫にその場にとどまるよう合図を送る。このときが特に危ない。付近に停まった平底船が、隣の船は金を見つけたのに自分たちは見つけていないとなると、人殺しまでしかねないからだ。隣り合わせた平底船の乗組員に殺されたカボクロはひとりやふたりではないし、襲った側は潜水夫に空気を送るホースを切って、自分たちの潜水夫を潜らせ、とどめを刺させる。

ゴドフレド・モンテイロの息子で友人のジュアレスは潜水夫になった。初めて潜ったとき、水圧で耳から血が出たそうだ。「だけど金持ちになりたかったら我慢するしかないよ」というのが彼の忠言だ。

彼は言葉どおり小金を貯めた。父親の借金を返し、街に家を買い、アイスクリームの屋台を手に入れ、近在のウマイタで歌手になるためのキーボードを買った。いつしか金は枯渇した。だが金のおかげでアマゾン経済が曲がりなりにも潤ったのは、ひとえにカボクロと貧しいブラジル人がいたって働き者だったためだ。平底船を持てるのは金持ちだけで、貧しい者は金を掘った。

ゴールドラッシュを通じてわたしは何度も、カボクロが身を粉にして働く人々だということだけでなく、途方もないユーモア感覚の持ち主だと教えられた。ゴールドラッシュのさなかのポルト・ベリョで、おろしたての服を着て通りを歩くカボクロを見かけた。真新しい服の背中に、コインを連ねた紐をぶら下げている。

「(背中にお金をぶら下げているのは何のおまじないなんですか?)」わたしは尋ねた。

「フィリョ　デ　デウス（神の息子よ）」とカボクロは切りだした（これはアマゾンではよく聞かれる呼びかけの言葉だが、多分に皮肉が込められている）。「(これまでずっと金を追いかける人生を送ってきた。金を手に入れたんで、今度はしばらく金に追いかけられてみようと思ってね)」

カボクロのユーモアがよくわかる例をもうひとつ紹介しておこう。マデイラ川の岸辺、ウマイタでの夜の出来事だ。それはまだ宵の口の七時半ごろ、夫婦や恋人同士でそぞろ歩いたり、友人を訪ねたりするのが倣いの時間だった。空気は暖かく湿っていたが不快なほどではなく、心地よいサウナのなかにいるようだった。人が何人か、小さな広場に集まっていた。広場の舗装はひびの入った灰色のコンクリートで、周囲を低い白壁が囲っている。壁の上は滑らかな赤い粘土タイルで覆ってあって、腰掛けられるようになっていた。広場にいたカップルはみんな、洗いたての染みひとつない服を着ていて、申し合わせたように、下は白いパンツやショーツ、上は鮮やかな色のシャツで、それが彼らの引き締まった茶色

の肌によく映えていた。そこここに腰掛け、アイスクリームやポップコーン、サンドイッチを食べている。蚊やブヨ、蜂にカブトムシと、あらゆる虫がわいて、灯りと見れば突っ込んでいる。広場の外には、絶妙の配置で車輪を二個つけた屋台が陣取っていた。ニューヨークのホットドッグ売りさながら電飾がきらめき、傍らでは炭が真っ赤に熾った火鉢でケバブを焼いていた。屋台では「x-baguncas シーズ・バグンカス」（チーズ・サンド。ポルトガル語では x をシーズと発音し、英語の cheese も同様に発音する）という名のサンドイッチを出す。広場の一方の端の屋台では、年配の女性がサンドイッチを売っていて、そばでは孫の男の子がおもちゃのトラックで遊んでいた。反対側の端の屋台には子どもの父親がいる。屋台はふたつとも繁盛していた。なにしろサンドイッチが絶品だった――ハムにマッシュポテト、豆、マヨネーズ、フランクフルトソーセージ、それにチーズが全部入っている。

さて、男の子が祖母のところへいって何か頼んだ。祖母はだめだと答えた。すると男の子は父親のところに走っていき、「パパ、おばあちゃんがコカコーラ飲んじゃダメだって」と叫んだ。

男の子はぷりぷり怒っていた。

父親は黙って息子を見つめ、しばらくして、「じゃあ、おばあちゃんを殺しちゃおう」とくそまじめな顔で提案した。

男の子は驚いて父親の顔を見返した。「だめだよ、パパ。殺せないよ。おばあちゃんなんだから」

「殺したくないのか?」

「だめだってば！　おばあちゃんなんだもん」

「そうか、わかった。じゃあ、おれは仕事があるからな」

「いいよ」

男の子は祖母のそばに走って戻った。父親は目立たないようにひとり笑っていた。

■

カボクロの文化でピダハンに最も大きな影響を及ぼしている部分は、彼らが超自然現象を信じているところだろう。これはリングア・ジェラル（ブラジルのアマゾン開拓初期に使われた「共用語」）のたどたどしい文や語彙で伝えられた。ピダハンはしょっちゅうカボクロの信仰について話題にし、わたしにも尋ねてくる。

カボクロの信仰はカトリックの教えとトゥピなど先住民族の言い伝えや神話、それにマクンバというヴードゥーに似たアフリカ系ブラジル人の心霊術の寄せ集めだ。カボクロはクルピラというジャングルの妖精（美しい女だと言われている）が、人をジャングルの奥深く誘いこむと信じている。クルピラの足は後ろ向きについていて、そのさまよえる魂はジャングルから出ていくつもりでどんどん中に入ってしまうのだ。カボクロはまた、ピンク色をしたアマゾンの川イルカは夜には男に姿を変えて若い処女を誘惑するとも信じている。

ゴドフレドからイルカの変身物語を聞かされたことがあった。イルカが色白の男に変身し、しかも長いペニスは巨大なままで、オーシリアドラの近くで不運な娘を懐妊させたという話を微に入り細を穿って話してくれたあとで、「（この話を信じるか、ダニエル？）」と尋ねてきた。

「（そうだな。信じている人が大勢いるんだろうな）」

「（おれは信じる）」友情を盾に自分を信じさせようと、彼は力説した。

知り合ったとき、ゴドフレドには娘がふたりいた。ソーニャとレジーナだ。ソーニャはシャノンと、レジーナはクリステンと、だいたい同じ年頃だった。ソーニャが十二歳で、わたしがＵＮＩＣＡＭＰで博士号を取るためわたしたち一家がサンパウロ州にいたとき、そのソーニャとオーシリアドラの友だちが突然激しい腹痛を起こして亡くなった。娘さんの死後受け取った手紙（ゴドは手紙を口述筆記してもらい、友人がボートでウマイタに運んでそこから投函したものだ）の説明によると糞便様の吐瀉物があって排泄ができなくなっていたということで、わたしたちは腸閉そくではないかと疑ったが、ボツリヌス症などの中毒だった可能性もある。

だがゴドの診断は土地の人らしいものだった。「エラ　ミシュトゥロウ　アス　フルタス（娘は果物を混ぜた）」カボクロはピダハンと違い、食べ物の迷信が多い。食べ合わせによってたちどころに苦しみながら死ぬことがあると信じているのである。たとえばマンゴーのように酸味の強い果物を食べているときに牛乳を飲んではいけないとされている。

ゴドの息子のジュアレスがマラリアで死にかけたときのことだ。ゴドは息子が熱と痛みと吐き気でのたうちまわるのを何日も見ていたが、一向に医者を呼ぼうとしなかった。「(どうして町の医者に診せないんだ?)」わたしは訳がわからずに尋ねた。「(いまからでも医者に連れていくよ。医者代は全部わたしがもつ)」「(いいですか、ダニエルさん。誰でも時が来れば死ぬんです。医者だって別の医者に看取られながら死ぬ。そうでしょう? 医者でも死を操ることはできないんです)」というのがカボクロの叡智に満ちた答えだった。

それから二年経って、ジュアレスがまもなく十七歳になるというとき、わたしは彼の暮らし向きがよくなるチャンスを提供したいと考えた。オーシリアドラ経由でピダハンの村へ向かう途中、ゴドの家に立ち寄った。

「(ゴド、きみもわたしも承知のように、ジュアレスはひじょうに頭のいい青年だ。わたしの見たところ、あの子はレコードやラジオをいじるのが好きなようだ。ちゃんとした道具を使ってしっかりした指導を受けて、少し資金を援助してやれば店を開いて繁盛させることができると思う。ポルト・ベリョの友人でリカルドというアメリカ人のラジオ技術者がいるんだが、彼がジュアレスを指導してもいいと言ってくれている。奥さんと住んでいる家に住まわせてくれるし、ひとり立ちできるようになったら道具も分けてやると言っているんだ。費用は全部わたしが出すよ。どうかな。今度村を発つとき、ジュアレスを一緒に連れていきたいんだが)」

ゴドはその場は返事を延ばした。「(よく考えさせてください。あなたがポルト・ベリョに帰るときに返事をしますよ)」

数週間後、ゴドがブラジルナッツを買いにピダハンの村に来たとき、わたしは彼のボートに乗り込み、いっしょにコーヒーを飲んだ。

「(ダニエル、あなたのお申し出をじっくり考えてみたんですが、お受けするわけにはいきません。わたしの仕事には息子の手が必要だ。人を雇う余裕はありませんからね。ここを出て新しい技術を身につけたらあの子はきっと街にとどまって帰ってこない。ポルト・ベリョかウマイタで身代を築いて、父親の助けにはなってくれないでしょう)」

「(だけどゴド)」よその家族の問題なのに、それはあまりにも親の身勝手だと思って、つい余計な口を出した。「(それじゃああなたの都合でジュアレスの将来を台無しにしてしまう)」

わたしは居ても立ってもいられない気持ちだった。ジュアレスと継母にあたるセザリアが船尾のほうで頭を垂れ、横目でこちらをうかがっていた。

「(将来を台無しにするかもしれないし、しないかもしれない。それがわかるのは神様だけですよ。しかし確かなことは、いまここで、わたしにはジュアレスが必要だということです)」

わたしは怒りに我を忘れてカフェジーニョ(濃く淹れて小さなカップで飲むブラックコーヒー)の残りを一息に飲み干すと、船を下りてマイシの土手をあがり、家に戻った。ゴドの態度はカボクロではごくありきたりのものだ。子どもは親の経済の道具で、カボクロは自分たちの第一の資産である子どもを無駄遣いはしない。子どもは親が自分のしたいことをするための所有物であり、家計を助けて当然と思うものなのだ。

何年かのちに、ゴドにあの申し出はまだ生きているかと尋ねられた。ジュアレスはもう二〇代半ばになっていた。「(無理だよ、ゴド。リカルドはもうポルト・ベリョにいないんだ。ほかにジュアレスを指導してくれそうな人は知らないんだよ)」

結局ジュアレスの人生は悲劇に終わった。わたしがこの章の第一稿を書きあげようとしていたころ、彼はアマゾン横断高速道でバイクの事故を起こして命を落としたのだ。アマゾン横断高速道では、わたし自身もバイクに乗っていて死にそうな目に遭ったことが一度ならずある。ジュアレスの思い出をたどり、自分の可能性を充分に開花させることなく散っていった若者の寂しい最期について、わたしは長々と悲しい物思いにふけった。

こんな風にカボクロの社会を見てくると、彼らの信仰や人生の豊かさを伝え損ねてしまうかもしれない。なんといってもカボクロは、わたしがアマゾンに深く分け入るほどに、わたしの人生でピダハンの人々に負けないくらい重大な位置を占めるようになっていった。ピダハン同様、カボクロたちにも大切な友人が大勢いるし、癪にさわってたまらない知り合いもたくさんいる。

だがいかに通り一遍の概観にすぎないとしても、カボクロについて解説しようとするのならば、彼らの喧嘩っ早さを指摘せずにはすませられない。カボクロの信条は、ジョン・ウェインが俳優人生の最後に《ラスト・シューティスト》で演じたジョン・バーナード・ブックスに通じるものがある。つまり、「だまされない、馬鹿にされない、手出しされない。人にもしないし、自分もされない」だ。アマゾンの人々は、求めれば手を貸してくれる。こちらが必要としていれば自分たちの食料も根こそぎ差し出す。けれども侮辱されることには至って神経をとがらせ、少しでも優越感をひけらかされると決して見落とさない。

時にはわたしが肌の白い外国人であるというだけで、彼らの神経にさわることもある。というのもブラジル人の多くが、アメリカ人は人種差別意識が強くて自分たちをほかの誰よりも優位に考えていると信じているからだ。わたしの存在自体が癪にさわるような人たちは、わたしを威圧できると誇示することが自分の義務だと感じている節がある。

わたしはしょっちゅう、「オ ケ エ ヴォセ？（おまえ、何様のつもりだ）」とか、「（ブラジルで何をしているんだ？）」「（おれたちの国から何を盗もうとしている？）」などと問いただされる。

アマゾンを旅するときには、容易には屈しない態度と良識とをバランスよく示すのがカギだ。ピダハンはこの教訓を身にしみて知っているし、カボクロも同じだ。勝算が五分五分なら、ピダハンもカボクロも譲歩はしない。だがとうてい勝ち目がないとみると両者ともに無用な争いは避ける。だがわたし自身はこのバランスを身につけるのに時間がかかり、ひとつ間違えばかなり致命的だったと思うような過ちを何度か犯した末にやっと按配がわかってきた。

家族と村で暮らしていたとき、通常ならマデイラ川やアマゾン、リオ・ネグロなどでしか見ないような巨大な船がマイシ川をやってきた。甲板は三層で船首から船尾まで三〇メートルはある船だった。ちょうど水かさの多い時期で、停泊した船は川べりにあるわたしたちの家のすぐ鼻先に停まる格好になった。乾季には水面は土手のてっぺんから十二メートルは下がっているのだが、そのときの水面は土手の上まであと三〇センチほどというくらい上がっていた。船の近さと水面の高さのせいで、家の中は乗組員から丸見えになった。乗組員は三五人くらいはいただろうか。男たちがケレンと年頃になろうとする娘たちを見ているのがわかった。考えるより先に体が動いてしまい、わたしは船に乗り込んだ。齢三〇、身の丈一七三センチで体重七〇キロの白人が、だ。

「（先住民の土地で何をしている？）」わたしは船の持ち主に詰め寄った。ロマノという名の巨漢だった。

「(堅木を探しているんだ)」船主はこともなげに答えた。

わたしはあたりを見まわした。乗組員のひとりは、片目の眼球のあるべきところに白っぽい肉球のようなものが入っている。額から喉にかけて、明らかにナイフでできたと思われる傷跡を刻んだ男もいた。乗組員たちは全員がわたしより体格もよく、波打つような筋肉から力がみなぎっている。だが怒れる父親にして夫のわたしは、彼らに向かってピダハンの土地から出て行けと命じた。

「(おれたちに出て行けとは何様のつもりだ)」ロマノが言った。「(アメリカ人のくせにブラジル人にブラジルの土地から出て行けと命令する気か?)」

「(ポルト・ベリョ地区のFUNAI責任者であるアポエナ・メイレレスから直々に頼まれている。彼の許可のない人間をこの土地に来させるな、とな)」わたしは世間知らずにも、ばか正直に答えていた。生粋のブラジル人にとってこの言葉がどれほど癇に障るかまったくわかっていなかった。また、カボクロがFUNAIを軽んじていることにも気づいていなかった。わたし自身はFUNAIの許可と援助なしにはにっちもさっちもいかなかったからだ。この出来事はわたしがアマゾンの事情に通じるようになる前、まだ活動の比較的初期のころのことだった。

行動を起こす気構えはあったものの、交渉が決裂したらどうするか決めていなかった。目算など何もなかったのだ。だがほっとしたことに、わたしの家をにらみつづける乗組員の傍らでロマノはしばらくわたしを見つめていたかと思うと、やおら船を出す準備をしろと乗組員たちに号令をかけた。彼はわたしにコーヒーを勧めてくれ、ふたりで一緒に飲んだ。甘くて濃いエスプレッソだった。ロマノは丁寧に別れを告げると去っていった。わたしにとってはまた新たな教訓になった——荒んで見える人間が好人物の場合もある。

カボクロもピダハンと同じように、ほかのブラジル人からは孤立していて、そのことはピダハンの土地にブラジル人や外国人が来ると、ピダハンたちも気づくようだ。わたしがそれを思い知ったのは何年も前、プロジェト・ロンドンのメンバーに対するカボクロの反応を目にしたときだった。プロジェト・ロンドンとはブラジル政府の肝いりで、南部の学生を開発の進んでいない奥地に短期間派遣して歯科診療と医療を提供し、貧しい北部の健康状態を改善するとともに、南部人の意識改革を狙うというプロジェクトだった。当時まだゴドフレドとセザリアが住んでいたオーシリアドラを訪ねると、木陰で涼んでいた男たちから声をかけられた。上半身裸で短パンにゴム草履という定番の格好で、きんきんに冷やしたアンタークティカのビールを飲んでいた。

「(ダニエルさん。調子はどうだい？　先週あんたの国の人たちのグループがここに来てたよ。ポルトガル語が、あんた並みにへたくそだったなあ！)」

「(わたしの国の人間たちが？)」アメリカ人のグループがオーシリアドラくんだりまで来るとは驚いた。

「(アメリカのどこから来たのかな)」

「(プロジェト・ロンドンで来てたんだ。みんなサンパウロから来たんだよ)」

わたしはおかしくなってその場をあとにした。カボクロにとってはアメリカから来た白人も、サンパウロから来たブラジル人も大して違いはないというわけだ。

第二部

# 言語

# 第十一章　ピダハン語の音

カボクロも旅も、アマゾンでの経験はみんな、結局のところある目的のための手段にすぎなかった。アマゾン地域でのわたしの経験はすべて、ピダハン語の文法を解明するための奮闘にともなって起こっていたことだ。われながら痛ましいほどにゆっくりと研究を進めるに従って、わたしはこの言語が特殊であること、それも度外れて独特な言語であることをひしひしと感じるようになっていた。最初にそれを自覚したのは、ひとつひとつの音からどのように単語が形成されるかを分析している過程だった。この結論に至るには、メキシコ南部のツェルタル語の現地調査やオクラホマ州で受けたコマンチ語とチェロキー語の話し手による訓練、伝道団でのアマゾン諸語の分析の手伝いといった経験と、読み漁った膨大な文献がものをいっている。

わたしはたいてい、村の家のロフトで言語の研究に取り組んだ。家は川からの風が入るように川べりに並んで建てられていた。我が家には斧で調整した板で囲った貯蔵室があり、同じ板で、寝室部分に天井を張っていた（あれやこれやが這ったり飛び跳ねたりのたくったりして、寝ているわたしたちの上から降ってこないようにするためと、少しでも寝室を涼しくするためのしつらえ）。

草ぶきの屋根と天井板で囲まれた三角形部分は両脇に壁がなく、テーブルとイス二脚をおいて勉強をするために充分な空間だった。わたしはここを書斎と呼んでいた。狭くて恐ろしく暑い上に、屋根の草のなかにはヘビやらカエルやらタランチュラやらの有象無象がいたが、村から離れたちょっとした隠れ家となって、言葉の先生とわたしがあまり気を散らされないで済んだ。書斎に上がるには、デスクの真下になるリビングの壁に打ち付けた、手造りの梯子を使った。

書斎で仕事をしているときはとても暑いので、Tシャツは肌にはりつくし髪の毛は頭の周りでぺったりとなる。だがそれも気にしないでいられるようになった。いつまでも神経が休まらなかったのは生物たちの動向だった。

ヘビに追いかけられてパニックになったカエルが屋根から飛び出してきて、仕事を中断されることが幾度もあった。ヘビはけっして大きなものではないのだが、毒を持つものもいる。やつらは屋根の草のなかに棲んでいたが、そこが恰好の餌場だったからだろう。わたしは足元や椅子の上に堅い棍棒を備えておくことを覚えた。頭の上で屋根がガサガサ言いだすと、すぐに椅子をずらして棍棒を取り上げ、待つ。まず怯えたカエルが跳び出してくる。できればこいつも殺す（わたしは屋根の寄生者はすべて駆逐したかった）。だがカエルは小さくてひじょうに敏捷だ。何であれカエルを震え上がらせた輩がすぐあとに続いてくることはわかっているので、わたしはさらに待った。何回かは、ヘビが顔を出した。こちらは待ち構えているので、のたくる害獣が逃げおおせる見込みはまずない。ブン！　棍棒のひとふりでヘビは屋根と支柱に頭を強打し、息絶えたヘビの亡骸をジャングルに放り投げると、わたしはふたたび仕事にかかる。

村にいる間わたしはピダハン語のなかで生き、空気のようにピダハン語を吸収していた。しかしピダハン語をすぐにも解明できると思った甘いもくろみは、この言語のむずかしさを知るにつれて雲散していった。

ハリウッド映画などでは探検家や学者がほんのわずかの間に現地の言葉を自在に操るようになる。だがこうして現実に、ひとつの言葉を深く知り自分を表現できるようになろうと苦労しはじめてみると、そうした映画がいかにもばかばかしく思えてくる。まず教科書がないのだ。ごく簡単な言い換えを除けば、ピダハン語をポルトガル語に翻訳できる者もいない。六ヵ月が過ぎても、わたしは先生たちが話してくれることを自分がちゃんと理解しているのかどうか心もとなかった。ひどく気力がなえることもあった。だが三つか四つの幼児でもピダハン語を身に付けているのだから、いつかは自分も三歳児程度には話せるようになるだろうと信じてみることにした。

ピダハンとともに暮らすことの知的意義は言語学だったけれども、自分が教会と個々の信者たちから聖書をピダハン語に翻訳するために資金を出してもらっている事実は、決して忘れたことはなかった。だが翻訳するためには言語の構造全体を理解しなければならない。少なくともこの段階では、知的探求と聖書翻訳という目標はまだふたつでひとつだった。

ピダハン語は話し言葉を区別する音、つまり音素の種類が最も少ない言語のひとつだ。男性の場合、母音はたったの三つ（*i*、*a*、*o*）で子音も八つ（*p*、*t*、*k*、*s*、*h*、*b*、*g*、声門閉鎖音の*x*）しかないが、女性となると母音は三つ（*i*、*a*、*o*）だが子音は七つ（*p*、*t*、*k*、*h*、*b*、*g*、*x*）だけだ（女性は、男性が*h*を使うところと*s*を使うところの両方で*h*を使う）。女性が使用する子音は男性より少ない。これはほかに事例がないわけではないが、珍しいケースだ。

「声門閉鎖音」といっても読者の多くには何のことかよくわからないだろう。英語を含めほとんどのヨーロッパ諸語で音素となっていないからだ。だがピダハンではこれが重要だ。英語ではよく、「uh-uh（いやぁ／ううん）」といった間投詞に声門閉鎖音が使われる。たとえば子音tでは歯のすぐ後ろで空気の流れを留め、子音kなら口蓋に近づけた舌の奥で空気の流れを留めるのに対して、声門閉鎖音は声帯の襞を強く締め、空気が喉の上部、咽頭部分に達する前に流れを押しとどめて発する音だ。

ピダハンの音の少なさを実感するには、たとえば英語には、地域によって多少の違いはあるものの音素がおおよそ四〇あることを考えてみればいい。しかも英語がことさら音の多い言語というわけでもない。ヴェトナムのフモン語には八〇以上の音素がある。一方少なさのほうで言えば、ピダハンと肩を並べるのはニューギニアのロトカ語とハワイ語だけで、どちらも男性の用いるピダハンと同じで十一しか音素がない。

十一しか音素がない言語で複雑な情報を伝えることができるのかという疑問がわくかもしれないが、コンピュータ科学ではよく知られているように、コンピュータは人間が命じたプログラムであらゆる情報をやりとりするが「文字」はたったのふたつ——1と0だけだ。これがコンピュータ言語における音素であると考えることができる。モールス信号も長音と短音というたったふたつの「文字」の組み合わせだ。

原理的には言語にはそれで充分なのである。実際音素がひとつでも言語は成り立つ。そのような言語では、単語は、「あ」「ああ」「あああ」のようになるだろう。ただ、音がひとつかふたつで成り立っている言語が実社会に見つからないからといって驚くにあたらない。音素の種類が少なければ少ないほど、情報をたくさん伝えようとすると単語を区別するためにひとつひとつの語が長くなり（そうでなければどの語もほとんど同じ響きになってしまう）、わたしたちの脳味噌が聞き分けるのが難しくなる（一語一語が長くなれば、なんといっても覚えるのが大変になる）からだ。つまり、コンピュータ言語のような二進法の言語を人間が使うとすれば、長たらしい語を見分けるためにわれわれの脳もコンピュータのようでなければならないことになる。「あ」が五〇個つながったものと五一個つながったものとを聞き分けることを想像してみてほしい。

そうなると、膨大な数の音素でひとつひとつの単語は比較的短いほうがいいか、音素は少なくてすむけれども単語がいささか「長く」なるほうがいいかという問題が出てくる。そのうえ両方ともがややこしいという言語もある。たとえばドイツ語は単語は長いし、音素の数も多い。

では音素がどのように単語の識別に使われるのかを、英語の単語を使ってみてみよう。「pin（ピン）」と「bin（容器）」という単語のどちらが「小さくとがった固定具」でどちらが「入れ物」を意味するのか区別する指標はpの音とbの音だけで、それ以外の部分の音はまったく同じだ。ここでpとbはふたつの単語の意味を区別する音になっている。だがたとえばpinとspinに現れるpは、音は異なるのだけれども意味の区別はしていない。

「pin」と「spin」の組み合わせのうち、pinのpは有気音で、発音されるときに呼気をともなうのに対して、spinのpは有気音ではない（口の前に紙切れをかざしてこのふたつの語をふつうの大きさの声で発音してみると違いがわかる。pinと言うときには呼気の「風」で紙が揺れるが、spinと言っても紙は動かない）。このような次第で英語のアルファベットでpとbを区別するのには意味がともなうが、pinとspinの二種類のpは、気息がともなっていてもいなくても単語の区別に支障はないのでとりたてて区別しない（オランダ生まれのオードリー・ヘップバーンは英語の子音を発音するときも母語の影響でほとんど呼気をともなわなかったが、気づく人はめったにいなかった）。

音節のどこにあるかで同じ子音でも発音が違ってくることは、言語学者にとっては大問題だが、英語の話し手ならpが帯気していようがいまいがpinとspinの区別はつくので、意味的には重要でない。「sheet」と「shit」では、母音を発音するときの舌の緊張の違いで異なる音になる。ところがshitのほうの母音はスペイン語やポルトガル語といったロマンス語族にはない音なので、そのような言語を母語とする人たちがこのふたつの単語を使い分けようとするといたってきまり悪いこととなる。つまり英語では、このふたつの単語に現れる母音は意味を弁別する異なる音素なのだが、スペイン語とポルトガル語では区別がないのだ。

ピダハンの音素は数は少ないとはいえ、単語は意外にもそれほど長くならずに済んでいる。それは単語を識別する道具があとふたつあるからだ。コンテクストと、前の章でも触れた声調だ。

コンテクスト（文脈）は、あらゆる言語で意味を識別するのに役立つ。英語にも同じ発音で意味が異なる同音異義語と言われる単語がある。たとえば「to」と「two」だ。もしわたしが「いくつとおっしゃいました？」と尋ねて、/tu/という答えが返ってきたら、これがtwoであってtoでないのは誰でも文脈から判断できる。意味のあいまいさはほとんどの場合、文脈によって補われているのだ。

ある日、草ぶき屋根の下の書斎でコーオイーとともにピダハンの音の構造を勉強していたとき、ケレンがわたしにコーヒーを持って上がってきた。そしてコーオイーに身振りで、コーヒーを飲みたいか尋ねた。コーオイーはにっこりして「*Tí píai* ティイー　ピーアイ」と答えた。わたしはそれが「わたしも」という意味だとすぐに察した。

自分の推測が正しいことを確かめるために、わたしは誘導的な質問をいくつかこしらえて、「コーオイー　飲む　コーヒー、ダン　ピーアイ」とか、「コーオイー　飲む　コーヒー、わたし　ピーアイ」などと言ってみた。

わたしは例文を記録し、「わたしも」「あなたも」「彼女も」にあたる句を分離していった。それから、発音を確認するためにコーオイーに声に出して言ってもらった。

コーオイーの言うことに、わたしは驚き、混乱した。

彼はまず、「*Tí píai* ティィイー　ピーアイ」と言った。

わたしは真似して発音した。

するとコーオイーは、「そう、*kí píai* キィー　ピーアイ」と言ったのだ。

「いまなんて?」わたしは戸惑い、聞き返した。どうして発音を変えたのだろう?　わたしが考えていたよりもっと簡単な言いまわしがあったのか?

「*Kí kíai* キィー　キーアイ」とコーオイーは言った。

いよいよわたしは自分の耳を疑いたくなってきた。同じフレーズを三回繰り返して三回とも違う発音だ。わたしはピダハン語では、*k* も *t* も *p* も意味を弁別する音の単位、つまり音素であると確信していた。同じ意味を表す語句で音素が入れ替わることなどありえない!　英語でティムさんとキムさんとピムさんと言ったら、発音がなまっているわけではなくて三人の別々の人間のことだ。

「*Kí kíai* キィー　キーアイ?」わたしは訊き返した。

「そのとおり、*pí píai* ピィー　ピーアイ」と頭をかきむしりたくなるような答えが返ってきた。

さらに繰り返していくともっと別の発音も出てきた――「*xí píai* イィー　ピーアイ」と「*xí xíai* イィーイィーアイ」(*x* はピダハン語では声門閉鎖音である)だ。

コーオイーの発音が「締まりがない」だけなのか、あるいはこれだけの発音の変動があるのは何やら

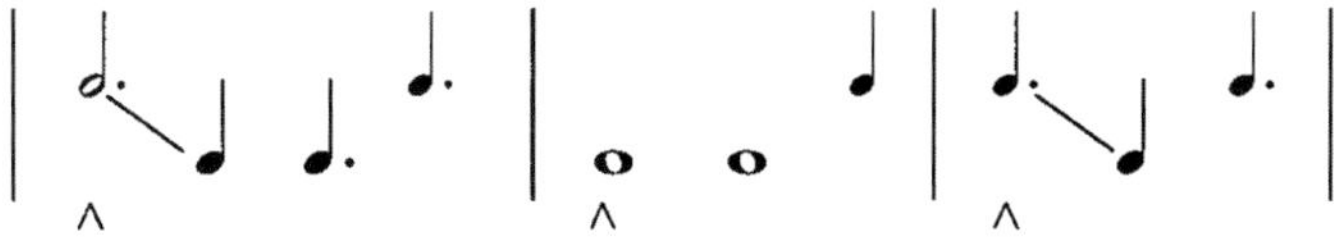

深遠な原則を示しているのか、わたしは頭を抱えた。ひょっとしたら、わたしにはわからない微妙な意味の変化が生じている可能性もある。一方、たんに「自由変異」つまり意味の違いをともなわない発音のぶれが起きているだけなのかもしれない。わたしの出身地であるカリフォルニア南部でも、取り立てて深い意味はなく、「エコノミックス」が「イーコノミックス」とか「エーコノミックス」と発音される。最終的にはこれは自由変異の例であると考えることにした。

コーオイーにかぎらず、多くの話し手にこの種の変異の例が見られる。たとえば、英語の「頭」にあたる語はひとつの単語だが、*xapapaí* アパパイー、*kapapaí* カパパイー、*papapaí* パパパイー、*xaxaxaí* アアアイー、*kakakaí* カカカイーなどと多様に発音される。あるいは「(灯油、ガソリン、ブタンなど）液体燃料」には、*xísiihoái* イィーシイホアーイ、*kísiihoái* キーシイホアーイ、*písiihoái* ピーシイホアーイ、*píhiihoái* ピーヒイホアーイ、*kíhiihoái* キーヒイホアーイといったバリエーションがある。

こと子音に関して、ピダハンは驚くほど幅広く変化するのを容認しているようだ。これには驚いた。何しろピダハン語はきわめて音素が少ないのだから。しかし同時に、ピダハンが声調やアクセント、音節の重みなどを駆使し、発声される言葉は口笛や鼻歌、叫びや歌のようにさえ聞こえることにも気がついた。

たとえば、*Káixihí xaoxaagá, gáihi*（あそこにパカがいる）という文には音楽的な形がある。この音調が、口笛で、またはハミング、あるいは歌でつくられる（上図）。

縦の線は単語の境目を意味する。線と線の間に書かれている音符のまとまりがひとつの語だ。音符の下についている山型の記号（^）は、その音節が同じ単語のなかのほかの音節より大きいことを示す。白抜きの音符は最も長い音節（子音＋母音＋母音）を表し、黒塗りの音符は最も短い音節（子音＋母音）を表している。それ以外の音符や点は、音節の長さの変動を示していて、ピダハン語には音節の長さが五種類ある。音符、つまり音節の位置が声調の高低を表す。高い位置にある音符は高い声調の音節だ。低い位置にある音符は低い声調の音節を表している。音符が線でつながれているのは、高い声調から低い声調、あるいは低い声調から高い声調への動きに切れ目がないしるしである。*kaíxihí* を音楽的に表してみると、最初に下り声調の音符のまとまりがあって後ろに短くて低い音がつき、ひゅっという音（声門閉鎖音の *x* が来る部分）が入って音が途切れ、さらに短い切れ目（*h* の音が入る部分）が続いて、次に短い高音へ移る、という具合だ。単語は子音や母音がなければ音節の重さに応じて強勢がおかれる（音量が調整される）。このように、音節の境目は、口笛やハミング、叫びなどを通してはっきりと示され、音素がなくても単語そのものの形は音楽的な表現でもれなく示すことができるのだ。

音符を使った単語の表記にわたしは五線譜を使っていないが、それはピダハン語の声調には音符のような定まった音の高さ（たとえばピアノの中央ハ音は二五六ヘルツである）がなく、音の高低は相対的なものだからだ。ピダハン語の高い音にしろ、ほかのどの言語の音にしろ、特定の周波数があるわけではなく、低い音の場合よりも声帯が多く振動するというにすぎない。

わたしは次第に、音素が少ないことと、いくつかの「ディスコースのチャンネル（伝達の回路）」があることには関連があるのではないかと感じるようになっていた。これらの「チャンネル」が、ピダハン語に子音と母音が極端に少ないことと、子音の変動が激しいこととの両方を理解する鍵なのではないかと仮説を立てた。こうしたチャンネルはすべて、ピダハン語が音楽的に表現しうるという事実に負っているので、まずはその音楽性がどこからくるのかを理解する必要がある。

まずは声調だ。どの単語の母音にも、中国語をはじめとする声調言語の例にもれず高い声調と低い声調がある。

言語学でいう声調は、世界のどの言語にも存在するピッチ、すなわち声帯の振動が多いか少ないかによって生じる特質から発生している。どんな言語でも、意味を識別するのにピッチが使われる。たとえば英語では、文末でピッチが上がるのは概して疑問のしるしであり、下がるのは叙述のしるしだ。「ジョンは来る」と文末を下げて言えば叙述であり、「ジョンは来る？」と文末を上げれば疑問文だ。

英語の句読法では、ピリオドを使えば下がるピッチを、疑問符を使えば上がるピッチを表す。このように上昇と下降で文の意味を区別するのは、イントネーション（抑揚）と呼ぶ。イントネーションには多くの変形が考えられる。英語における複雑極まりないピッチとストレスの一端を垣間見るために、わたしのお気に入りの例を挙げてみよう。言語学者の間では、「強勢衝突優先」と言われているものだ。thirteen という単語は、単独で発音されると後ろの音節に強勢があり、「サーティーン」となる。また、women という単語は最初の音節に強勢があって、「ウィミン」と発音される。ところがこのふたつの語が出会うとどうなるか。「サーティーン　ウィミン」ではなく、「サーティン　ウィミン」となるのだ。なぜか？　英語やそのほかいくつかの言語では、強勢のある音節がふたつ並ぶのを嫌うからだ。音節ごとに入れ替わるパターンが好まれる——強勢あり、なし、強勢あり、なし、という具合に。そこで英語の話し手は、thirteen のような語を他の語の前で修飾語として使うときには、強勢の位置が交互になるように、それでいて語句の中心部分（この場合は名詞句である十三人の女性の名詞部分）の women の強勢位置は保持されるように、thirteen の強勢の位置を変えるのである。しかも英語を母語とする子どもは誰ひとりとして、このような強勢のパターンをわざわざ教わることはない。自然にできるようになるのだ。なぜそのような調整ができるのかを解明することは、言語学者にとっては楽しい謎解きだ。

オーストラリアの砂漠地帯で話される言語であれ、ロスアンジェルスで使われる言葉であれ、あるいはブラジルのジャングルで用いられるものであっても、言語はすべてイントネーションを利用する。だが多くの言語には、ピッチの別の使い方がある。英語は文章の意味を変えるのにピッチを使うが、単語の意味を変えるのにはふつうは使わない。ただし少数の例外があって、それをみるとピダハン語や中国語のような声調言語を理解するのに助けになるだろう。

contract や permit, construct など名詞形と動詞形がまったく同じつづりの単語の場合、名詞と動詞を区別しているのはなんだろうか。これらの単語では、名詞形は最初の音節が高くなり（CONtract, PERmit, CONstruct）、動詞形は二番目の音節が高くなる（conTRACT, perMIT, conSTRUCT）。

英語では単語の意味の弁別にピッチが使われるのはこのようにごく少数だが、声調言語ではあらゆる音節や母音、単語に固有のピッチがある。それが声調だ。

わたしが最初にこの弁別のことを知ったのは――それを言えばピダハン語について何かを学んだのはたいていそのおかげだったのだが――、とんでもない間違いを犯したことがきっかけだった。コーホイとわたしが聖書の翻訳に役立つと思われる言葉についてやりとりしていたときだ。

まずわたしが尋ねた。「誰かをとても好きだとして、その相手をなんと呼ぶ？」

「*bagiái* バギアイ」コーホイが答えた。

わたしはすぐに試してみようと、笑みを浮かべて「きみはぼくのバギアイだ」と言ってみた。

「違うよ！」コーホイは笑いながら否定した。

「どうして、ぼくを好きじゃないのか？」

「好きだよ」コーホイは笑いを嚙み殺しながら答えた。「おれはおまえが好きだ。おまえはおれのバギアイだ。だが *bágiái* バギアイというのもあって、それは好きでない相手のことだ」

　その解説をわたしが理解できるように、コーホイはふたつの単語をゆっくりと口笛で表してくれた。わたしはようやく違いを聴き取ることができた。友人にあたる言葉はバギアイで、最後の a にだけ高い声調がくる。ところが敵を表すバギアイは a の両方が高くなる。このささやかな違いがピダハン語では友と敵を分ける違いだ。このふたつの単語はピダハンにとっては相通じるものをもっている。バギアイ（友）とはもともと「触っているもの」――愛情を込めて触れる相手――という意味であり、バギアイ（敵）には「団結を起こさせるもの」という意味があるのだ。ただ文化的にはバギアイには慣用的な意味がある。敵とはその人物のものではない事物を集めさせる原因となる誰かだ。このような慣用表現は慣用句を作っている個々の単語の文字どおりの意味だけではない意味を帯びてくることがあり、たとえば英語で「死ぬ」を「kick the bucket（バケツを蹴る）」というように、もともとの表現とはかけ離れたものになる場合もある。

　いずれにせよ、単語を記すのに声調を加えなければならないことが明らかになった。そこでわたしは言語学の慣習にしたがい、高い声調を示すのに揚音アクセント記号を振ることにした。母音に印がついていないのは低い声調を表す。

　ここにひとつ、母音のピッチだけで区別される一連のピダハン語の単語を挙げてみよう。

*xaoói* アオ**オイ**＝肌
*xaoói* アオ**オイ**＝外人
*xáoói* **ア**オ**オイ**＝耳
*xaóoí* アオ**オイ**＝ブラジルナッツの殻

ピダハン語ではピッチをひじょうに広範に用いるので、ヨーロッパの諸言語にはないさまざまなコミュニケーションのツールがある。わたしはこれを、先駆的な社会言語学者デル・ハイムズに倣って「ディスコースのチャンネル」と呼んでいる。ピダハン語には五つのチャンネルがあって、それぞれが特別な文化的役割をもっている。五つとは、口笛語り、ハミング語り、音楽語り、叫び語り、それに通常の語り、つまり子音と母音を用いた語りだ。

ピダハン語を知るにはこのチャンネルと役割を知らなければならない。わたしはピダハンの村に行く前にそのことを聞き知っていた。また、（アフリカのドラム言語やカナリア諸島の口笛語りのように）他の地域にもそうした言葉以外の表現法があることも知っていた。それでも初めてピダハン語で言葉以外の語りを聞いたときには、それはまるで経験したこともない耳慣れないものだった。

ある午後、ピダハンの人々が自由に見られるように、『ナショナル・ジオグラフィック』誌のバックナンバーを何冊か並べ終えたときだった。ピダハンは動物や人の写真を見るのが好きで、アマゾンのものでもそうでなくともかまわず喜んで見るのだ。イオウィタオーホアギーが床に座り、赤ん坊に乳をやりながら雑誌を眺めていた。脚を前に投げ出し、ピダハン流に服を膝まで下ろして、膝の上で一心に乳を吸っている赤ん坊にリズムよく何事か口ずさんでいた。わたしはしばらくその光景を見つめていたが、やがて彼女のハミングが、見ているクジラやエスキモーを描写していることに気がついた。赤ん坊が時折写真のほうに目をやると、母親は写真を指差し、ハミングが大きくなった。

どんなコミュニケーションの手段にも言えることだが、ハミング語りを使ったとしても子音と母音を使って語るのと同じことが伝えられる。だがほかのコミュニケーション手段同様、ハミングにも特定の役割がある。ハミング語りは自分が言おうとしていること、ないし、自分の正体を隠そうとするときに用いられる。なぜならハミングは、生粋のピダハンにとってもよくよく注意を凝らしていないとなかなか聞きとれないものだからだ。またハミングはひじょうに低い音量で語られる。そこでハミングは、わたしたちの囁きのように、プライベートな語りとしても使われる（ピダハンは囁くことはなく、同じような状況でハミングする。それがなぜなのかわたしはしばらく考えあぐねていたが、ドイツの言語学者マンフレート・クリフカが、その理由を指摘してくれた。囁きでは声調を変化させることができないため、ピダハン語を聞き分けられなくなってしまうのだ）。ハミング語りはまた、口に食べ物をいっぱいほおばっているときにも使われる。そして母親は、子どもに話しかけるときによくハミングをする。

叫び語りは母音の *a* または、話される単語にもともと存在する母音と、子音の *k* か声門閉鎖音の *x* のどちらかひとつを使って、声調や音節、強勢など音楽的な要素を叫ぶものだ。雨の日、雨足が強く雷が鳴っているときなどによく用いられる。また遠く離れたピダハンと話すときにも使われる。声量は叫び声ほどの大きさだが、子音がひとつしかない。裏声で発声されることもよくある。

*Koobio* クウビオはポスト・ノヴォからカヌーで七日上流にさかのぼった *Xagiopai* アギーオパイに住んでいる。雨の日にそこを訪ねたら、クウビオは川向こうにある父親の *Toitoi* トイトイの家にいた。奥さんの *Xiáisoxái* イアーイソアーイはまだクウビオの家にいて、これからトイトイのほうに川を渡ろうと

しているところだった。クウビオが叫んだ。

「*Ká, Kaáakakáa, kaákaá.* カアー、カアーアカカアーア、カアーカアー」

ふつうのピダハン語に訳すと、「*Kó Xiáisoxái. Baósaí* コー イアーイソアーイ。バオーサイー（おい、イアーイソアーイ、服）」となる。

驚いたことに、たいがいの音が雨音にかき消されていたのに、クウビオの叫び語りは見事に届いてきた。すぐにイアーイソアーイの返事が響いた。「わかった、行くときシャツを持って行くわ」

ピダハンが特別に呼び名をつけている語りがふたつあって、音楽語りはそのひとつだ。「顎が離れる」という言い方がされる。音の高低を誇張し、単語や文のリズムを変えて音階のようなものを作りだす。音楽語りという伝達手段の使われ方はおそらく最も興味深いものだ。まず新しい情報を伝達するのに使われる。さらに、精霊との交渉に使われる（また *kaoáíbógí* カオアーイーボーギー、つまり精霊自身も音楽語りで話す）。だが主として踊りを踊っているときに用いられる。面白いことに、音楽語りをやってみてほしいと頼むと、女性のほうが男性より衒《てら》いなくやってみせてくれる。

口笛語りのことは、ピダハンは「酸っぱい口で」話す、とか「すぼめた口で」話すという。レモンを吸うときの口を表す表現と同じだ。これは男性しか使わない。口笛語りが見られる言語では、ピダハン以外でも使用者は男性だけに限られるのがふつうのようだ。狩りの最中、あるいは男性同士の荒っぽい遊びのなかで使われる。

口笛語りが生々しく交わされるのをはじめて見たのは、狩りに同行する許しをもらった日だった。一時間ほど歩いたあと、ピダハンたちは獲物が見つからないのはわたしのせいだという結論に達した。というのも、わたしは生来不器用な性質でひっそり歩けない上に、水筒やらマチェーテやらがガラガラぶつかりあって盛大な音を立てていたからだ。

「おまえはここにいろ。あとで戻ってくる」アイカーイバイーが穏やかに、だがきっぱりと告げた。わたしは男たちが離れていくのを見送った。大きな木の下に立っていたのだが、ここがどのあたりなのか、いつごろみんなが戻ってくるのか、皆目見当もつかなかった。成長しきった木々が影を落とし、森はうっそうと暗い。わたしのそばで蚊がわんわん唸りながら飛び交っていた。獣が忍び寄ってくるのに備えて、マチェーテを抜いた。ピダハンたちはほんとうに戻ってきてくれるのだろうか（もし戻ってきてくれていなかったら、いまごろわたしはその場で骨になっていただろう）。

ほとんど軟禁されているといってもいいようなひとりぼっちの状態をなんとか乗り切ろうとしていたわたしの耳に、男たちの交わし合う口笛が聞こえてきた。「おれは向こうへ行く。おまえはあっちへ行ってみろ」などなど、狩りにつきもののやりとりだが、意思が通じ合っているのは間違いなかった。それはいまだかつて聴いたこともないような調べで、わたしは夢中になって耳をそばだてた。口笛は長く尾を引き、ジャングルのなかをはっきりと伝わっていく。この伝達手段の重要さがわかった気がした。もっと周波数の低い通常の男性の音声よりも、獲物を警戒させずにすむのだろう。

こうした伝達手段が存在することは、文化が言語にいかに影響を与えるかというしるしだ。「ディスコースのチャンネル」を知らなければ、あるタイプの情報を伝達するのに、文化的に適当な手段がわからない。ピダハン文化の記述が完全なものであるためには、人々が精霊の情報をどのように伝えあうか、親密な関係での意思疎通がどのように行われるか、といった記述を含んでいなければならない。こうした伝達手段の役割は文化的なものだ。つまり、音素がきわめて少ないことや、子音が勝手気ままに入れ替わるなど、調査を始めた当初頭がおかしくなりそうだった言語学的な特徴は、文化という視点からとらえなければ説明できないものなのである。

簡単に言ってしまえば、ピダハン語に音が少ないのは、それ以上必要ないからだ。ピダハン語の場合、さまざまな伝達手段を駆使するので、英語やフランス語、ナバホ語、ハウザ語、ヴェトナム語などなどと比べると、子音も母音もさほど重要ではなくなっている。これは現代言語学理論には難題だ。通常文化的背景は音声構造には関与しないことになっているからだ。

わたしなりの解釈を逆転させて説明しようとする研究者もいる。要は子音と母音の数が少ないからこそさまざまな伝達手段ができたというわけだ。となると、わたしの解釈とは逆に、文化が言語に影響しているのではなく、言語が文化に作用したことになる。だが口笛語りのように多様な伝達様式をもっていて、なおかつ子音と母音の数も多い言語も少なくない。メキシコ南部のラランナ・チナンテク語がそうだし、西アフリカのヨルバ語もそうだ。このふたつの言語に子音と母音が多くてその上口笛語りがある理由のひとつは、子音と母音がより頻繁に使用されるらしいこと（ただし確信をもってそう断言するにはさまざまな言語を比較してもっと調査する必要がある）と、そのためにピダハン語の場合よりも子音と母音に情報伝達の負荷がよけいにかかっていることだ。さらに、韻律的な手段のバラエティはピダハンよりも少なく（ハミング語りや叫び語りはもっていない）、使用頻度もそれほど高くない。文化と音声構造の関係を理解するにはもっともっと調査をする必要があるので、わたしは自分の解釈が完璧に近いと思っているわけではない。だがこの仮説は有望なうえ、チョムスキー言語学が完全に無視している現象を説明できる可能性がある。

一九八四年、わたしはピダハン語の音声構造に関する見解を初めて発表した。『言語学研究（*Linguistic Inquiry*）』誌に掲載された短文だった。強勢の仕組みや音節構造に関して文献によく見られる理論上の誤りを正すのに、多少は貢献できるだろうと考えていた。当時わたしはマサチューセッツ工科大学の客員研究員で、チョムスキーとは廊下をはさんだ向かい側に研究室があり、全米科学財団とアメリカ学術評議会から奨学金を受けていた。これでようやく研究者として「一人前」になった気がしていた。

ところが論文が掲載されると、ひどく思い入れのこもった手紙をいくつも受け取ることになった（まだ電子メールのなかった時代だ）。ワシントン大学のエレン・ケイシーという教授はハガキをよこし、論文を読んで「爆撃された」ようなショックで、ピダハン語の音声構造についてするはずだった講義を延期すると書いてきた。

言語学者からの手紙もあった。論旨がてんでなっていない、音声構造がこのようになることはありえない、と批判するもの。応援してくれるものもあった。国際的な舞台に研究内容を発表するのは初めてのことだったので、わたしは反響があるとは予想していなかった。こんな短い論文をわざわざ目にとめて読んでくれる人などいないと思っていたし、経歴に箔をつける程度の気分でいたのだ。

一九九五年までには、わたし自身ピダハン語の音声学に関して精力的に論文を発表してきたこともあり、ピダハン語は有名になり、音声構造の性質に関する論争の一種の象徴になっていた。論争の核心は演繹対帰納だ。言語理論はすでに、人間のあらゆる言語の音韻変化をすべて包含するパラメーターを無事打ち立てたと考えていた。その基準となる範囲の外にはどんな言語のどんな音の変化もはみ出さないというものだ。このパラメーターは、それ自体もっと全般的な言語学原理から抽出された、つまり演繹されたもので、それは、真実としか考えられないほどにきわめて美しい理論体系だった。だがピダハン語の調査を進めるにつれ――わたしの手法が正しいとするならば――、ピダハン語という特異な領域から、このパラメーターの境界線を越えるような音声体系が帰納的に導きだされてきた。

この論争のおかげで、わたしは大変な大物訪問者をブラジルに迎えることになった。カリフォルニア大学ロスアンジェルス校のピーター・ラディフォギッド教授だ。ピーターは全米科学財団から莫大な科研費を得て世界の消滅しかかっている少数言語の音声を記録していた。彼はわたしの論文にあるような強勢の体系を自分の耳で聴きたいので、一緒にピダハンの村へ行きたいと申し出てきたのである。

申し出を受けたときわたしはブラジルにいたので、ポルト・ベリョの空港まで車でピーターを迎えにいくことにした。空港へ向かう車中、運転しながらわたしはこれから税務署の監査を受けるような気分だった。ピダハン語の音声体系についてわたしは音声学の主流に喧嘩を売るような説を打ち出した。それを確かめるために、世界でも有数の音声学者がやってこようとしているのだ。わたしは労を惜しまず真摯に調査をしてきたつもりだし、自分が正しいという確信はあった。とはいえ緊張してしまうのはどうしようもなかった。

ピーターは二〇〇六年に亡くなったが、背が高く気品のある人物だった。深みのある落ち着いた声で、容認発音（RP）と呼ばれる英国上流層の英語、俗に言うクイーンズ・イングリッシュを操る。映画の《マイ・フェア・レディ》で言語学考証を担当していたのが彼だ。封切られた一九六四年にハリウッドのエジプト劇場でこの映画を観たことが、わたしが言語学者へと踏み出す一因にもなっていた。レックス・ハリソン演じるヘンリー・ヒギンズ教授の研究室でグラモフォンから聞こえてくるのはピーターの声だし、冒頭に近いシーンでヒギンズ教授がコヴェント・ガーデンの前で、オードリー・ヘップバーン演じるイライザ・ドゥーリトルに見せるメモ帳の筆跡もピーターのものだ。

荷物を回収したピーターが到着ロビーに現れて手を振った。わたしは彼に近づき、おいでいただけてとても嬉しいと伝えた。緊張が声ににじまないよう気を遣いながら。

「ピダハン語の音声体系についてあなたが言われたことにはいくらか疑問がありましてね」というのが彼の第一声だった。「ブルースとドンカも疑問を感じていて、わたしにくれぐれもよく確かめてほしいと言っていました」。名前の挙がったふたりはどちらもＵＣＬＡに在籍する高名な同業者だ。それからピダハンの村で過ごした数日の間、ピーターは高音質の機材でピダハン語を録音し、それが最終的にはわたしの見解を支持することになり、音声構造の理論と調査にピダハン語がもたらした革新を推し進めることになった。

だが調査は時として、ピダハンたちにたいへんな忍耐を強いることにもなった。厳密な測定をするために、わたしたちは太陽光発電を備えた音声学実験室を仕立てた。ピダハンにはマイク付きのヘッドセットをかぶってもらい、マイクは口元から五センチ離す。その上声門上部の風圧（声帯の上の空気の流れ）を測るために鼻からチューブを入れさせてもらうこともあった。彼らは快く協力してくれ、実験の間じゅう驚くほど泰然と実験室に座りつづけてくれた。ここでも彼らの忍耐という貢献あってこそ、科学は実りを得ることができたのだ。

わたしたちがとった記録はＵＣＬＡの音声学実験室に保存され、カリフォルニア大学サンタ・バーバラ校のマシュー・ゴードンはじめ多くの研究者に利用され、人間の話し言葉の体系をさらに理論化するのに役立てられている。このような地道な作業のおかげで研究者は誰でもピダハンの音声に接することができるし、わたしの解釈を分析するばかりでなく、ピダハンのデータを用いて、さまざまな言語の音声構造に見られる同様の現象への理解を深めることができるのである。

# 第十二章　ピダハンの単語

フィールドワークでは絶え間なく細部に注意を払う集中力が要求される。ところがジャングルのなかで来る日も来る日も、言葉や生活の大切な側面に集中しつづけるのは至難の業だ。連日、厳格な日課をこなさなければならないのだ。

雨季にはよく一晩じゅうスコールがあった。激しい雨が降るとわたしのボートが沈むのに二、三時間ほどしかかからないのを、わたしは経験から思い知った。ボートのモーターは船尾にボルトで固定され、重さは七〇キロ近い。だから毎日一日の終わりにモーターをはずして乾いた地面に揚げておくのは無理な話だった。モーターはボートにつけっぱなしになる。だが雨が降るとモーターの重みに引きずられてボートは沈み込み、雨水が一気に流れ込んでくる。アマゾンのスコールにかかると、船尾を押し下げて水面下へもぐりこませるだけの雨水がたまるのにさほどの時間はかからない。一トンも荷物を積めるわたしのボートであってもだ。

だから夜中に雨音が聞こえてくると、それも強い大雨だと、たとえ三時でも起きて篠つく雨のなかをボートに行き、水をかいださなければならないのだ。細部に注意を払うとはそういうことで、これもわたしが一生懸命こなそうとしていた厳格なる日課のひとつだった。とはいえ夜中の三時に温かくて心地よいハンモックから這い出して、ヘビやらピダハンの犬やらそのほかの獣に遭遇するかもしれないとびくびくしながら激しい雨のなかに飛び込み、ボートまで行くのはじつにしんどいことだった。やらなければならないのはわかっていたし、必ずやってはいたけれども――そう、ただ一度の例外を除いて。

そのときも雨は激しく降っていた。だが目を覚ましたとき、わたしはボートをつないでいる場所まで行く気分にどうしてもなれなかった。たかだか三〇メートルほどの距離だったのだが。そんなにひどい雨じゃないさ、第一、五〇〇リットルからの雨水が入らなければうちのボートは沈みやしないんだし……とわたしは自分で自分をごまかしていた。

そして朝、わたしはいつものとおり五時に起きだして一日の日課を始めようとした。そのときガソリンの臭いに気がついた。心の奥底では、何かがおかしいとわかっていたはずなのだが、それを認めたくなかった。そこでわたしは普段どおりに一日を始めることにして、コーヒーを淹れかけたところでイオウィタオーホアギーに大声で呼ばれたのだった。「ちょっと！　あんたのボートを見にいきな！」わたしは家を走り出て川への道を駆け降りた。川面にガソリンが漂っていた。うちのボートをつないでおいたナイロン製の綱がピンと張りきっている――それもほとんど垂直に水のなかにもぐっていた。川べりに近づいて水中を見下ろした。ロープの端、一〇メートル近い水のなかに、サンルーフを上げたままのうちのボートが沈んでいた。

ここはアマゾン横断高速道まで出るにも川を一六〇キロも行かなければならない場所で、ボートは唯一の脱出手段だった。そのボートを水のなかから出せるのか、出せたとしてエンジンがかかるのか、もしかからなかったらどうしたらいいのか、さっぱり見当もつかなかった。ピダハンたちが男も女も、手

し、わたしは名案を思い付いた。家を建てるときに余った三メートル半ほどの堅い2×4《ツーバイフォー》材があったのを思いだし、わたしは名案を思い付いた。

まず数人がかりでボートを引っ張り、一メートルほど引き揚げて水没している土手の平らな部分にのせた。それから顔を真っ赤にして踏ん張り、さらに水面下一メートル程度のところまで持ち上げた。男たちにツーバイフォー材を渡し、これをてこにして少しずつ土手の上へあげていこうと説明した。二時間ほども格闘して、ようやくボートの縁が水の上に出てきた。そのときわたしが何も言わないのに、女性たちがひょうたんを持って川に飛び込み、ボートの水をかき出しはじめた。三分の二ほどの水をかきだしたあと、船首と船尾を岸につないで、ガソリンタンクにポンプのホースを突っ込んだ。タンクに入り込んだ水は大方排出することができた。水はガソリンより重いので、ホースからは水とガソリンのまじりあった乳白色の液体がまず出てきて、それが最後に純然たるガソリンになった。燃料は四分の一ほどは無事だった。これだけあればなんとか高速道までたどり着けるだろう。だが目下の問題はモーターが動くかどうかだ。もし動かなければどのみちガソリンは無用の長物になるのだ。

まずはキャブレターをふたつともはずして分解し、乾かしたあとでアルコールを塗り込んだ。次に点火プラグをはずして乾かし、それからモーターの二本のシリンダーにアルコールを三立方センチずつ注入した。その上でエンジンをかけてみる。三回引っ張ってモーターは動きはじめた。シリンダーに入れたアルコールのおかげで、爆発する危険もなかったわけではないがガソリンがうまく点火したようだ。わたしは岸辺を離れ、一気に速度を上げたが、村からは離れすぎないように気をつけた。いつエンジンが停まるかわからなかったからだ。だがいったんエンジンさえかかれば、残った水も乾くはずだった。我ながらよくやったものだ。

もっとも夜の間にちゃんと起きて十五分ほど体を動かす労を惜しまなければ、これほどの重労働をする必要はなかったのだ。細かなこと。探検家の伝記を読めば、成功の分かれ目は骨身を惜しまないことと綿密な計画、そして細部をおろそかにしないことにかかっているのがわかる。ピダハン語の単語を研究しはじめたときにも、そうした細部への目配りが難関となってたちはだかってきた。これはジョンソンのキャブレターを掃除するよりはるかに骨の折れる作業だった。

それに言語の分析は、緊急性こそないものの、ボートを修理するよりはるかに重要な仕事だ。人間が駆使する言語というものを理解する上でピダハン語は重要だが、その重要性は音声的な面だけにとどまらない。むしろこの言語の文法にこそ、人類の言語の性質や起源、運用に関わる現行の理論を揺り動かすものがある。わたしはいま、ピダハン語の文法は、チョムスキーの仮説では容易に割れない、とりわけ堅い木の実であると感じはじめている。文法法則が生得的なものであるという仮説によっても、あるいは文法の構成成分がいかに働き、適合し合っているかを示す彼の理論をもってしても、ピダハン語の文法をすべて説明しきれないのではないか、と。この問題の結論は、人間の言語や思考を理解するためにあまりにも重要なので、あくまでも注意深く手順を進めていかなければならない。

手始めは――少なくとも文法を論じる上での言語学の伝統に倣うなら――単語だ。文は単語から構成され、物語は文によって構築される。そこで言語学研究は異なる言語の文法を論じるとき、単語―文―文章という順序をたどる。

わたしが最初に興味をもって採集した語群は、体の部位を表す言葉だった。というのも、こういう語が日常の役に立つと考えたからでもあるし、また比較的単純だろうと思ったからでもある。たとえば手、腕、目、足、尻、などなどといった言葉だ。

例によってわたしはコーホイビイーイヒーアイの力を借りた。

「これは何と言う?」自分の鼻を指しながらわたしは訊ねた。

「*Xitaooí* イタウーイー」

「イタウーイー」自分ではそっくりなつもりで反復した。

「*Xaió, xitaopaí* アイオー、イタウパイー」とコーホイ。

あれれれれ。おしまいにくっついたパイーは何なんだ?

そこでわたしは素人臭く訊いた。「鼻を表すのにどうしてふたつ言葉があるんだ?」

「言葉はひとつ、*xitaopaí* イタウパイーだ」と癪にさわる返事が返ってきた。

「*xitaopaí* イタウパイーだけ?」

「そう、*xitaooí* イタウーイーだ」

この謎が解けるのに長い時間がかかったが、体の部位を示す語の語尾につく *-pai*（これは体の部位名称には全部につくが、それ以外の語にはつかない）は、「自分のもの」というような意味だった。つまり *xitaooí* イタウーイーというとただ「鼻」のことだが、*xitaopaí* イタウパイーとなると「自分の鼻」という意味になる。ごくふつうの英語の話者には、I want to go の to がどういう意味なのか、どうして I want go ではいけないのか説明できないように、ピダハンにこの *paí* がどういう意味なのか説明できなくとも無理もない。言語学者が自ら解明しなければならない類の問題なのだ。

これを除けば、ピダハン語の名詞はだいたいにおいてひじょうに単純だ。単数複数の区別もない。また不規則形のようなやっかいな形質もない。

イギリスの言語学者グレヴィル・コーベットが世界じゅうの言語における数の扱いに関してものした一冊分に及ぶ調査によると、ピダハン語が文法上、数の概念を欠いているのは、特異なことらしい。いまでは消滅した言語や、話し言葉の初期の段階では、同様に数の概念が見られなかったものもあるようだ。つまり一匹の犬と複数の犬、ひとりの人間と複数の人間の区別がないということだ。ピダハンの単語は英語でいえば fish や sheep のように、すべてに複数形がないのだ。

だから「*Hiaitíihí hi kaoáíbogi bai-aagá*」という一文が、「（複数の）ピダハンが（複数の）悪霊を恐れる」という意味にもなるし、「（ひとりの）ピダハンが（ひとつの）悪霊を恐れる」という意味にも、「（複数の）ピダハンが（ひとつの）悪霊を恐れる」、あるいは「（ひとりの）ピダハンが（複数の）悪霊を恐れる」という意味にもなり、いろいろな点であいまいな表現だ。

文法上の数の欠如は、数を数えるということが欠如しているのと同じように、体験の直接性の原則かさらなる一般化をもたらし、多くの場合体験の直接性を損なうものだ。

ピダハンの名詞は単純だが、動詞はずっと複雑だ。どの動詞も接尾辞を最大十六もとることがある。多ければ十六もの接尾辞が動詞のあとに並ぶのだ。ただし常に十六の接尾辞全部が必要なわけではない。ひとつの接尾辞がついてもなくてもいいので、十六の接尾辞すべてが二通りの現れ方をするわけで、二の十六乗、すなわちピダハンの動詞は六五五三六通りの形をとりうることになる。現実に出現する数はこれほど多くはない。接尾辞同士の意味が相入れなくて同時に出現することができないものがあるからだ。だがそれにしてもヨーロッパ諸言語に比べて動詞の変化形の数はきわめて多い。英語にはどんな動詞にも五つしか形がない——原形、過去形、過去分詞形、三人称単数現在形、現在進行形（sing, sang, sung, sings, singing）だ。スペイン語やポルトガル語、ロマンス系の言語には四〇から五〇の変化形がある。

だが最も興味深い接尾辞は（ピダハン語だけに見られるものではないが）、言語学でいう確認的接尾辞というもの、つまり話し手が自分の話している情報の精度をどのように見ているかを示す尺度だ。ピダハン語にはこの形だけで三つある。伝聞、観察、推論だ。

英語を使って考えてみよう。たとえば「ジョーは釣りに行ったのかな」という質問に対しては、伝聞により、「そうだよ、少なくとも行ったと聞いたよ」、あるいは観察によって「そうだよ、行くところを見たから知ってるよ」、または「そうだよ、少なくともボートがなくなってるから行ったと思うよ」と推測で答える場合がありうる。英語ではこのように文でその違いを表すことができるが、ピダハン語では動詞につける接尾辞によってその違いを出すところが異なる。

原形となる動詞にさまざまな接尾辞をつけるのは、文法上の特徴だ。こうした接尾辞が十六種類ある。

どの接尾辞がどのようにつくかを決定する上では、それによって何を言いたいか、つまり意味が一定の役割を果たす。たとえば確認的接尾辞は、表現されている事象全体に関する評価を表すので、一番最後にくることになる。

文のなかでの動詞の役割は決定的なものだ。したがって、語の構造は文の構造にとっても重要である。文が簡潔なものであれば、そのなかで何が必要な要素になるかはほぼ動詞の意味によって決定づけられる。たとえば英語の die ＝死ぬという単語を取り上げてみよう。この動詞の意味から、**John died Bill**（ジョンはビルを死ぬ）という文は成り立たなくなる。「死ぬ」というのは単独の個体に起こる出来事だ。英語の to die の意味を知っていれば、John died Bill という文には名詞が多すぎることがわかる。死ぬとは、他人をどうこうする行為ではないからだ。だが die に cause の意味を加えることによって、「John *caused* Bill to die（ジョンがビルを死なせた）」とか、もっと単純に「**John killed Bill**（ジョンがビルを殺した）」ということはできる。このようにすれば、kill または cause to die（どちらも「死ぬ要因を作る」という意味をもつ）を使った文においてジョンは他者の死に原因があることになり、**John died Bill** は文法的に誤りだが、**John killed Bill** は成立することになる。英語ではこのように cause to という別の語を付け加えるか、kill のように似てはいるが異なる語に置き換えることで単語の意味を変えたが、意味の構造が変わると文全体の意味も変わる。文型における動詞の役割をもっと見ていくと、文の成り立ちというのはほとんどの場合、たんに動詞の意味を映しだしているにすぎないことがわかってくる（このことを理論の柱としている言語理論もいくつか見られる）。

当初わたしはピダハン語の文法を、チョムスキーの生成文法の枠組みのなかで考えていたのだが、時間が経つにつれ生成文法理論ではピダハン語について多くを明らかにできないことがはっきりしてきた。

ことに、文化が文法に大きな影響を与えているらしいことがわかったとき、それは鮮明になった。チョムスキーの理論によれば、人類が地球上のほかの生物と決定的に違っているのは、文法を使う能力であるという。境目は情報伝達の能力があるかどうかではないが、それは、チョムスキーも認めているようにほかの生物も情報伝達をするからだ。

たしかにわたしたちは文章を組み立てたり、聞いたり話したりする文の意味を推論したりしなければならないし、その意味で文法知識は人間の言語能力に不可欠だ。だが互いに何か伝え合う生き物が人間だけでないとしたら、伝達それ自体には文法は不可欠というわけではないことになる。生きることは伝え合うこと、生き物はすべて、植物も動物もバクテリアも、伝達をする。

同じ種の生物同士で、あるいは別の種の生物との間で情報のやりとりを可能にしているものは何か？情報伝達は何によって可能になっているのだろうか。その答えはたったふたつの単語で済む――意味と構造だ。偉大なスイスの言語学者フェルディナン・ド・ソシュールが言語記号の概念で強調したかったのも、つまるところそういうことだ――言語の単位は構造（つまり形）と意味である。

ハチは、踊りの形によって食物が近いという意味を伝える。アリは化学物質を分泌するという伝達手段を用いて、この先にごちそうがあるぞ（という言葉は使わないかもしれないが）という内容を伝える。犬は、尾を振るとか吠えるとか舐めるというような形で、攻撃する意志のないことを伝える。そして人間は、音を出したり身振りをしたりという形で何らかの意味を伝える。

だが人間の伝達は形だけではない。人間の伝達が、ほかの生き物に比べて際立っているのは、単純に音や身振りや語の組み合わせがずっと多いというだけでないのは間違いないことだ。人間の伝達にはそれ以上のものがあるはずだ。わたしたちはどんな生き物よりも多くの複雑な事柄を、しかも幅広く伝え合うことができるのだ。どうやって？　道はふたつある。ひとつめの、誰の目にも明らかな道は、人間がほかの生き物より賢いということからきている。人間の脳は地球上の自然が作り上げたなかで、知られているかぎりでは最も洗練された認知能力を備えるに至った。このようにひじょうに高度で複雑な人間の思考とその伝達には、ほかの生き物には使いこなせないような道具がいる。それがどんな道具であるかは、言語学者によって意見が分かれるが、幅広い支持を集めている道具もいくつかはあって、わたし自身最も重要だと考えているのが、いまは亡きチャールズ・ホケットという言語学者の提唱した「言語の二重構造性」というものだ。この概念の捉え方はいろいろあるが、大まかに言えば人間は音声をパターン化し、そのパターンを今度は語と文の文法パターンにあてはめるというものだ。人間の言語がこのような二層構造になっていることで、ほかの生物よりはるかに高度であるとはいえいかんせん限りのある脳でもって、わたしたちはどんな生き物より多くのことを伝達できる。

　音声の構造というものを理解するために、すでに用いたのと同様の（ただしまったく同じではない）例を使ってみてみよう。ここでは pin, pan, bin, spin という簡単な単語で考える。単語 pin は p と i と n が並んで構成されている。三つの文字が入るべき位置を「構造位置《スロット》」、文字（ここでは p と i と n）を「充足項《フィラー》」とする。スロットは横の系で、書き文字では左から右へ、話し言葉では口から発せられる順に並ぶ。フィラーは縦の系だ。横の系に単位を足していくと言葉は長くなる。たとえば、pin の前に s を加えれば spin ができる。縦の系に手を加えると、語の長さを変えずに別の単語が得られる。たとえば pin の i を a に換えることで pan という単語ができる。

　ただ実際には見かけほど単純ではなく、全部のスロットにどんなフィラーでも入れられるわけではないし、スロットをやみくもに増やせるわけでもない。ここでは pin の前に s をつけて spin を作ることはできたが、tをつけてtpinにすることはできないし、iの代わりにeを入れてpenにすることはできても s を入れて psn にすることはできない。少なくとも英語の単語を作ろうとするかぎり、こういう交換は成り立たない。このように音声を元にした言語の組み立ては音声学と呼ばれ、この仕組みのなかで使われる個々の音声の物理的な性質が、大まかに言って音声体系だ。これが二重性のひとつめの部分で、音を単語にする仕組みである。

ただ急いで付け加えておかなければならないが、人間というのは創意に富んでいるもので、何らかの理由で音声を利用できない場合、あるいは利用したくない場合には、手話という別の伝達方式が利用される。手話においては、ジェスチャーやサインが話し言葉の音声にあたる。ジェスチャーと音声の物理的性質は明らかに異なるものの、これらの要素を単語やさらに大きな単位である句や文に組み立てていく仕組みは同じ原則に則っている。そこで音声学という体系には、ジェスチャーと音声との両方を含むことができるわけだ。

ジェスチャーを使うにしろ音声を使うにしろ、文法を用いるには単語だけでは不充分だ。人間の伝達に文法は不可欠なので、人間の言語の使い手はすべて、語をもっと大きな、句や文章や物語、会話などといったものに組み上げていく。このような組成力が、文法とか統語とか呼ばれるものだ。人間以外の生き物は、こうした二重のパターン化や組成力とおぼしきものをいっさいもち合わせていない。それでいて人間にはすべてにこの力がある。

ピダハンにも確かにこの力がある。*Kóhoi kabatií kohóaipí.* コーホイ　カバティイー　コホーアイピー（コーホイがバクを食べる）というピダハン語の文で考えてみよう。ピダハン語では目的語を動詞の前におく。このような語順をとる言語は少なくなく、したがって *kabatii* カバティイーは「バク」で、*kohóaipi* コホーアイピーが「食べる」を意味する。このように、ピダハンが音素を単語に、単語を文にと組み立てていることがわかる。だからピダハン語にも二重のパターン化と組成力があるということだ。それがない人間の言語は想像するのも難しい。

だがわたしの考えでは、言語において決定的な要素は意味である。意味は文法のジャイロスコープだ。わたしはジャイロスコープの喩えが気に入っているのだが、それはわたしを含め大勢の言語学者が信じていること、つまり意味のほんの些細な違いが、ジャイロスコープの小さなぶれがロケットの針路を大きく変えてしまうように、文の形を劇的に変えることになりうるということを、よく表してくれるからだ。

言い換えると、言語とは意味なのである。われわれは意味から始め、それを文法にはめていく。文法はすべて意味によって導かれる。それでは意味とは何なのか？　この命題は何世紀にもわたって思索家たちを悩ませてきた。自分には消化しきれないことを覚悟の上で、わたしなりに問題の核心を述べてみようと思う。

哲学者と言語学者は意味をふたつの観点で論じる——*sense*（意義）と *reference*（指示的意味）だ。*reference* とは話し手と聞き手が自分たちの話題にしている特定の事柄について一致していくために使われる。たとえばふたりの人が会話のなかで、boy, Bill, you という名詞を使ったとすると、それぞれの単語が表しているものは現実の世界に実際に存在するものだ。その少年やビルと言う名前の人物、あるいは二人称の代名詞で表されている人が誰なのか話し手も聞き手もわかって話している（でなければ、話し手と聞き手の両者が誰について話題にしているか一致するまで、はなはだしい誤解が生じるだろう）。

一方、実在する何ものも指し示すことのない名詞もある。たとえば「John rode the Unicorn（ジョンがユニコーンに乗った)」と言った場合、「ユニコーン」は現実世界に実在するものを示してはいない。同様に、「I will keep tabs on you(きみに目をつける)」という場合の「目」は、実際の眼球を指し示しているわけではなく、成句の一部をなしているにすぎない。また、名詞以外で事物を指し示す場合もある。たとえば I had built a house(わたしは家を建てた)の建てた had built は行為の完了した過去の時点に触れているし、The house is yellow(その家は黄色い)という場合の黄色 yellow は特定の色を指し示しているわけだ。ただし、事物を「指し示す」ということ(言語学者によっては、動詞や形容詞は指し示すことができないと考えている)が何を意味し、この性質が言語学上の定義においてどれほどの重要性をもっているかについては議論が分かれている。

意味のもうひとつの基本的な要素は *sense* だ。*sense* はふたつの側面に分けて理解することができる。ひとつは物や行為、質など発話のなかで用いられる事物に対する話し手の考え方だ(たとえば「大きい」というとき、話し手の頭には何が浮かんでいるのか——「大きな蝶」なのか、「大きな損失」か、はたまた「大きな象」か——)。ふたつめは単語同士の関係性とその使われ方という側面である。

break という語は John broke his arm(ジョンが腕を骨折した)という文や John broke the ice in the frigid conversation(ジョンが冷やかな沈黙を破って会話の口火を切った)、John broke the sentence down for me(ジョンはわたしのために嚙み砕いて説明してくれた)、John broke into the house(ジョンが家に押し入った)などいろいろな使われ方をする。各々の文で break がどのような意味になるかを知る唯一の方法は、使われ方を知ることだ。そしてある言葉を使うとは、特定の文脈、すなわち、ある言葉がどのように使われるべきかということも含め、話し手と聞き手とが共有している背景や、その特定の言葉とともに使われるべき言葉を選ぶということである。

簡単に言えば意味とはそういうことだ。ひとつの語や文が使われるその使われ方、他の語や文との関係、そして、その語や文が世界のなかでどのような事物を指し示しているかを話し手がどう捉えているかということである。ピダハンも、世界じゅうのすべての人々と同じように、何かを語るとき、何らかの意味を伝えている。だが全員が同じ意味で使っているとはかぎらない。人類すべてがそうであるように、ピダハンの語る意味も彼らの価値観、彼らの信念に厳しく制約されているのである。

だからわたしたちがある言語を研究するときには、個々の語彙を異なる視点を同時にもって理解しなければならないのだ。まず、その語彙の文化的な位置づけと用法を理解すること。また、その語彙の音声構造を理解すること。そしてその語彙がある文脈や文章、物語においてどのような使われ方をするのかを理解すること。言語学者はおおむね、言葉を理解するのにこの三つの視点が必要であることを了解している。だがピダハンはさらに別の視点も教えてくれた。「友」と「敵」という密接な関係にあるふたつの語彙の場合のように、個々の単語の意味が文化によって規定されるばかりでなく、単語の音自体も――口笛やハミングなどどのような形で発せられるかを問わず――文化によって決定されうるということだ。後者の視点は、ピダハン語以外の言語にも事例がふんだんに見られるにもかかわらず、これまで言語学ではほとんど論じられてこなかった。ピダハンは言語学研究の将来に、きわめて明快な研究材料を提供してくれたことになる。

# 第十三章　文法はどれだけ必要か

映画《ミセス・ダウト》のなかで、ロビン・ウィリアムズ演じる人物がサリー・フィールド演じる人物に求人広告のことで電話をして、こんな風に言うシーンがある。「わたしは……その……仕事?」面白い場面であることは別として、映画のなかの人物たちも見ている観客も、言いたいのは「求人の出ていた仕事に応募したい」ということであるのはすぐわかる。

ではどうして観客にそれがわかるのか。言葉やその並べ方からでは、少なくとも完全にはわからない。肝心の、仕事を求めている人間がいるという情報は言葉そのものよりむしろ文脈から、映画の状況や日常生活の経験から、そしてこのような内容が口に出される文化からくみ取られている。要するに、文法はコミュニケーションを可能にする一部分だが、すべてではないということだ。《ミセス・ダウト》のセリフは文法的には全然正しくないのに、言わんとすることはちゃんと伝わっている。

わたしたちが母語でない言語で意味を伝えようとするときも、第一歩になるのはロビン・ウィリアムズ同様文法でなく文化だ。文化が言語にどのような影響を与え（時には決定づけ）るかを見るために、母語以外の言語を身につける過程を考えてみよう。

別の言語を習得するとはどういうことか？　もしフランス語の母音を完璧に発音できるようになり、フランス語の単語の意味を全部覚えて駆使できるようになったとしたら、フランス語を話せるといってもいいだろうか。発音と単語の知識さえあれば、生活の特定の場面で適切な表現を使うのに充分だろうか。それさえあれば、フランス知識人と同等にヴォルテールを読みこなせるのだろうか——答えはノーだ。言語とは、構成部分（単語、音声、文）の総和ではない。その言語を成り立たせている文化の知識なしでは、純然たる言語だけでは、充分なコミュニケーションや理解には不足なのだ。

文化は、わたしたちを取り巻く世界からわたしたちが感じとるさまざまなものを意味付けしてくれる。そして言語もまた、わたしたちを取り巻く世界の一部だ。アメリカ人がアマゾンのブッシュドッグ（*Speothos venaticus*）の行動について語るのはまず考えられない。アメリカ人のほとんどはこの犬の存在を知らないからだ。これなどは「談話空間（ユニヴァース・オブ・ディスコース）」、つまりわたしたちが語るものは文化や体験によって制限されるという恰好の例と言えるだろう。けれども文化は、もっと見えにくく、しかももっと興味深い形で、さまざまにわたしたちの言語に影響を与えている。物語の理解には、文化が大きな役割を果たすのだ。

たとえば、ピダハンとアメリカ人を比べてみよう。アメリカ人は幽霊についてふつうは架空のものとして話す。アメリカ人が幽霊の話を聞いたことがないわけではなく、その存在を信じていないためだ。幽霊の存在を信じるというアメリカ人であっても、実際に見たことがあると主張する人は稀だ。だがこのようにフィクションとして幽霊が語られるようになったのは英語の歴史上比較的新しいことで、植民地時代のアメリカ人は自分たちが目撃した超自然現象をしばしば口にしていた。魔女裁判の記録がそのいい例だ。個々の場面でわたしたちが何をどのように言語化するのか、文化が影響していることになる。

この点にはたいていの人が賛同するだろう。

アメリカ人同様、ピダハンも自分たちの文化的経験や文化的価値に即する形で話を限定している。そうした文化的価値のひとつの例が、外部の事物を会話に取り入れないということだ。たとえばピダハンは煉瓦の家造りについて話さない。煉瓦で家を造らないからだ。自分が目にした煉瓦の家について、外部から来た人間に尋ねられて、あるいは街から戻ってすぐ、仲間のピダハンに様子を尋ねられて、描写することはありうる。けれどもそれ以後は、ピダハンのほうから自発的に煉瓦の家を話題に載せることはない。

概してピダハンは外国の思想や哲学、技術などを取り入れようとはしない。マニオク挽き機やカヌーの船外モーターのように力仕事を楽にしてくれる道具は好きだが、こういう道具は外国人から「拝借」したもので、燃料や手入れや取り換えが必要になったらそれは外国人任せだ。かつては自分たちの知識ややり方を少しでも変えなければならないような道具の移入は一切拒否していた。また便利な道具でも、ピダハン伝来のやり方にそのままあてはまらなければ、受け入れようとはしない。

ひとつ例を挙げると、カヌーに簡単に装着できて、従来のカヌーの使い方を邪魔しない船外モーターならばピダハンは利用する。というのも、ピダハンはカボクロがモーターを使うのを見て知っているからだ。ピダハンはカボクロを自分たちの文化の一部と捉えているのである。カボクロは、自分たちの属する世界の周辺に位置する存在なのだ。ところが釣り竿を使った漁法はピダハンもカボクロもしないので、釣り竿が使われることはまずない。漁を意味するピダハンの動詞は、文字どおりの意味は「魚を槍で突く」と「手で魚を掬う」なのだ。竿で魚を「釣り上げる」という意味になる言葉はない。アメリカ人がやっているのしか見たことのない技術には興味をもたないのである。アメリカ人は自分たちの属する世界の住人ではないからだ。彼らは過去半世紀の間、アメリカ人にはたった六人にしか出会っていない。全員が伝道師で、短い間のほんの上っ面だけの遭遇だった。ピダハンが人からもらったモーターをどうとりつけたらいいか話すことはある。「外人が言うには、モーターがカヌーにおさまったらプロペラをとりつけるらしい」という具合だ。だがアメリカ人が釣り竿やリールを提供して使い方を教えたとしても、ピダハンが竿やリールの使い方を話し合うことは決してないだろう。

自分たちの文化に位置づけられていないもの、他の宗教の神々や西洋的なバイ菌といったものを話題にするということは、ピダハンに生き方やものの考え方の変革を迫る。だから彼らはそうしたことを話さない。ただ明らかな例外はある。たとえばピダハンは時々カボクロの信仰を話題にする。もっともカボクロの信仰はかなり以前からピダハンの環境の一部になっていた。カボクロたちが自分たちの信仰についてよく話して聞かせてきたからだ。何世紀にもわたるカボクロとの接触の結果、徐々にピダハンの世界の一部として浸透し、話題にできるテーマとなったのだ。

この点で、ピダハンの話法は普遍的なもの、エクソテリック（exoteric）ではなく、ピダハンのものの考え方を揺るがせない事物に特化した、外部からはわかりにくいもの、エソテリック（esoteric）になっているといえるだろう。*もちろんどんな文化のもとにあっても人は多かれ少なかれそうした傾向がある。西洋の社会でも、新奇な考え方や外界のやり方を語るのは必ずしも重要視されてはいないが、そうした社会に比べてもピダハンが際立っているのは、そのような制限がとりわけ強く働いているからだ。

エソテリックなコミュニケーションとエクソテリックなコミュニケーションの違いをはっきり示してくれる単純な事例というものはない。あえて言うならば、エソテリックなコミュニケーションは話し方や話題にされることが文化によって比較的狭く限定されるところから生じる。エソテリックなコミュニケーションの場合、伝達される情報が新しいものだとしても、まったく新奇なものではなく、それまでのおおまかな経験のどこかにはあてはまる。アメリカでは、誰かがラジオで「火星人が街に襲来しました」と言ったり、このまったく新しい脅威に対して複数の人々が動揺したりすることもありうる。

だがアメリカ人は、火星人が来たというだけでなく、似たように途方もないことを日常的に口にしている。一方ピダハンは、それまでに火星人が来るのを実際に目撃していたとしたら、火星人が来るぞと言うかもしれないが、目撃した経験がないかぎり決して言わない。ピダハンが話すのは、魚捕りや狩り、ピダハンの人々のこと、自分が見た精霊など、現に生きている日常の経験についてだ。彼らが創造性に欠けているからではなく、それが文化の価値だからだ。ピダハンの文化はひじょうに保守的な文化である。

■

結局のところ、文法に必要なものは何なのか——文化や人間の普遍的な知性、意味以外のものがあるだろうか。人はどれだけの文法が必要なのか。繰り返しになるが、文法とはまずもって、動詞の意味を文に投影するものだ。とはいえ、実際の文を組み立てるのは、動詞の意味をたんに当てはめることよりもう少し煩雑だ。文を作るために多くの言語の文法で動員されている方法が、修飾／変容と言われるものだ。

修飾／変容は単語や文節の意味の幅を狭める。動詞にとっては必ずしも必要でない単語や意味を加えることで、意味と形を絡み合わせる。そうすることで、「ジョンは少年に本をやった」とも、「ジョンは太った少年に本をやった」とも、「きのう、ジョンは少年に本をやった」とも、「ジョンはクラブにいた少年に本をやった」とも言うことができるわけだ。

傍点の部分は動詞の意味だけから考えるとなくてもかまわない。話題にされていることの意味を、さらに限定するためにだけ使われたもので、ごく簡単にいうとこれが修飾／変容だ。

文法に作用する別の現象を挙げると、チョムスキーが「転位」と呼んだものがある。文法的な発話なのだが、通常とは異なる順番で発せられる――実用的な効果、つまり新しい情報と古い情報、あるいは重要な情報と背景的で重要性の低い情報との関係を変えるという狙いで、単語がふつうとは違う場所におかれることだ。

転位がどういうもので、どのように働くか、実例をみるとイメージがつかめるだろう。たとえば「John saw Bill（ジョンがビルを見た）」という文は、英語の話し手としてごく自然な語順である。主語である John が文頭にきて、それに動詞が続き、さらに直接目的語の Bill がくる。ところが「Bill was seen

＊原注　esoteric communication の考え方はキャロル・サーストンや、ジョージ・グレイスとアリソン・レイらの研究からきている。この考え方をピダハン語分析に活用してはどうかと最初に提唱したのは、イギリス、マンチェスター大学のジャネット・セイケルとユージェニー・ステパートだ。esoteric communication とは内輪で用いられるコミュニケーションで、境界のはっきりした集団における属性を明らかにするのに一役買う。esoteric communication は発話の理解を容易にするが、それは異なる状況でも話し手がこれから何を言うか、聴き手が予期しやすいからだ。言語で取り扱われるのは古い情報や予測可能な情報だけに限られないが、それがデフォルトになる。実際にピダハン語には、第十一章で述べたように音楽発話という特殊な伝達チャンネルがあり、これは新しい情報の伝達に用いられる。この考え方からすると、音楽発話において韻律と音素が比較的豊かに見られる理由が理解できるように思われる。というのは、境界の限られた集団内で新奇な情報を伝達しようとすれば、よりゆっくりと、また区別しやすい形で伝えられる必要があると考えられるからだ。言語学者のトム・ギヴォンは「親密社会」という語を用いて esoteric communication とよく似た考えを示している。言い得て妙だが、ギヴォンが言わんとしているのは、お互い頻繁に話をし、一種の文化的共同体を形成しているような人々の集団のことだ。そのような集団では、同じ言語を用いる集団外部の人々には通じない、暗黙の情報がたくさん共有されている。

by John（ビルはジョンに見られた）」という文では動詞 see は直接目的語を失っている。この場合主語は Bill で、前の文で主語だった John は前置詞 by の目的語になっている。ひとつ目の能動態の文とふたつ目の受動態の文との違いは、多くの研究によれば、英語の発話のなかでの役割の違いである。たとえば Bill が話題の中心にあれば受動態を用いるだろうし、John が話題なら能動態を使うだろう。

転位の別の例は、叙法に見られる。叙法というのは、たとえば平叙文、疑問文、命令文のような文の形だ。たとえば「The man is in the room（男が部屋にいる）」という文では、単語はふつう想定されるとおりの順番で並んでいる。ところがもし質問文を作ろうとすると、動詞 is は文の先頭に転置して「Is the man in the room?（男は部屋にいるか？）」となる。このような質問の場合、通常主語のあとに続く動詞が、主語よりも前にくることになる。これとは別の形の質問文もあって、情報をより多く求めるような場合には、「Where is the man?（男はどこにいるか？）」となって、動詞も疑問の対象となる事柄も両方が主語に先行し、通常の位置から転位している。

チョムスキーは研究生活の大半を、文の構成成分がどのように転位しうるかを理解することに費やした。なぜ転位するかには（「プラグマティックな理由によって」というだけで）関心がなく、もっぱら転位が生じる機構にのみ着目した。

だがピダハンをはじめとする親密なエソテリック社会では、転位はひじょうに稀であるか、まったく見られないこともありうる。ピダハン語でも転位はまず起こらない。英語では転位によって伝えられる事柄は、ピダハンでは物語そのものや文脈によって伝達される。同じような言語は数多く存在する。

なぜそうなっているかの解答としてひとつ考えうること――チョムスキーがその理論で長々と説いているのは、転位は目には見えなくてもそこに存在し、チョムスキーの言う「論理形式」という抽象的なレベルでは転位が起こっていて、一見転位の起こらない言語の文法もじつは英語の文法となんら違いはなく、ただ英語では出現する転位がたとえばピダハンでは表向き出現しないだけなのだ、ということだ。けれどもこの点に関してはチョムスキーの理論が必要以上に凝りすぎていると批判しても許されるだろう。もし文法のどのレベルでも——抽象的なレベルであれなんであれ——転位抜きで文章を理解するすべがあるのだとしたら、文法の必要性はわれわれが想像するよりも小さいのかもしれない。

また、現にピダハンのように転位がなく、修飾がほとんどない言語を「論理形式」などもちださずにありのままに理解しようとする言語学理論は少なくない。

ピダハン語を探求するにあたっては、文法の抽象的レベルなどをもちだすことなく、また、言語や認知における文法の役割を過大評価することなく、どこまでいけるかやってみることにしたい。

エソテリックな文化においては、文法はさほど必要でないのかもしれない。もしそれが確かであるとすれば、ピダハンの文法がかなり簡素であることも理解しやすくなるのではないだろうか。文化が言語に大きく作用するというわたしの考えが有効であるとすれば、ピダハンの認知能力はちっとも原始的ではないことになる。ピダハンの人々も、その言語も、少しも突飛ではないことになる。むしろ彼らの言語と文法は、エソテリックな文化に完全にぴたりと当てはまるのだ。仮にこれが正しい道筋だとしたら、人間の言語の文法を理解するには、これまでにはないまったく斬新な視点が必要だということになる。

この考え方のもとでは、文法は、チョムスキーが四〇年以上主張しつづけてきた必要不可欠で自律的なものではない。たとえばデュッセルドルフ大学のロバート・ヴァン・ヴァリンはチョムスキー理論に代わる理論を膨らませていて、そこでは意味からは独立したチョムスキーの文法が影をひそめ、大幅に意味主導の文法になっている。ヴァン・ヴァリンは自分の理論を「役割と参照文法」と呼んでいるが、彼の理論では、ごく自然に、文化によって文法の諸相を説明することが可能だ。ヴァン・ヴァリンの理論は現に発達途上ではあるけれども、わたしがここで提唱している考え方を塩梅よく包み込んでくれるように思われる。

生成文法理論に代わるすぐれた文法論を編みだしているのはロバート・ヴァン・ヴァリンにかぎらない。ニューメキシコ大学のウィリアム・クロフトは、人間の言語に見られる共通性はじつのところ人間という種がもつ認知の共通性なのであって、チョムスキーの生成文法論のような手の込んだ説明は必要ないと主張し、「急進的構文文法」なる理論を展開している。

ピダハン語の研究は、こうした新しい手法の正しさを裏付けているが、理論はまだ完全ではない。ピダハン語に類した言語の探求をさらに深めていけば、これらの先例を基礎に理論を肉付けしていくことができるだろう。そのような理論は、チョムスキーの生成文法（ピンカーの言う「言語を生みだす本能」）以上に、人間言語の文法を理解する源となってくれるだろう。文法や言語は普遍的な本能であるという仮説は、文化と文法がどのように影響し合っているかについては何も教えてくれない。けれどもそれこそがいま、言語を丸ごと理解する決定的な鍵であるように思えるのだ。

# 第十四章　価値と語り――言語と文化の協調

食べ物のことで人と話したなかでも、とりわけ興味深かったのが、あるピダハンとの会話だ。ピダハンの村に滞在しはじめてから、初めてサラダを食べたときのことだ。

米に豆、魚、野生動物の肉などにたっぷりとタバスコソースをかけたものがあれば、人間の食欲はある程度までは満足する。けれども新鮮なレタスのぱりっとした食感を好む向きなら、二、三ヵ月もそんな食事を続けたら、サラダを夢に見るようになることうけあいだ。

伝道団の飛行機は八週間ごとに飛んできて、郵便物や生活必需品を届けてくれる。ピダハン以外の世界との、唯一の接触の機会だ。あるときわたしは帰りの便に、ひどくお手数をかけて恐縮だけれども、サラダの材料を送ってくれないかという伝道師仲間へのメッセージを託した。二ヵ月後、待望のサラダが到着した。

その夜わたしは食卓につき、六ヵ月ぶりに味わうレタスとトマト、キャベツを噛みしめていた。そこへアホーアーパティがやってきて、わたしが食べる様子を見ていた。彼は何やら戸惑っている顔つきだった。

「どうして葉っぱを食べるんだ？」アホーアーパティが口を開いた。「肉がないのか？」ピダハンは食べるものにはことのほかうるさい。食べたものが人を作る、とわたしたちもよく口にするが、ピダハンはわたしたち以上にそれを字義どおり信じているようだ。

「いや、肉なら缶詰がどっさりあるよ」と言って、わたしは彼の心配を払拭した。「でもわたしは葉っぱが好きなんだよ！　もういくつも月が変わる間、葉っぱを食べていなかったんだ」

ピダハンの友人はわたしをまじまじと見つめ、ついで野菜を見つめ、もう一度わたしを見つめた。

「ピダハンは葉っぱを食べない」と彼は告げた。「だからおまえはおれたちの言葉がうまくないんだ。ピダハンはピダハンの言葉を上手に話す。ピダハンは葉っぱを食べない」

そういうと彼は、語学上達の秘訣を伝授してやったと言わんばかりに去っていった。けれどもわたしには、レタスを食べることとピダハン語が上達することとの関係がさっぱりわからなかった。あいつは何が言いたかったんだろう。食べるものとしゃべる言葉に関係がある？　おかしな言い分もあったものだ。だがアホーアーパティの言葉はその後もどこかにひっかかっていた。大事なのだけれどもどうしてもこれと名指しできない何かがあるように、わたしのなかでくすぶりつづけていた。

そのころわたしはもうひとつ、妙なことに気がついた。ピダハンがわたしと言葉を交わしてから、まだわたしが目の前にいるのに、まるでいないかのように自分たち同士でわたしのことを話し合うのだ。

「なあ、ダン、マッチを少しくれないか？」あるときイプウーギがみんなのいる前でわたしに頼んできた。

「もちろん、いいよ」

「よし、やつはマッチをふた箱くれたぞ。今度は服をくれと頼んでみる」

どうして彼らはわたしの目の前でこんな風に話すのだろう。まるでこっちが向こうの言っていることをわかっていないみたいじゃないか。たったいま、マッチをくれというのに答えてわかっていることを示したばかりなのに。何か見落としていることがあるのだろうか。

ピダハンの考えでは、彼らの言葉はピダハンとしての生活と、ほかのピダハンたちとの関係のなかから生まれてくる。仮にわたしが彼らの質問に首尾よく答えたとしてもそれで彼らの言葉を話せることにはならないのだ。留守番電話が英語を話せるとは言わないように。ピダハンにしてみればわたしは、マイシ川のほとりにごまんといる派手な色のオウムやインコと変わらない。わたしが「話す」といっても、それには何かしら仕掛けがあって、ほんとうに話せているとは思ってはいないピダハンもいたのだ。

何もピダハンに、言語と文化の相関理論があるとかないとか言いたいわけではない。ただ彼らがぶつけてきた疑問や行動が、言語と文化の関係を考えるきっかけになったのは確かだ。

ピダハンとともにいて突拍子もないことを見聞きしても、最後にはたいてい、そこにわたしがすぐには気づけなかった真実が含まれているのを悟らされることになる。アホーアーパティが言っていたこともそうだった。彼らの言葉を話すのは、彼らの文化を生きることだ。今日でも、二〇世紀初頭のエドワード・サピアやフランツ・ボアズの衣鉢を継ぎ、文化が文法と言語に少なからず作用すると考えている言語学者も少しは存在する。だがわたしがそのように考えるようになった根拠は、そうした少数派たちともまた少し違っている。聖書をピダハン語に翻訳する作業がはかどらなかったのは、ピダハンの社会と言語が密接につながっていて、言語の一要素にすぎない文法を理解するにも、言語と文化とを同時に理解しようとしなくてはならなかったことが大きい。そしてわたしは、どのような文化と言語に関してもそれが言えると信じている。言語とは、社会の価値観とコミュニケーション理論、生物学、生理学、

物理学（われわれの頭脳と発することのできる音声にはおのずと限界がある）、そして人間の思想との協同から生まれた所産だ。それは、言語のエンジンである文法にも言える。

現代の言語学者や言語を扱う哲学者たちは、人間のコミュニケーションを理解しようとする道筋で、言語を文化と切り離すことを選んだ。しかしその道を選んだことで彼らは、哲学者ジョン・サールの言葉を借りれば「自然現象」としての言語に正面から向き合うことができなくなった。一九五〇年代以降、多くの言語学者と哲学者は言語をまるで数学理論のごとく扱ってきた。言語に意味があり、人間によって話されているという事実など、言語を理解するという一大事業に何ら関係がないかのような扱いだった。

言語は、人類という種がたどり着いた最もすばらしい到達点だと言えるだろう。サールが指摘しているとおり、言語を獲得してはじめて人間は、自分たちの周囲の世界をどのように名づけ、色分けし、分類するか、共通項をもてるようになった。この共通項が、社会におけるそのほかのさまざまな合意形成の基礎となる。つまりルソーの言う社会契約は、少なくともルソーが考えていたような意味での、人間社会形成の基盤となる最初の契約ではなかったわけだ。言語こそが、初めての契約なのだから。ただ言語は、それだけが社会的価値の源泉ではない。言語以外では、伝統や生物学が強力な役割を果たしている。社会における価値の多くが、言語を介さずに伝播されている。

生物学者でもE・O・ウィルソンなどは、わたしたちが大切であると考える事柄の一部が、類人猿であることと、生物としての存在からきていることを示している。たとえば仲間を必要とすること、食料や衣料、住居を必要とすることなどは、わたしたちの生物としての有りようと深く関わっている。あるいはまた、個人や家族、文化的な慣習から生じる価値もある。たとえばカウチポテト族を例にとってみよう。カウチに寝そべって脂ぎったスナックを食べながらテレビの、それもグルメ番組を好んで見る人がいる。およそ健康的とはいいかねる習慣だ。それでもそういう行為を楽しむ人はいる。なぜだろう。たしかに、生物学的根拠がないとはいえない。人間が味を感じる味蕾は脂っぽい食べ物（ポテトチップスのようなスナック菓子）の刺激や味を好むし、頭は感覚的な興奮（転がるボールを追いかける男たちや、ビキニではねまわる女たち、広大な砂漠の光景やエメリル・ラガスの最新作などなど）が好きだ。

しかしカウチポテトのような不健康な行動を例証するのに、何も生物学にばかり頼る必要はない。つまるところ、人間が全員カウチポテトというわけではないのだ。一部の人があるやり方で自分の生物学的欲求を満たし、別の人々はまた違うやり方で、それももしかしたらもっと健康的なやり方で生物学的欲求を満たすとしたら、どうしてまちまちのやり方があるのだろうか。このような行為は言語を通して習得されるものではない。むしろ、個々の家族や集団の慣習から獲得されていくものだ。

カウチポテト的生き方は、言語を介さずに習得される文化的価値のほんの一例にすぎない。こうした特定の価値観が、純然たる生物学的価値（衣食住や健康など）と並んで広く言語や文化全体を作り上げ、それによってわたしたちは周囲の世界を解釈し、言葉にする。わたしたちは往々にして、自分たちが価値を認める事柄や、その事柄について言葉にするやり方はあくまでも「自然発生的」なものだと思いがちだが、そうではない。それはむしろ、ある特定の文化、特定の社会にたまたま生まれついたことによる、いわば偶発的なものなのだ。

ピダハンはよく自分たちも食事しながら、同じ食器で犬に食べさせてやる。おぞましく感じる人もいるだろうが、気にしない人もいるだろう。犬と食事をともにするのはわたしの習慣ではない。時には犬におやつをやって、そのまま手を洗うのを忘れて食事してしまうことがあるが、わたしが犬と「一緒に」食事するといえばそれが限度だ。飼い犬に皿を舐めさせる飼い主がいるのは知っている。あとで食器洗い機にかければ充分清潔になると考えているのだろう。けれどもわたしは、飼い犬を横に座らせて食べ物を分け合おうとは思わない。

わたしが犬と同じ食器で食事をしたくないのは、バイ菌というものがあって、うつると病気になると信じているからだ。とはいえ、バイ菌なるものが存在するという明白な証拠を握っているわけではない。誰彼となく、バイ菌というものがあってこういう悪さをすると説得してまわる自信はない。それでもバイ菌が実在することは信じている。バイ菌や、それが病原体になるという知識がわたしの属する文化の所産だからだ（犬のバイ菌で人間が病気になるかどうかわたしは知らないが、文化によってバイ菌への恐怖を植え付けられているわたしには、犬と料理を分け合うという考えはやはりぞっとしないものだ）。

世の中にはバイ菌を信じない人はたくさんいて、ピダハンもその一員だ。だから自分がいま食べている皿のものを犬に食べさせるのに少しも抵抗を感じない。犬はピダハンにとってジャングルを生き延びる同志であり、ピダハンは犬をとても大切にする。だから、バイ菌を恐れていないピダハンには犬と皿の食料を分け合うことはこれっぽっちも不快でないわけだ。

もちろん言語学者ならこうした事情を知っているし、人類学者や心理学者、哲学者、ほかにも大勢の人たちがこのことを知っている。したがってこれまでのところ文化と言語の関係についてわたしが指摘してきたことも、とりたてて目新しい発見のつもりはない。しかしわたしは、アホーアーパティとサラダ問答をするまで、その重要性をすっかり見過ごしにしてしまっていたのだった。

ピダハンが直接体験と観察にひじょうに重きをおいていることは知ってのとおりだ。その意味では、ピダハンは「（証拠を）見せてみろ」が州の「モットー」とされるミズーリ州民ばりと言えるかもしれない。ただピダハンには、「見ることは信じること」であるばかりでなく、「信じることは見ること」でもある。ピダハンに何かを話そうとすると、彼らはまずこちらがどうやってその情報を仕入れたのかを知りたがる。かてて加えて、こちらが言うことにはっきりした証拠があるかどうかも知ろうとする。

精霊も夢もピダハンにとっては直接体験なので、彼らはしょっちゅうその話をする。精霊の話はピダハンには作り話ではなく、現実の出来事の再現だ。ピダハンの霊的な生活を直接体験の原則で解釈しようとするには、自分たちが話している精霊を実際に見たとピダハンが信じていることが必須の条件になる。そしてこの条件が満たされることは難しくない。

ここに紹介する短い文章は、スティーヴ・シェルドンが採録した夢の再話だ。内容には格別の意味はない。ピダハンは夢に何か裏の意味を求めたりはしないからだ。夢はあらゆる日常と変わらないものとして経験される。ただし夢の舞台はマイシ川の周辺や低い方の「境界」すなわち「ビギー」とは異なる場合もある。

**カシミロの夢**

情報提供者――カボイバギ
採録および転写――スティーヴ・シェルドン
梗概――これは物語の語り手が見た夢についての文である。村の近くに住んでいた、ひじょうに大柄なブラジル人女性の夢を見た。

1　彼の妻の夢を見た。
*Ti xaogií xaipipaábahoagaíhíai kai.*
2　それからブラジル人の女の夢を見た。
*Ti xaí xaogií xaixaagá apipaábahoagaí.*
3　女が夢のなかで話した。おまえはブラジル人の男といるだろう。
*Xao gáxaiaiao xapipaába xao hi gía xabaáti.*
4　おまえはその男といるだろう。
*Gíxa hi xaoabikoí.*
5　わたしに構わず、大きなブラジル人の女は消えた。
*Ti xaigía xao xogígió ai hi xahápita.*

6　次にわたしは、パパイヤとバナナの夢を見た。
*Xaipipaá kagahaoogí pooghiai.*

この夢をひとつらなりの物語のようにとらえると、最初の五行と六行目につながりが欠けているのが気になる。しかしこれは話者のしたことをたんに再話しているだけのものだ。ピダハンが夢と日常を混同しているというわけではない。ただ彼らはそのふたつをほぼ同じ領域のもの、同じように体験され、目撃されるものととらえているのだ。それは直接体験の原則の例証になる。

どんな人々の生きる社会でも、文化と言語がさまざまに連関し合っていることはわかった。文化が文法に影響するという事実は、文法もまた文化に影響するという発想と矛盾するものではない。事実、文化と文法の関係を異なる視点から取り出してみることは、言語学や人類学では重要な研究テーマだ。

文法が文化に与える影響にはいろいろなレベルがある。時にはまるで自分の右手のようにはっきりとわかるものもある。わたしはそれを、コーホイと勉強をともにした数かぎりない日々のなかで、ある日発見した。

「よし。この手をアメリカ人は『左手』と言う。ブラジル人は『マン・エスケルダ』と言う。ピダハンは何と言う？」

「手」

「ああ、手だというのはわかってる。『左』の手のことは何と言う？」

「おまえの手」

「違う、見てくれ。これはきみの左手だ。こっちはきみの右手。これはわたしの左手で、これがわたしの右手だ。こういうのをきみたちは何と言う？」

「これはおれの手。これはおまえの手。これはおれのもうひとつの手。これはおまえのもうひとつの手」

片手ともう一方の手をどう区別するのかを教えてもらうのも、明らかにうまくいきそうもなかった。左手と右手を示す名前を聞きだすのがどうしてこうも難しいのか、まったく合点がいかなかった。

糖分の補給が必要だ。わたしは休憩をとることにし、先生と一緒にインスタント・コーヒーを飲みながらクッキーを食べた。休憩のあと、コーホイにもう一度右手と左手の区別を尋ねるつもりだった。もし二度目の挑戦でもコーホイの答えに要領を得ることができなければ、まったく別のやり方を考えださなければならない。

この先聖書をピダハン語に翻訳することができるようになるんだろうか――右手と左手というたって簡単な語彙さえつきとめられないこのわたしに。ああ。じつにむしゃくしゃする。コーホイが凝りもせず同じ作業に付き合ってくれるというのがせめてもの救いだった。わたしは最初からやってみた。

「マン・エスケルダ」

これにコーホイはこう答えた。「手は上流にある」

やれやれ今度は何だっていうんだ。わたしは辟易した。こいつ、おれをからかってるのか。

わたしはコーホイの右手を指差してみた。

「手は下流にある」

ここでわたしはあきらめ、別の話題に移った。だがその後何日も、言語学者として自分の無能ぶりがほとほといやになっていた。

一週間後、わたしは男たち数人と狩りに出かけた。村から三キロほどのところで道が二股に分かれていた。*Kaaxaóoi* カアアウーオイが列の後ろのほうから叫んだ。「コーホイ、上流へ行け」コーホイは右の道へ進んだ。カアアウーオイは右へ行けとは言わなかったのに、コーホイは右へ行った。さらに行くと、わたしたちの進む方角は変わっていった。

別の誰かが先頭を行くコーホイに呼びかけた。「上流に行け！」今度コーホイは、右ではなく左へ向かった。指示は同じ「上流へ」だったのに。

その日の狩りの間、方向の指示は川（上流、下流、川に向かって）かジャングル（ジャングルのなかへ）を基点に出されることに気がついた。ピダハンには川がどこにあるかわかっている（わたしにはどちらがどちらかまったくわからなかった）。方向を知ろうとするとき、彼らは全員、わたしたちがやるように右手、左手など自分の体を使うのではなく、地形を用いるようだ。

わたしにはこれが理解できなかった。「左手」「右手」にあたる単語はどうしても見つけることができなかったが、ただ、ピダハンが方向を知るのに川を使うことがわかってはじめて、街へ出かけたとき彼らが最初に「川はどこだ？」と尋ねる理由がわかった。世界のなかでの自分の位置関係を知りたがっていたわけだ！

何年もたってから、オランダのネイメーヘンにあるマックス・プランク心理言語学研究所で、スティーヴン・C・レヴィンソン博士の指導のもとにおこなわれた研究の報告を読んだ。いくつもの文化や言語を比較した結果、レヴィンソンのチームは局地的な方向を示す方法として大きく分けてふたつのやり方があることを見いだしていた。多くはアメリカやヨーロッパの文化と同様、右、左のように体との関係で相対的に方向性を求める。これはエンドセントリック・オリエンテーションと呼ばれることがある。

もう一方はピダハンと同様、体とは別の外部の指標をもとに方向を決める。こういうやり方をエクソセントリック・オリエンテーションと呼ぶ者もいる。

ピダハンの方向の決め方は標準的なアメリカ人とは大きく違う。しかし英語においてもピダハンのような「絶対的な」方向付けを用いることもできる。たとえば「アメリカ合衆国はメキシコの北にある」とごく自然に言うことができるし、「止まれの標識で西に行ってください」ということもありうる。コンパスを使って方向を定めるのも川を使ったピダハンのやり方と原理は同じで、話者とは独立した外部の世界に原点を置いているのである。しかし英語やその他多くの言語では、ピダハン語とは異なり、自分の体を基にした方向付けの方法がある。そこでわたしたちは体の位置関係をもとにして、「左へ曲がる」「まっすぐ前方に進む」「右へ曲がる」といった言い方をするわけだ。

この方法は有効だが、話し手がどこにいて、話し手の体がどちらを向いているか聞き手にわかっていなければ話者の言う方向をたどれない。これが難しい場合はままある。たとえば話し手が自分と正対しているところを思い浮かべてみてほしい。すると相手の左がこちらの右になり、相手の前方はこちらの後方になる。あるいは話し手が電話の向こうとか物陰とか、こちらからは見えない場所にいるとしよう。その場合、話し手の体がどちらを向いているかがそもそもわからない。体を軸にした「相対的」な方向付けは状況によっては有効だが、元来は厳密さに欠け、混乱を招く場合さえある。

このように、英語には外的環境を基点とした効率的な方向付けの方法と、体の向きに基づいた時として混乱を招く方法の両方がある。双方が共存してきたのは、主として歴史と英語文化の有りようのなせるわざだ。ピダハン語には体の向きを基に方向を導く方法はなく、あいまいなところのない外部環境主体の方向付けしかない（もちろんピダハンはほとんどいつも川のそばにいて、おおむね川との関係で自分の位置関係を推し量ることができるという利点があるのだが)。つまりピダハンは、世界のなかで自分がどういう位置にいるかを、わたしたちよりずっとはっきりと、常に考えていなければならないことになる。これは言い方を換えれば、ピダハンの言語は世界についてわたしたちとは異なる視点を使い手に要求しているということだ。

この発見は、物事の認知の上で、言語と文化が決して乖離したものでないことを示している。だが同時に、この発見だけをもとに手放しで結論に飛びつくのは控えなければならない。たとえば、ブラジルやメキシコの言葉で女性形にあたるからといって、ブラジル人やメキシコ人がコカコーラを女性と見なしていると結論付けるわけにはいかないし、ピダハン語に数を表す単語がないからといって、それではピダハンが指を折るなどして数を数えることができないかといえばそうではない。言語が思考を形作るというのはそういう意味ではない。

言語が思考を形作るという考え方は常に論議を招いてきた。この考えにはいろいろなラベルが貼られている――言語決定主義とか、言語相対論、ウォーフ仮説、サピア゠ウォーフ仮説などがその主なものだが、サピア゠ウォーフといっても近年ではこの仮説はおもにベンジャミン・リー・ウォーフのものと見なされている。彼が、言語が思考を作っていく実例を精力的に描きだした言語学者の先駆けなのだ。

だがサピアも、言語が文化に大きく影響するという見解との関連で依然として名前を挙げられる。サピアはアメリカ言語学の基礎を築いた学者であり、ルース・ベネディクトやマーガレット・ミードなどとともに、アメリカで多くの人類学者を育てたフランツ・ボアズの弟子でもあった。ボアズは物理学から転身したコロンビア大学の人類学者で、アメリカ人類学の父と呼ばれることもある。サピアが言語と文化と認知には相関があると結論付けたのは、野外調査の豊富な経験と、北アメリカ諸言語の研究から、その構造や北米先住民の文化、歴史、文化と言語の関係に深い洞察を得たことによる。サピアの有名な論文には次のような部分がある。

人間は客観的世界にだけ生きているのではなく、また、一般に了解されているように社会活動のなかだけで生きているのでもない。その属する社会の表現媒体となっている特定の言語に左右されている部分が大いにあるのである。人間が言語を介さずに現実に適応していて、言語はたんに情報伝達や思考のためにたまたま用いられる道具にすぎないと考えるのは多分に幻想である……まったく同一の社会的現実を反映していると言えるほどに互いに似通っている言語は二つとしてない。異なる社会はそれぞれ別個の世界に存在しているのであって、たんに同じ世界の異なる次元に存在しているとは言えないのである。（サピア『科学としての言語学』*The Status of Linguistics as a Science*（1929), p. 209）

サピアによれば、言語は物事を見聞きするわれわれの知覚に影響を与えている。サピアの見解では、わたしたちが日常目にしたり耳にしたりするものは、わたしたちが世界について語る方法によって決定づけられるというのだ。こう考えると、ピダハンとジャングルを歩いていて枝が揺れたとわたしが見たとき、彼らには枝を揺らしている精霊が見えるというのがなるほど理解できる。サピアはさらに、わたしたちが世界をどう見るかは言語によって構築され、われわれが見ているものが何であり、それが何を意味しているかを教えてくれる言語というフィルターなしに感じることのできる「現実世界」なるものなど存在しないとまで言っている。

仮にサピアとウォーフが正しいとすれば、さまざまな学問領域のなかでも、とりわけ哲学と言語学、人類学、そして心理学に与える影響は大きい。ウォーフは、西洋科学は西洋言語の文法的限界によって生まれたものであるとも主張する。

カントの先験的な倫理はドイツ語の名詞や動詞の順番によって作られた産物なのか？　アインシュタインの相対性理論も？　およそ信じられないような仮説だが、それがウォーフの示唆したことだ。

言語学と人類学の分野には、サピア゠ウォーフ仮説は、異なる言語を使う人々がどのように異なった世界の捉え方をしているかを調査するという課題を提供してくれる。

サピアとウォーフは、言語と思考が共生していることを示唆した。この見解を突き詰めたのが言語決定論で、賛同するものは現実にはほぼいないが、思考は言語の限界を越えられないというものだ。ある特定の言語を話すことは、取り組む課題や言語によっては、わたしたちの思考に有利になったり不利になったりし、それはその言語を用いるかぎり変えることができないということになる。

もっと多くの人に受け入れられているのが、わたしたちは「言語の箱を使って」考えることはできるものの、通常はそうしていない、それは言語がどのように思考に影響しているかを意識すらしていないからだ、という考え方だ。このような考え方は、サピア゠ウォーフ仮説をはっきり否定している研究者の仕事にも見受けることがある。

聡明なる人々も、わたしたちの話し方が考え方に影響を与えるという見解の前にどれほど「混乱」するかのいい例が、アメリカ言語学会（ＬＳＡ）にある。ＬＳＡには性差別的表現を厳に戒めるガイドラインがあるのだが、これはＬＳＡ会員の少なくとも一部は、サピア゠ウォーフ仮説が言うようにわれわれの話す言葉が考えることに影響していると見なしている証拠だ。

だがＬＳＡのなかには、この仮説をどうとっても認めようとしない会員もいる。面白いと思うのは、仮説を認める会員も認めない会員も両方とも、ＬＳＡは性中立的な言葉遣いの普及に努めるべきだという考えでは一致している点だ。言語相対論に異を唱える論文を書きながら、その論文のなかでは「he 彼」を男女を代表する代名詞として使うという弊に陥るまいと、「If anyone wants this job, he can have it」と言ってもいいところを「If anyone wants this job, they can have it」と書くなど、細心の注意を払って「they 彼／彼女ら」ないし「s/he 彼（女）」を使い通そうとする具合になる。

これは、性中立的な表現を用いるほうが性限定的な表現をするより体裁がいいというような単純な問題ではない。英語表現をこのように変えなければいけないという圧力が生じるのは、人を傷つける意図にせよ儀礼を重んじているにせよ、いずれにしても言葉の使い方には他者に対する考え方が顕れている、と人々が信じているからだ。

わたしはこの緩やかなサピア＝ウォーフ仮説には一理あると考えるに足るだけの言語心理学的研究を見てきたし、また言語が思考に作用している実例と思われるものにも数多く接してきた。だが同時に、この仮説は一部の信奉者が願うほど万能でもないと思っている。たとえばピダハンに数を数える言葉がないことを説明する役には立たない。もしピダハンに数える言葉がないことをサピア＝ウォーフ仮説流に「彼らが数えないのは数の言葉がないからだ」と解釈しようとすると、いくつかの事実が説明されないままに残ってしまう。

たとえば、世界にはピダハン以外にも数の体系がほとんど見られない集団は数多くあるが、彼らも数は数えるし、近隣の集団と取引する社会経済的要請が高まってくると、数を使って商売できるように近隣の言語から数字を借用したりもしている。オーストラリアのワールピリ族がそのいい例だ。ピダハンは二世紀以上もの間、ブラジル人と交易してきた。それなのに彼らは通商を楽にする数字を借りてきて

認知、文法、文化の関係

| 支配的関係 | 代表的理論 |
|---|---|
| 1　認知→文法 | チョムスキーの普遍文法 |
| 2　文法→認知 | 言語相対論（ウォーフ） |
| 3　認知→文化 | ブレント・バーリンとポール・ケイの色名に関する研究 |
| 4　文法→文化 | グレッグ・アーバンの発話中心文化 |
| 5　文化→認知 | 長年に及ぶ、ある行動には文化による制限がかかるという考え方の影響 |
| 6　文化→文法 | 民族文法；文法の形態はそれぞれ文化によって構築される |

いない。ピダハンの算術をウォーフ的に解釈すれば、ある語彙を借りて概念を表現するのが便利になるとしても、そもそも語彙がなければ便利になる概念もないのだから、借用する理由はないわけだ。ところがこのような解釈は、語彙がなければ概念があるはずがないという誤った推論を導きかねない。実際には強いウォーフ仮説は科学とも相容れないのだ。というのも科学とはつまるところ、それまで自分たちが表現する語彙をもち合わせていない概念を発見することに尽きるからだ！

サピア゠ウォーフ仮説だけでは、ピダハンの文化と言語にまつわる珍しい事象——色名や数量詞、数詞がないことや、血縁関係がひじょうに簡略であることなど——を全体として説明することはできない。

ピダハンの言語と文化の相互作用を説明するという目的地にたどり着くには、知の平野を幅広く渉猟しなければならない。文法と認知と文化とがこれまでどのように関係づけられてきたのか、描きだしてみなければならない。それぞれの関係性について述べている主だった説を表にしてみた。

文化、認知、文法がどのように相互作用しているかを理解しようとするとき、「人が経験しうるもの」を形作っているのが何であるかを安易に単純化して理解するような弊を犯してはならないのは誰しも承知だ。だが手始めとしては、この三つの領域で突出している点を抽出して敢えて簡略化し、ほかは一時的に見ないようにすることも有効だし、必要だ。こうした複雑に入り組んだ問題の糸口をつかむには、それが効果的な方法だ。

表の一列目は、認知が文法を支配しているような場合である。ここでいう「認知」とは、おおまかに、思考のために必要な大脳ないし精神の構造や、思考そのものを指している。ノーム・チョムスキーはこの意味で、文法に作用する認知の影響だけに何十年もの間着目し、認知が人間言語の文法に制限を与えていることを普遍文法という形でさし示した。

普遍文法は、世界じゅうの言語の文法は基本的にただひとつだけであり、個々の言語の文法は、比較的少数の「原則とパラメーター」の許す範囲で変移する。特定の環境で育ち、特定の言語が話されるのを聞くことによって、文法上の特性のあれこれのスイッチが入り、子どもの文法が完成されていくというのである。そこでたとえばブラジルに生まれてポルトガル語に囲まれて育ったとしよう。普遍文法の考え方に従うと、子どもは、文章には必ずしも主語が明示されなくてもいいという「主語なし」パラメーターを採用する。つまりポルトガル語では「昨日わたしを見た」というのは文法的に正しいが、英語では不完全だ。またポルトガル語では動詞が主語について英語より多くの情報（最低限人称や数はわかる）をもつようになる、などなどの特性である。この理論は、文法と認知の関係を追究した多くの研究のなかでも最も影響力の大きいものだ。

表の第二列はサピア＝ウォーフの研究に象徴される系統で、文法と認知の関係を、言語を形作っている文法が認知にどのように影響しているかという観点から見ている。

三番目の列について思い浮かぶ名前はブレント・バーリンとポール・ケイだが、ふたりともカリフォルニア大学バークレー校の名誉教授だ。彼らは、文化における色の分類は、明度・色相・彩度を見分ける人間の脳の物理的制約下にあることを示そうとした。大脳の認知の限界によって色分類が制限を受けることはすべての文化で起こっているという。

四列目は、ペンシルヴェニア大学のグレッグ・アーバンに代表される言語人類学の視点だ。アーバンの研究は、言語が目には見えない形で文化に影響している興味深い例を取り上げた。たとえば受動態（ジョンはビルに見られた）と能動態（ビルはジョンを見た）という文法的構造によって、主人公観に違いが生まれるという。

アーバンによると、一部の言語では話し言葉でも書き言葉でも受動態の現れる頻度が高く、一方、能動態のほうが頻繁に使われる言語もある。さらに、受動態のほうが自然でよく出てくる言語の社会では、どちらかといえば自分が何かをするというより、何かがその人の身の上に起こるという立場の人が主人公として登場する。こうした主人公は、能動態を主とする言語の社会の主人公よりも、おとなしいタイプと見なされる。

受動態が存在しない言語の場合は、「男がジャガーを殺した」とか、「ジャガーが男を殺した」という文は出てくるが、「男がジャガーに殺された」という表現はない。ある動作がおこなわれたとき、その動作をおこなっている者が物語の中心だ。

一方、受動態の構造を好む言語では、動作をおこなっている者は関心の中心とは言えない。たとえば、「男がジャガーを殺した」という能動文と「ジャガーが（男に）殺された」という受け身文で、能動態と受動態の違いをよく見てみよう。こうしたフレーズが文中に繰り返し登場すると、受動態においては、「男」の役割が求心性を失っていく。中心にくるのは動作の対象、ここでは「ジャガー」であって、主体、つまり動作の担い手ではない。これは、動作の担い手を英雄として語りの中心に置く文化と、動作の担い手はそれほど重要ではなく、中心でもなく、したがってさほど英雄的でもない文化との対比に呼応している。

ピダハン語には受動態という構造はないため、物語の中心はパンサーの物語に見られるように動作の担い手であって、その行動は受動態優位の言語の場合よりも英雄的に見られる（受動態優位の場合の例を挙げるのは差し控える。というのもここではアーバンの理論をごく簡単に要約しているだけだからだ。ほんとうのところ、実例はこの理論が示唆しているよりさらに複雑なのではないかとわたしは睨んでいる）。いずれにせよ、彼の研究は、言語と文化をそれぞれ別々にではなく、いっしょに研究することがいかに重要かを強調しているといえるだろう。わたし自身の研究はちょうど反対側からのアプローチだが、これらはともに、現代言語学や現代人類学の伝統とは対極を行くものだ。

五列目は文化が認知にどのように影響するかに着目している。ピダハンはそのいい例証になる。ピダハンの社会には数を数えるシステムがないが、これは見てきたように文化による制限だ。だがそれは副産物として認知に影響を与えており、一定の期間を数のない社会で過ごしてきたピダハンの成人には、算数を覚えるのはほとんど不可能だ。

最後の列は、局地的に、あるいは普遍的に、文化によって文の構造や単語の順序、音などがどう影響されるかを研究している、五列目までに挙げた以外の研究者（わたし自身も含めて）の業績を示している。ここも議論の分かれる分野であり、言語学のこれまでの常識の逆を行っている。ひとつ具体例を挙げると、体験の直接性原則で言おうとしているのはこのことだ。

# 第十五章　再帰《リカージョン》——言葉の入れ子人形《マトリョーシカ》

理論はわたしたちのものの見方を左右する。わたしたちが、自分の周囲の世界を見るまなざしを制約する、文化上の情報の一部なのだ。科学的な証明はできないが、わたしが言いたいことをよくわかってもらえる実例は、枚挙にいとまがない。たとえばあるとき、わたしはアナコンダを流木と間違えた。わたしが育った文化では、船で川を行くときには流木に気をつけるべし、ということになっている（万国に通用する有益な助言だ）。川を流れる流木がどのように見えるかも教えてくれる。しかしわたしの文化では、巨大なアナコンダが川をこちらへ向かってくるとき、どのように見えるかはいっさい語られることがない。

わたしたちはモーターボートで村を離れ、ポルト・ベリョ行きのバスにのるためウマイタを目指していた。ケレンが自家製パンでツナをはさんだサンドイッチを拵えていて、飲み物はクール・エイドがあった。マイシ川からマルメロス川へと船は進み、家族全員がくつろいでいた。シャノンがブラジルの漫画「モニカ」を読んでいたほかは、うたた寝するか流れ去っていく景色にぼんやりと目を向けていた。

この行程のなかでもとりわけわたしが気に入っている箇所に差し掛かった。深緑色のマルメロスの流れがミルク・チョコレート色のマデイラに注ぎ込む合流点だ。わたしは見てごらんと声を張り上げて家族の注意を促し、二色の水の帯がしばらく並走し、やがて泥水が緑の水に渦を作り、合流点から五〇〇メートルほども進んだあたりで緑の水がついに呑み込まれていくさまを家族全員で見守った。

それからわたしは前方に注意を戻し、マルメロス川河口付近の中島をかわしながらオーシリアドラへと向かっていった。そこで一泊する予定だった。マデイラ川の名前は、ぬかるんだ土手から木々が洗い流され、アマゾンへと運ばれていくところから来ている。川には大きな木の根や枝が浮かんでいるが、水面下すれすれあたりで見えないところを流れているものが特に危険だった。二〇〇メートルほど前方の早い流れのなかに、丸太が浮かんでいるのが見えた。ずいぶんとねじくれた丸太だった。アマゾン水系を川で行き来するようになった当初、新世界では自分がいままで見たこともないような珍しいものを見聞きすることを予想していて、そのせいで川に浮かんでいる流木は全部ヘビに見えたものだった。流れのせいで木がくねってみえるからだ。いま目にしている丸太もくねって見えたが、経験を積んだわたしの目は、もうヘビと見間違えたりはしない。それにヘビは丸太ほど大きくもない。この流木はよく見ると長さが一〇メートルあまり、太さも九〇センチはありそうだ。

頭の上をマカウが二羽啼きながら飛んでいき、わたしの注意がそれた。わたしは丸太に視線を戻した。かなり近づいていた。妙だな、とわたしは思った。流木なのに直角に流れを横切って岸辺に近寄っていくのだ。

もっと近くまできて、そいつがほんとうにのたくっているのがわかった。そいつはいきなりわたしたちのボートの先端に向かってきた。流木などではない。見たこともないほど巨大なアナコンダだった。頭はわたしの顔より大きい。胴体もわたしよりはるかに太いし、長さも一〇メートル近くあった。そいつは口を大きく開けてわたしに向かって泳いできた。わたしは大慌てで操舵輪を回し、家族全員がボートの片側になぎ倒された。十五馬力の船外機のプロペラが、水面下に潜ったヘビをしたたかに打ちつけた、と思う。がつんと固い音がして、そいつの頭を殴りつけた感触があったが、確信はなかった。

大蛇は姿を消した。だが次の瞬間アナコンダは全身を水の上にさらけだした。ボートに覆いかぶさるほどの大きさだ。だが時速十六キロで進むボートにおいていかれ、次第に遠ざかっていった。ヘビが大きな水音を立ててマデイラ川に潜り込む刹那、長くて白い腹がまるまる見えた。

アナコンダにあんなジャンプができるとは知らなかった。わたしたちの乗っているボートに飛び込んでいたかもしれないなんて！

わたしはただ目を丸くして見ていた。シャノンもマンガを読むのをやめて「ワーオ！」と声を上げた。アナコンダを流木と見誤ったこの経験から、わたしは心理学者がとうの昔に知っていた事実を教わった。認知とは学習されるものなのだ。わたしたちは世界をふたつの観点から見聞きし、感じ取る。理論家としての視点と宇宙の住人としての視点と。それもわたしたちの経験と予測に照らし合わせて見ているのであって、実際にあるがままの姿で世界を見てとることはほとんど、いやまったくと言っていいほどないのである。

■

ピダハン語をかなり自在に操れるようになってくると、みんながわたしのためにわざと簡単な物言いをしてくれているのではないかと心配になってきた。わたしに話しかけてくるときは、一文一文が短いし、動詞がひとつしか入っていない文ばかりだ。そこでわたしは、ピダハン同士で話す言葉にもっと注意を払うことにした。わたしに向けられる言葉だけから結論を導くよりずっと有益だろう。ちょうど恰好のサンプルがあった。アホアービシの連れ合いの *Báigipóhoái* バーイーギポーホアーイだ。彼女は毎朝五時ごろ、まだ暗いうちから起きだして、火を掻き立てているアホアービシに大きな声で話しかけるのだが、ふたりの小屋は我が家の寝室と目と鼻の先なのだ。そればかりでなく、小屋に座ったまま村人全員に聞こえるように自分が見た夢の話をしたり、誰彼を名指しして今日何をするのか尋ねたりする。カヌーで魚獲りに出かける男たちにはこういう魚を獲ってこいとか、魚を獲るならどこがいいとか、ガイジンが来たらこうやって逃げろなどなど延々と語りかける。彼女は村のお触れ役兼ゴシップ屋で、そのおしゃべりは聞いていて楽しい。彼女の語り口は一種の芸術だ。深みのある声の質、多彩な抑揚（低くなったかと思うととても高くなり、また低くなるといった具合）、そして話題によって変えられる発音。聴いているとまるで、息が肺や口から出てくるのではなく、入っていくように感じられる。ピダハン語を、言語学者たるわたしにではなく、ピダハンたちに向かって話してくれる資料提供者がいるとすれば、バーイーギをおいてほかにいない。彼女の語りを録音し、書き起こしていくなかでわかったのは、バーイーギの語る文がどれも、コーホイをはじめとするピダハン語の先生たちがわたしに話してくれるのと同じ単動詞文だということだった。

これはいたって興味深いことだった。というのも、ピダハン語の文法を解明するために、わたしは必死になって句や節が句や節のなかに含まれる文例を探していたからだ。これは言語学者にとって文法を研究する初歩だ。そうした入れ子構造のほうが、それまでにわたしがせっせと集めていた単純な構造の文よりも文法の仕組みをよく表していると考えられているからだ。わたしはたとえば、「魚を獲った男が家にいる」というような文を探していた。つまり、「魚を獲った人物」という関係節が「これこれの男」という名詞句のなかにあり、それがさらに「男が家にいる」という文のなかに登場しているというような例だ。当時のわたしは、関係節がいかなる言語にも存在すると考えていた。

ピダハン語に関係節があるかどうかを調べるため、わたしはある日コーホイに、「男が家に入ってきた。彼は背が高い」という言い方が「きれい」かどうかを尋ねてみた。この言い方は単純な文をふたつ並べただけだ。英語では二番目の文をはじめの文に入れ込み、「背の高い男が家に入ってきた」という言い方を好む。わたしの言い方は「きれい」かどうかを尋ねると、ピダハンは失礼にならないようにと、たいていは「きれい」だと答えてくれる。とはいうものの、わたしの言い方が相当拙いときには、決しておかしいとか間違っているとは言わずに、ただ適切な言い方に直して言い返してくれるのだ。だから今回も、わたしの質問に対してコーホイが「背の高い男が家に入ってきた」に相当するピダハン語に直して正しく言い返してくれると思っていた。ところがどうしたことか、コーホイはおまえの言い方はきれいだ、と言ってわたしが発したのとまったく同じようにその文章を繰り返してみせただけだった。わたしの発話が文法的に間違っていたら到底そのような鸚鵡返しはしないはずだった。

わたしはいろいろ表現を変え、コーホイ以外のピダハン語の先生たちに同じことを試した。全員がおまえの言い方はきれいだ、とか「アイオー（正しい）」と言うばかりだった。

そこでわたしはピダハン文法論の草稿に、ピダハン語には関係節は存在しないと書いた。ところがある日、コーホイが魚獲り用の矢を拵えていて、矢尻に使う針が必要になったときだ。

コーホイは息子のパイターに向かって、「*Ko Paitá, tapoá xigaboopaáti. Xoogiái hi goo tapoá xoáboi. Xaisigíai.* コ パイター、タポアー イガボオパアーティ。ウーギアーイ ヒ ゴオ タポアー オアーボイ。アイシギーアイ（おい、パイター、針を持ってきてくれ。ダンがその針を買った。同じ針だ）」と言ったのだ。

わたしはたまたまコーホイの言葉を聞いて、その場に立ちすくんだ。コーホイの発した短い文章を合わせると関係節を含んだひとつの文のようになり、英語ではそうやって訳すことも可能だが、それでいて形がまったく異なっていることに気づいたのだ。コーホイが発したのは独立した三つの文で、どの文も英語と違ってほかの文のなかに組み込まれてはいない。つまりこのピダハン語の構造には、言語学で一般にいう関係節を欠いているのだ。決定的なのは、最後の文「アイシギーアイ（同じ針だ）」で、最初のふたつの文に出てくる「針」を同一のものとしていることだ。英語ならこういう場合、「ダンが買ってきた針を持ってきてくれ」と言う（傍点は関係節の部分）。わたしはおのおのは独立した文でありながら、一緒になることで意味をなす表現を耳にしたというわけだ。つまり、形の上では関係節とは言えないが、意味的には関係節になるような表現を作る方法はあるということだ。

言語学者にとって文とは、言語による叙述表現であり、「わたしは食べる」とか「ジョンがビルを見た」というような考えを表す意味のまとまり、ないし、「ボールは赤い」とか「わたしは金槌を持っている」というような状態を表す意味のまとまりである。ほとんどの言語において、文はこのように単純な構造のものばかりではなく、ひとつの文や句が別の文などのなかに入ってくることがある。こういうロシアの入れ子人形のような性質を、コンピュータ科学や言語学、心理学、哲学などではリカージョンと呼ぶ。この問題は目下、人間や言語を理解する上でのピダハン語文法の重要性を論議するなかで、言語学や言語哲学、人類学、さらには心理学をも巻き込んだ盛んな論争の火種になっている。

わたしが蒐集してきたさまざまな事例は、のちにわたし自身がピダハン語の構文に関して提起することになるふたつの着想を裏付ける論拠となっていった。着想のひとつめは、ピダハン語にはリカージョンが起こらないということだ。ふたつ目はリカージョンはさして重要ではないこと——どうやらある言語によってリカージョンを使って言えることはなんであれ、別の言語でリカージョンを使わなくとも言えるようなのである。言語学では長らくリカージョン（という用語は使わなかったとしても）がひじょうに重要であると考えられていた。だからこそわたしは、ピダハン語から得られる事例がどれもひじょうに重大なものになるだろうと考えた。

人間の脳が限られたものであるのに、ほぼ無限と言えるほどの文章を生みだすことができるのはなぜなのかを最初に命題としてたてたひとりがチョムスキーであるのは論をまたない。言語学者がよく言うように、「有限の方法を無限に使う（——科学的な観点から厳密にこの表現が何を意味するのか、満足のいく解説をすることのできる言語学者はいないと思うのだが）」ことを可能にする道具があるに違いない。チョムスキーは人間の言語に無限の創造性を与えている基本的な道具がリカージョンであると主張した。

リカージョンは従来、文のある構成要素を同種の構成要素に入れ込む力と定義されている（もっと数学よりの言い方をすると、実行すると自分自身を参照するような手順ないし命令系である）。鏡と鏡を向かい合わせて持つと、互いの鏡像がどこまでも果てしなく見えるというのが、目で見るリカージョンの例だ。耳で聴くリカージョンの例としては、フィードバックがある。アンプが自分自身の出力した音を拾い、増幅してさらに出力し、それをまた拾って増幅し、延々と出力しつづけるような場合である。

これが一般的なリカージョンの例だ。統語的にはある語句の塊を、同じ種類の塊に入れ込むことと解釈できる。たとえば「ジョンの弟の息子」という名詞句だ。これは「ジョン」「彼の弟」「彼の息子」という名詞句を含む。あるいは「わたしはおまえが醜いと言った」という文には、「おまえは醜い」という文が含まれる。

二〇〇二年、マーク・ハウザーとノーム・チョムスキー、テクムセ・フィッチが『サイエンス』誌に、

リカージョンは人間言語に固有の要素であると発表し、リカージョンに大変な重責を担わせることとなった。三人の主張は、リカージョンが言語の豊かさのカギであり、文法上リカージョンという形の上での技巧があるために言語は制限なく長く、また無数の文を作ることができるのであるということだった。

ところが、ピダハン語には数学的な入れ子構造としてのリカージョンは存在しないとするわたしの説が知られるようになると、奇妙なことが起こった。チョムスキーの信奉者たちの間で、リカージョンの定義が変わったのだ。哲学者のリッチモンド・トマソンが心変わりをする人々に対してよく言っていた、「初めに成功しなければ、成功の定義を変えればいい」を地でいく出来事だった。

チョムスキー派の定義最新版では、リカージョンは構文生成の形のひとつとされている。簡単に言えば、リカージョンによって、何か新しいものを作ろうとして部分部分を組み合わせることができ、それも無限に繰り返すことができるということだ。この新たな定義はわたしの知るかぎり数学的言語学やコンピュータ科学では受け入れられていないが、少なくともこの定義によれば、文を作るために単語を組み合わせれば、それがリカージョンということになり、また文を組み合わせて物語を作れば、それもリカージョンとなる。

わたし自身は、この考えは推論（reasoning）と言語とを混同したための誤謬だと思っている。文章をつなぎ合わせてそれをひとつの物語と解釈することはできるが、それは犯罪の捜査員が一見無関係なさまざまな証拠の断片を組み合わせ、犯罪行為を再現していくのと似ている。それは言語ではなく、推論だ。もともとチョムスキー理論が大勢の研究者をひきつけたのは、チョムスキーが推論と言語とをきっぱりと区別したこと、また特にチョムスキー自身、物語と文、節、それぞれの構造を厳格に弁別したからだったはずだ。彼は何度となく、物語と文章とは、それぞれ大きく異なる原則にしたがって生成されていると繰り返してきた。つまりリカージョンの新たな定義はむしろチョムスキーの言ってきたこととは矛盾し、わたしの言っていることに近くなる。

仮にピダハンにはリカージョンがないというわたしの考えが正しいとすると、チョムスキーをはじめとする研究者たちは困ったことになる。リカージョンをもたない言語がリカージョンこそ言語の決定的な要素であるといっている理論にどう収まるのかを考えださないといけなくなるからだ。

チョムスキーらが導きだした答えのひとつが、リカージョンは頭脳が利用できる道具のひとつであるが、必ずしも使われるとはかぎらない、というものだ。ただそうだとすれば、リカージョンが人間の言語には不可欠の本質的機能であるということとはなじまない。ある言語でリカージョンが必要でないなら、原理的にはいかなる言語でもなくてすませられるからだ。これでは人間の言語に特有の性質がじつのところ人間の言語のどれをとっても必ずしも見つかるとはかぎらないと主張するに等しく、彼らは気まずい立場に立つことになるだろう。

実際には、リカージョンがある特定の言語の文法でどんな働きをしているかを突き止めるのはそれほど難しくはない。ごく単純に、二段階で考えてみればいいのだ。まず、その言語はリカージョンなしの文法で扱った場合、リカージョンを含む文法よりもすっきりと記述することができるかどうか。次に、リカージョンがあるとすれば、その言語にどんな表現が出現すると考えられるか、だ。リカージョンの起こらない言語は、リカージョンの起こる言語とは異なって見えるだろう。大きなところでは、句や節などが別の句や節を含むことはない。句や節のなかに別の句や節があれば、その言語にはリカージョンがある。それまでだ。もしなければ、リカージョンはない可能性があるが、その結論を出すにはさらなるデータが必要だ。となればまず考えなければならないのは、ピダハン語で句や節のなかの句や節が見られるかどうかである。答えはノーだ。理論言語学の標準的な論法によって立証できる。ピダハン語にはリカージョンを示す声調上のしるしも、単語もなく、また文も長くならない。

世界の諸言語には、ある構造でリカージョンが起こっているかどうか、つまり句や節が別の句や節のなかに入れ込まれているかどうかを示すためのしるしがさまざまに存在する。そのようなしるしは必要不可欠というわけではないが、あるのが一般的だ。こうしたしるしが、独立した一個の単語である場合もある。たとえば英語で I said that he was coming. という場合、he was coming という節が I said . . . という文のなかに位置していて、He was coming が言われた内容である。そして that が、英語ではしばしばリカージョンを目立たせる補文標識として使われる。さて、コーホイが口にした関係節の複合文らしきものを見てみると、これは独立した三つの文であり、三つ合わせて解釈することはできるけれども、どれかひとつの文が別の文のなかに組み込まれていると言えるような形跡はまったくない。

リカージョンのしるしとしてもうひとつよく用いられるのが、抑揚だ。意味の違いや、句や節や文相互の構造的な関係を示すために声の高低を使う。英語では、主節の動詞句はたいてい従属節の動詞句より高くなる。例を挙げよう。The man that you saw yesterday is here. という文をごく標準的に発音すると、saw yesterday より is here の部分のほうが高くなる。これは、saw yesterday が埋め込まれた従属的な動詞句であり、is here が主たる動詞句だからだ。ところが、ロバート・ヴァン・ヴァリンとわたしが国立科学財団のプロジェクトでアマゾンの五言語の抑揚とその統語的意味を三年にわたって調査したところ、ピダハンがリカージョンのしるしとして抑揚を用いている証拠は見つけられなかった。たしかにピダハン語では抑揚を用いて、複数の文章を文節や物語にまとめあげるが、これはチョムスキー文法のいうリカージョンではない（チョムスキーとは立場を異にして、物語を文法のなかに位置づけている言語学者は大勢いるし、わたし自身、そうした立場の人々と争うつもりは毛頭ない）。これがリカージョンだとするなら、あくまで理屈の上でのリカージョンだ。実際には、言語における抑揚の役割を専門に研究している人の多くが、文の意味や物語のなかでのその文の役割を表すのに抑揚が使われるとしても、それを文章の構造にまで一足飛びに結び付けるのは早計だと考えている。だとするなら、抑揚だけをとりあげてその言語にリカージョンが生じるかどうか、結論めいたことは言えないということだ。

言語を推論と混同するのが大きな間違いであることはすでに見てきた。このふたつが混同されやすいのは、推論には言語研究者の多くが言語と結び付けがちな認知行為が関わっているからであり、リカージョンもそのような行為のうちのひとつだ。ハーバート・サイモンが一九六二年に書いた古典的論文「複雑性の構造」には、言語以外の分野でのリカージョンの面白い例が出てくる。これを見ると、リカージョンは商売の助けにさえなるらしい！　興味深いので、全文を引用しよう。

昔あるところに時計職人がふたりいた。名前をホラとテンプスといい、ひじょうに精巧な時計を作り上げる職人たちだった。ふたりともとても評判がよく、工房の電話は鳴りっぱなしだった。新規の顧客が引きも切らずに注文の電話をかけてくる。ところがホラの工房は繁盛しつづけたが、テンプスの商売は傾き、ついには倒産してしまった。何が原因だったのか。

ふたりの職人が作る時計はおよそ一〇〇〇個の部品からできていた。テンプスのほうは、製造途中で中断されると——たとえば注文の電話に応対しなければならなくて——たちまちばらばらになってしまい、一から作り直さなければならないというやり方をしていた。時計が気に入られればそれだけ注文の電話が入り、手を止めずに時計を一個作り上げるだけの時間がどんどんなくなってしまう。

一方ホラが作る時計もテンプスのものに劣らず複雑な構造ではあったが、彼はまず一〇個ほどの部品をまとめて小さな部分を作り、それをまた一〇個ほど集めてもう少し大きな部分に組み立て、さらにそれを一〇個まとめてひとつの時計にするという方法を考えだした。こうすることで、電話に応対するために仕事を中断してもやり直さなければならない工程はわずかで、テンプスに比べるとはるかに少ない労力でひとつの時計を組み立てられるようになっていたのだ。

この時計作りの話には、言語はまったく関係がない。ただこのような例をもって考えると、人の論理過程が入れ子構造であることがよくわかる。それどころかこの世界では人間とおよそかけ離れたところにも入れ子構造がたくさん存在する（いくつかの素粒子からなる原子も、入れ子のような階層構造のひとつの例だ）。有名なロシアの人形、マトリョーシカも、巣ごもり型の入れ子構造で、ひとつの人形がまったく同じ形の人形のなかにすっぽりおさまり、それがさらに同じ形の別の人形のなかにすっぽりおさまり、というのを延々繰り返す。

リカージョンの存在から想定しうる重要な点がもうひとつある。もしその言語にリカージョンがあるとしたら、文の長さにはとめどがなくなるということだ。たとえば英語では、どんな文でも長く伸ばすことができる。The cat that ate the rat is well.（そのネズミを食べたネコは元気だ）という文も、The cat that ate the rat that ate the cheese is well.（そのチーズを食べたそのネズミを食べたネコは元気だ）などという具合にどんどんつなげていけるのだ。

このようにリカージョンのしるしはさまざまあるけれども、ピダハン語にはそのどれひとつとして見つけることができない。カアブーギーが話してくれたパンサーの物語がいい例だが、言語文法でいうリカージョンは、パンサーの物語にも、そのほかの物語にも、痕跡すらうかがうことができない。

ピダハン語にはリカージョンは起こらないというわたしの説を実証するもっと興味深い例が、次のような文だ。ピダハン語ではこのような文をこれ以上長く伸ばす手立てがないのだ。「*Xahoapióxio xigihí toioxaagá hi kabatií xogií xi mahahaíhiigí xiboítopí piohoaó, hoíhio.*（別の日、老いた男がゆっくり大きなバクを水のそばでほふった、二頭のバクを）」もし「大きなバク」の部分に「茶色い」という単語を足して「大きな茶色いバク」と言おうとすると、非文法的になる。自然な語りに登場する句には、修飾の言葉はひとつだけ許される（文例を出してピダハンにふたつ以上の修飾語をつけてもらった例はあることはあるが、ピダハンたちはそうした表現を好まず、自然の語りではひとつの句にひとつを超える修飾語がつくことは決してない）。ふたつ目の修飾語をつけるとしたら、まるであとから思いついたかのように文末に挿入される――この文例では、最後の「二頭のバク」という部分だ。もしこの観察が正しいとしたら、ピダハン語の文は有限であり、入れ子構造をもたない。

ピダハン語にリカージョンがないと言い切るには、おしまいに、複数の言語学者から、リカージョンの根拠として指摘された点についても除外しておかなくてはならない。最初の指摘はケンブリッジ大学言語学部長であるイアン・ロバーツ教授が、BBCのラジオ番組《マテリアル・ワールド》でのわたしとの討論のなかで提起したものだった。教授は、ピダハン語で文末に単語や語句を付け足したり繰り返したりできるならば、リカージョンがあると言わなければならない、なぜならば「反復はリカージョンの一形態である」からだと主張した。論理学的にはこの指摘は正しい。文末で、ある語句を別の語句に組み入れるのは、語句や文のあとで繰り返すのと数学的には等価だからだ。たとえば、「John says that he is coming（ジョンが言うには彼は来る）」という発言中の文、「that he is coming（彼は来る）」という部分は、「John says . . .（ジョンが言う……）」という文に内包され、かつ文末に置かれている。これが「文末リカージョン」というものだ。この文は、「John runs, he does（ジョンが走る、彼はそうする）」のように「he does」が先行する文を繰り返しているだけの文と、数学的あるいは論理的には等価だ。ピダハン語ではたしかにひとつの文に別の文が続くことがありうるし、「*Kóxoí soxóá kahapii. Hi xaoxai hiaba.*（コーオイーはすでに去った。彼はここにいない）」のように、そのような例はむしろ必然的に生じる。ところが、ひとつの文のあとに別の文がたんに反復されるだけでハウザーやチョムスキー、フィッチらのリカージョンの定義を満たす条件になる（彼らの信奉者の一部はたしかにそうだと言っている）とすれば、そのような反復はホモ・サピエンス以外にも見られるものだ。

我が家の愛犬、ローデシアン・リッジバックのベントリーは、大変気性の激しい生きものだ。よその犬が我が家の前を通りかかるというのも、彼の気性をいたく揺さぶる出来事である。そうなると彼は、相手を食うかこらしめるかしてやりたくなるものらしい。よその犬が通りかかると彼はいつも吠えかかる。ところでわたしは、彼の吠え声がたんなる空疎な喚き声だとは思っていない。彼は吠えることで「おれの縄張りから出て行け」というような類のことを伝えようとしていると思う。問題は彼が正確に何を言わんとしているかではない——何かを言おうとしているのは間違いないのだ。さて時としてベントリーは、一度か二度吠えてそこで黙ることがある。吠えかけられた相手が我が家の芝から退散したからだ。そうでない場合、彼は何度も繰り返し吠える。つまり、反復して吠えるわけだが、それは彼の怒りなり縄張りから出て行けという欲望（なりなんなり）が高まっていくことを示している。では、彼の度重なる吠え声が意味しているところは何か？　もし反復がリカージョンの一形態にすぎないのなら、ベントリーはリカージョンで吠えていることになる。しかしベントリーは人類ではない。となるとリカージョンは人類だけのものではないことになる。でなければ、反復はリカージョンではないと考えるのが理にかなっているのではないだろうか。

ただ、わたしがピダハン語にはリカージョンがないと考えるにいたった理由は、消去法だけではない。ある言語にリカージョンがないと言うには、その言語の文法がどのようなものになるかを示さなければならない。そこで今度は、そのような文法のありうべき形を考え、それがピダハン語と協調するかどうかを見ていきたい。

ピダハン語のすみずみに行きわたっている直接体験の原則（ＩＥＰ）で、ピダハン語に文中文がない理由が説明できるのではないだろうか。もう一度関係節を考えてみよう。**The man who is tall is on the path**（背の高い男性が道にいる）という英語の文はふたつの短い文から成っている。主たる部分は **The** man is on the path（男性が道にいる）で、埋め込まれている、つまり従属する部分は who is tall（背が高い）だ。情報のうち未知の新しいもの、言語学者が断言《アサーション》と呼ぶものは、主部分の The man is on the path にあり、埋め込まれている文は話し手と聞き手がすでに知っている——両者がともに知っている背の高い男性がいる——既知の古い情報を言い添えて、道にいる男性がどの人物かを聞き手が判断できるように、特定の人物に注意を向ける役割を果たしているにとどまる。こちらは断言ではない。埋め込まれている文が断言の役割をすることがまったくないとは言わないが、そのようなケースはごく稀だ。そこでIEPの原則に従うと、ピダハン語には埋め込まれ文はないと考えられる。IEPが、叙述文は断言だけ含むことができると命じるからだ。埋め込まれ文を含んでしまうと断言でない表現を含むことになり、IEPに違反する。

もうひとつ、The dog's tail's tip is broken. という文を例にとってみよう。ピダハンはよくこの手のことを口にする。ピダハンの犬は、尻尾の先がなくなっているものが多いのだ。ある晩わたしは村の飼い犬の尾の先がちぎれているのに気づいた。そこでわたしは、「*Giopaí xígatoi xaóxio baábikoi.* ギオパイー イーガトイ アオーイオ マアービコイ」と言った。「犬の尻尾の先がおかしな形だ」と言いたかったのだが、これは文字どおりには、「犬の尻尾が先端が悪い」という意味になる。ピダハンたちは、「*Xígatoi xaóxio baábikoi.* イーガトイ アオーイオ マアービコイ（尻尾の先端が悪い）」と答えた。最初わたしは「犬の」が省略されているのを何とも思わなかった。話し手と聞き手が共有している情報を省略するのは、どんな言語でもよくあるからだ——犬が話題になっているのは周知のことなので、わざわざ「犬の」と繰り返す必要はないと思われた。

けれども調査を深めていくと、「犬の尾の先がちぎれている」をできるだけ忠実に表現するには、

「*Giopaí xígatoi baábikoi, xaóxio.* ギオパイー イーガトイ マアービコイ、アオーイオ（犬の尻尾が悪い、先が）」と言うしかないことがわかってきたのだった。特定の句のなかには所有格（この場合では犬が尾の所有者になる）はひとつしかとれないことがわかったのだ。言語にリカージョンがないとなるとこれももっともなことだ。文化的に、あるいは言語的に、話者たちの間で名詞がふたつ並んでいれば最初の名詞があとの名詞を所有するとの共通認識さえあれば、リカージョンがなくても所有格をひとつとることはできる。ところがひとつの句に所有者がふたつくるためには、そのうちのひとつは別の句のなかにあると考えなければならないからだ。

ピダハン語にはそのような構造がない。言語学者の大勢にとっては、その原因が文化にあると考えることが難しい。また、文化が複合名詞句を制限するというのがいささかまわりくどい説明であるのはわたしも認めざるを得ない。

従属的な節から考えてみると、まず思い起こしてほしいのは、ＩＥＰが断定でない埋め込まれ文を許容しないということだ。そこから生じてくる疑問は、ピダハン語の文法が、この文化的禁忌に従うために、いかにして招かれざる埋め込まれ文を排除できるか、ということだ。

そのやり方は三つある。まず、文法がリカージョン構文を作るような法則――学術的にはＡ→ＡＢと表現される規則――が生じるのを禁じることだ。この規則がなければ、文法上、句なり文なりを同種の句や文のなかに直接入れ込むことはできない。

ふたつめに考えられるのは、その文法でリカージョンが発達しそこねたということだ。言語学者の間では、文法の発達の上で、リカージョンなしの文法がリカージョンありの文法に先行するという共通認識ができつつあり、またリカージョンありの文法であっても、非リカージョン構文は広く用いられる。

最後の可能性は、ピダハン語の文法にそもそも構文が欠けているという考え方だ。リカージョンがないというより、ピダハン語にもともと句がなく、たんに隣り合う単語がひとつの文と解釈されているだけのことなのかもしれない。

シンタクス、つまり語の配列のルールがないのならば、ピダハン語文法にはたぶん動詞句も名詞句もなく、埋め込まれた文などというものもない。実際に、ピダハン語の文はどれも、糸でつながれた珠のようなものとして解釈することも可能で、句の構造があるとして想定できるような複雑な構文を考慮に入れなくても理解できる。文と見えるものは動詞の意味を補完する単語の連なりに、最低限の修飾語を合わせたものにすぎないのかもしれない。修飾語は通常、ひとつの文ごとに形容詞的なもの、または副詞的なものがひとつだけ許される。極論すれば、ピダハン語は、平叙文にＩＥＰに反する非断定要素を紛れ込ませないため、シンタクスを欠いているのかもしれない。ＩＥＰでは、平叙文には断定のみが認められる。つまりピダハン語の文法はＩＥＰによって制限を受けているのだ。

コーホイが発した関係節的一連の文をもう一度見てみよう。「おい、パイター、針を持ってきてくれ。ダンがその針を買った。同じ針だ」。ここでは、「ダンがその針を買った」と「同じ針である」というふたつの断定がある。だが英語の関係節「ダンが買った針」には断定はない。つまり直接体験の原則は侵される。

この推論の筋道が正しいとすると、その延長上でピダハン語文法に関してほかにどんなことが想定できるだろうか。じつは、想定されることが正しいことが次々にわかってきているのだ。

たとえばここから想定すると、ピダハン語は等位接続をしない。これもリカージョンの性質をもっているからで、すでに論じてきたように、平叙文のなかに非断定部分が埋め込まれるのを避けるため、リカージョンはピダハン語文法からは排除されている。等位接続は英語はもちろんのこと、多くの言語でごくふつうに見られる。これがどうしてリカージョンになるかと言えば、John and Bill came to town yesterday（ジョンとビルが昨日街に来た）のような文で考えてみればいい。ここでは名詞 John と名詞 Bill がもとより長い名詞句 John and Bill のなかにある。また動詞や文の対置も除外されるので、ピダハン語には Bill ran and Sue watched（ビルが走り、スーが見た）とか Sue ran and ate（スーが走って食べた）のような文もない。

ＩＥＰによるリカージョンの禁止から、ピダハン語では選言文も除外されると考えられるが、これも正しい。選言文というのは Either Bob or Bill will come（ボブかビルが来るだろう）や I had some white meat, chicken or pork（鶏肉か豚肉か、とにかく白身の肉を食べた）のようなものだ。ピダハン語に選言文がないのは、等位接続と同様選言では句を別の句のなかに入れ込む、リカージョンが必要になるからだ。Either Bob or Bill will come に類することを言いたい場合、ピダハン語では、「ボブが来る。ビルが来る。うーん。自分にはわからない」という言い方をするだろう。

もちろんこれで、ピダハン語にリカージョンがないことからくる予測のすべてが論じつくされたわけではない。いまも多くの心理学者や人類学者が検証を重ねているところだ。ＩＥＰについて検証できる予測があるというのは興をそそられるところで、というのもそのおかげでＩＥＰが、ピダハン語の文法に欠けているものをあげつらうたんなる消去法でなく、ピダハン語文法に何があり、それがよく知られているほかの文法とどう違うかを示してくれる積極的な材料になるということだからだ。

これが積極的な材料になるというのは、ピダハンがその文化的価値で文法を縛っているからだ。繰り返しになるが、ピダハン語にリカージョンが欠けているのはたんなる偶然ではない。ピダハン語はリカージョンを求めない。文化の原則によって、リカージョンを認めないのだ。

文法だけでなく、ＩＥＰはピダハン語に欠けているほかの要素——これまで見てきたように数詞や色名がないこと、血縁関係がごく簡素であることなども説明してくれる。

直接体験の原則が抽象化や一般化を禁じているといっても、それは狭い意味での禁止だ。ピダハンの文化で抽象概念が禁じられているわけではない。また、言語においてあらゆる抽象化や一般化が排除されているわけでもない。たとえばピダハン語にもほかの言語同様、物の種類や分類を表す語彙はあり、通常名詞であるそうした語彙は、定義上抽象語だ。ではこの一見矛盾した事柄がピダハン語ではどうやって両立しているのだろうか。

かつてはわたしも、人間の一般的な認知能力から生じたにしては、文法は複雑すぎると感じていた。そのためだけに発達した脳の特定の部位、ないし、言語学者が言う言語器官なり言語本能なりが必要なのではないかと思われた。けれどももしわたしたちが、個々人ひとりひとりの発達の面から、そして人類という種全体としての発達の面から言語の成り立ちをつかさどる力があり、そういう言語専用の器官など不要であると示すことができれば、言語本能なるものは眉唾になってくる。

かつてはわたしも、現在の多くの言語学者同様、文化と言語は画然と独立したものだと考えていた。だがもしも文化が文法に大きな影響を及ぼすことができるというわたしの考えが正しければ、研究人生の大半を捧げてきた理論、すなわち文法は人間の遺伝子に組み込まれていて、言語による違いはほとんど取るに足らないものであるという理論は決定的に間違っていたことになる。文法には特定の遺伝的能力は必要ない。生物として文法習得に必要な基礎はといえば、料理だとか数学的思考だとか医学の進歩に必要なものと変わりない。つまり人間としての知性さえあれば充分なのだ。

たとえば文法の発達について、多くの研究者が強調してきたのは、われわれの祖先は物事や相対的な量、仲間の心のうちなどについて語り合わなければならなかったという事実だ。もし事物やそれに何が起こっているか（動作）、あるいは事物がどんな様子をしているか（状態）について話すことができなければ、何についても話すことはできない。だからあらゆる言語に動詞と名詞が必要になったのだ。しかし多くの研究者の業績と自分自身の研究の成果を通じて、わたしは、動詞と名詞さえあれば文法の基本的な骨格は自然とできあがるのではないかと確信するようになった。動詞の意味が成立するためには、いくつかの名詞が必要になる。それらの名詞と動詞が限られた順序で並べば、簡単な文はできる。これが文法の根幹で、それ以外のさまざまな順序や配列は文化や文脈、動詞や名詞の修飾に応じて決まる。文法にはほかにも要素はあるが、文法を構成する必須の要件は考えられてきたほどは多くない。と、このようにわたしは考えるようになったのだが、そうして見てみると、文法が人間の遺伝子に特定の位置を占める必要などないように思われてきたのだった。それどころか、文法をかつて考えられていたほど独立した確固たる存在と見なす必要すらないのかもしれない。

ピダハン語における直接体験の原則のように、言語に文化的な抑制が強くかかっているとしても、それは進化全般の力や結果を覆すほどではないし、コミュニケーションをするということの本質を変えてしまうものでもない。名詞とある種の一般化はわれわれ人類の進化の財産であり、文化がどれほど密接に文法を縛っていようとも、特定の文化の原則がその財産を踏み越えることはできない。

とはいえ、調査はまだ途上にある。ピダハン語にリカージョンがあるかないかという点も決着には程遠い。しかし複数の研究者が個別に集めた資料で、わたしの結論と一致する解釈ができるものがどんどん集まっている。

文法と文化の関係について考えはじめたころからわたしには気にかかってならない事象がひとつある。それは、いろいろな意味でひじょうに有益だと考えられる理論でも、目新しい発想を妨げる場合があるということだ。理論は文化に似ている。ピダハン文化から数字や色が抜け落ちているように、理論のなかには、ほかの理論が豊富な言葉で解説している部分の説明がぽっかり抜けているものもある。その意味で、理論も文化も、わたしたちが世界を見る心の目を形作っていて、それは時にはいい結果をもたらすこともあるが、時にはさほどいい影響にならない場合もあり、どちらになるかはひとえに何を目標とするかにかかっているのだ。

ピダハン文法にリカージョンがないとしたら、そこにどんな意味を読み取ればいいのだろうか。第一に、リカージョンがなければその文法は無限ではない――文法上生成しうる文の数には上限があるということだ。だからといって、言語そのものが有限なわけではない。ピダハンの物語にはリカージョンが見られる――ピダハンの物語も伏線や登場人物やさまざまな出来事から紡ぎだされ、それらが入り組み、絡み合ってできあがっている。それはまたそれで興味深い。なぜなら言語の無限の創造性に文法が果たす役割がそれほど大きくはないということだからだ。限られた文法で限りない言語をもてるというのは、チョムスキーがリカージョンの重要さを強調して最近提唱した理論では、説明のつかないことだ。またこうも言えることになる。ある言語で許容できる文の最長値を特定することはできるが、語りの最長値を特定することはできない。これは不可解に思えるかもしれない。言語学者や認知科学者のなかには、ここから、リカージョンのない言語は言語として不完全だという結論に飛躍するものもいるかもしれない。だがそれは正しくない。

有限だからといってその文法が乏しいとかつまらないものであるとは言えない。チェスのようなものを考えてみてはどうだろうか。チェスは動きの種類に限りがある。だが駒の動きが制限されているからといって実戦的に大きな影響はない。チェスは途方もなくたくさんの手数を生みだせるゲームで、これまで何世紀にもわたっておこなわれてきたし、今後も何世紀も飽きずに続けられることだろう。チェスの駒や動きが有限であるという事実だけからは、このゲームの豊かさや大切さはほとんど想像もできない。ピダハンの語りは豊かで技巧に長け、その文化が自ら課した制限のなかで、言いたいことをひとつも漏らさず表現することができているのである。

だから制限のある文法があったとしても、それを駆使する人間が異常だということにはならないし、コミュニケーションが貧しくなるということもない。有限の文法をもつ言語で言えることが有限になってしまうということでもないだろう。だがそのような言語があるとして、どこを探せば見つかるのか、またそのような言語が成り立つ条件はどんなものなのだろうか。

もし文法理論の基礎に、すべての文法は無限でそれゆえ必然的にリカージョンを含むと仮定してしまうと、リカージョンのない文法はわれわれの目を素通りしてしまうことになる。そのような理論は道をふさぐ、それはわたしが、動物園の外にも猛獣がいる可能性を教えてくれる文化に育たなかったために、ワニの恰好の餌食になりかねないのと同じだ。

だが一方、もし理論上リカージョンが言語の必須要素ではないとすると、リカージョンはどこからきたのだろうか。リカージョンが人類言語のほとんどで見られることに異論をはさむ余地はない。また、リカージョンがどんな人間の思考過程にも存在するなど嘘だと言い切れる者はいないだろう。わたしの考えでは、リカージョンは脳の全般的な認知能力の一過程だ。人間が思考をめぐらせる過程の一部だ——言語構造の一部にはなっていなかったとしても。人間にリカージョンがあるのは、リカージョンのない動物よりも賢いからだが、リカージョンが賢さの原因なのか結果なのか、文献によってさまざまな主張が見受けられ、どちらなのかはいまのところまだわからない。

実際に、すでに見たようにハーバート・サイモンはほぼこれと同じことを「複雑性の構造」で提唱している。この論文で彼は、リカージョン構造は情報処理の基礎であり、人類は言語だけでなく、経済や問題解決にもリカージョンを用いていると論じている。

それにリカージョンは、わたしたちが語る物語のほとんどすべてになくてはならないものだ。驚くなかれ、チョムスキー派の研究では人間の語り（discourses）が関心の対象になることは絶えてなかった。けれどもいまも述べたように、これは大きな欠落だ。リカージョンは文法以外のいろいろな場面で見いだすことができ、言語や情報伝達の本質を理解する上では文法だけが頼りであるという考えを大いに改めてくれるのだ。チョムスキーは、語りは社会性がある、非言語的な要素であるとして、あえて無視した。ところがピダハンの物語をよく見てみると、個々の文章にではなく、物語の着想が別の着想のなかに組み込まれているという形で、リカージョンが見られる。物語の一部が別の一部に従属した形になっているのだ。このようなリカージョンは厳密な意味での統語的要素ではない。だがピダハンが物語を語る方法の一部なのである。

サイモンの説を踏まえ、リカージョンは人間の頭脳に絶対不可欠な要素であり、それは人間の脳が他の動物より大きい事実、または人間の脳に他の動物の脳よりたくさん皺があるという事実からきている、というところまでは言って差し支えないだろう。ただしリカージョンが人間特有の現象であると明言できるわけではない。まして、リカージョンが文法的事象であって、すでにあった認識の道具が便利さゆえに言語操作に使われるようになっただけのものではない、と言い切れる根拠はどこにもないのだ。

サイモンの説を言語学研究に応用するかどうかの大きな分かれ目となるのは、言語構造の捉え方だ。それによれば、チョムスキーらが一貫してその研究の中心にしてきた言語の階層的構造は、言語の基本的性質ではなく「浮上してきた」特質ということになる。言い換えれば、言語に階層的構造ができるのは、もともと脳に入れ子的に考える能力が備わっていて、しかも文化や社会における問題や状況を伝達するのにリカージョンを使うのが効率的だったという相互関係から生じてきたものなのだ。

もしリカージョンが、チョムスキーや彼の信奉者たちが言うように人間言語の基本的能力だと仮定して、いくつかの言語にリカージョンが見られないのであれば、その仮説は誤りだということだ。一方、もしリカージョンが基本的部分ではないとすれば、言語を本能と捉えるところから出発するのではない言語理論の必要性を、ピダハン語が教えてくれていると言えるだろう。言語のさまざまな要素に目を配る中でも、とりわけシンタクスに注目し、特定の環境において適切に情報をやりとりするにはどうしたらいいかという問題の糸口として見るならば、より深い言語理解が得られるのではないか。

リカージョンや人間言語、文化と文法の相互関係について、これまでの常識を覆す言語はピダハン語だけではないのではないかとわたしは考えている。ニューギニアやオーストラリア、アフリカなどの語族に目を向ければ、ピダハン社会とよく似て、リカージョンを必要としないエソテリック・コミュニケーションの緊密社会が見つかるだろう。ピダハン語文法が物議を醸すいくつかの点も、エソテリック・コミュニケーションという観点から解釈することができそうだ。

ピダハン語を理解する上でエソテリック・コミュニケーションという考え方が役に立つことは、マサチューセッツ大学のトマス・ローパーとフローニンゲン大学のバート・ホルブランデというふたりの心理学者によっておこなわれている調査でも明らかになりつつある。彼らの調査では、エクソテリックなコミュニケーションの頻度が高く、複雑な情報の伝達が日常になっている社会、つまり現代的産業化社会において、伝達文にできるだけ多くの情報を詰め込もうとする場合にリカージョンが有効であると考えられる。だがピダハン社会のように、コミュニケーションがエソテリックなものに限定される社会ではリカージョンはさして有効でない上、直接体験の原則にもそぐわないのである。

これからわたしたちは、何らかの理由で規模の大きな文化から隔絶されてきた集団を探さなければならない。ピダハン社会が孤立しているのは、彼らが自分たち以外の文化に対して強い優越意識をもち、軽視してきたためだ。他の言語や文化によく見られる特色を欠いているからといって劣っていると考えるどころか、ピダハンは自分たちの生き方こそが最上だと信じている。それ以外の価値観と同化することには関心がない。だから、ピダハンには他の文化や言語の影響がほとんど見られないのである。これから研究を進めなければならないのは、そのような文化と言語の組み合わせだ。

リカージョンには触れずとも、言語は環境の影響から自由であり、かつ、「実際的」機能に限定されるものではないとして、言語の創造力が説明されることもある。アメリカの言語学者チャールズ・ホケットは、これを言語の「生産性」と呼んだ。人間は、基本的にはどんなことでも話せるというのが定説だった。

もちろん実際問題としてこれは誤りだ。どんなことでも話せるわけではない。そもそも、話そうと思えば話せそうな事柄の多くをわたしたちは知らない。そうした事柄が存在することすら知らないでいる。それどころか、毎日すること、出会うこと――たとえば会った人の顔や行きつけのレストランへの道など――ですら、言葉にして話そうとするととても難しい場合がある。だからこそ、写真や地図のような視覚情報が重宝する。

とはいえ、いかにも当然のことながら、言語に無尽蔵の創造力があるという考え方は四世紀近くにわたって大きな影響をもってきた。人間は特別な存在で、少なくとも理性のレベルでは、動物世界を取り巻いている限界には左右されないという発想はたしかに魅力的だ。フランスの哲学者ルネ・デカルトを言語学研究の領域で祀り上げたのはチョムスキーだが、デカルトは、人間と他の動物とを区別する創造的な精神力があるという信念をもっていた。この考えとともにあるのが、人間には肉体だけでなく精神性があるという思想だ。この二元論には「神の息」の匂いがする。言ってみれば、人間の言語は大いに「特別で」あり、わたしたちの意識を棲まわせているほんの塵のようなものにすぎないこの肉体に、神聖なるものが吹きこんだ息吹であるとする考え方だ。

デカルトの業績や、チョムスキーの論文の一部から読み取れる宗教まがいで何やら神秘的な二元論の代わりにわたしが提供したいのは、もっと実質的な言語理解だ。言語はもっと広い人間の認知の所産であり、人間固有の特殊な文法などではない。類人猿を進化させたコミュニケーションの制約（ある定まった順番にしたがって口から現れてくる単語が必要だったり、物や出来事を表す単語のような単位が必要になったりする）と、特定の集団の文化から発生した言語がその文化から受ける制約とが、人間認知とあいまって生みだしたものだ。もともとの文化的状況が失われてしまう場合もありうる。たとえばロスアンジェルスに移住してそこでの生活に適応したピダハンは、マイシ河畔で暮らすピダハンにかかっているさまざまな制約を失うだろう。そうなると言語も変化するかもしれない。ただもしそれでも言語が特段の変化を遂げなければ、そこで初めて、言語が文化とは独立していると言えるかもしれない。

わたしが言いたいのは、できるかぎり本来の文化的状況に近い環境で言語を理解するよう努めようということだ。もしそれが正しいやり方なら、言語学の実地研究は本来の文化的環境から離れてはできないということになる。つまり、ロスアンジェルスに住むピダハンを被験者にした調査ではピダハンの真の姿を理解できないし、北米の部族であるナバホの言葉を、南部アリゾナ州の大都市であるツーソンに住むナバホから習っても、理解は望めないということだ。わたしは言語を、その生まれた文化のなかで研究したい。文化的状況から切り離して言語を研究することはもちろん可能だし、そこから興味深い事実をたくさん知ることもできるだろう。けれどもそれでは、文法の秘密を解き明かす基本的な鍵は、きっと見つからないことだろう。

# 第十六章　曲がった頭とまっすぐな頭――言語と真実を見る視点

ピダハンの言語や文化がブラジルの人類学者たちの関心を引きはじめたのは、わたしがFUNAIと出かけた居留地調査行が終わって間もないころからだ。大学院生になりたての若い男性が、リオデジャネイロから連絡をよこし、ピダハン研究に力を貸してもらえないかと頼んできた。彼がピダハンに溶け込む一助として、わたしはテープに、彼を紹介する文句と、あなた方の言葉を習いたがっている者だから家を建ててやってほしいという頼みをピダハン語で吹き込んだ。院生のテープレコーダーから再生されるわたしの声を聞いたピダハンは、この機械を双方向無線機のようなものだと受け取ったものらしい。無線機なら彼らもよく知っている。

ピダハンの人々の前でわたしの声のテープを流すと、院生は早速調査を始め、世界創世の物語を尋ねた。ピダハンの村から都会に戻ってきた彼は、ある日サンパウロのわたしのもとを訪ねてきて、調査の成果を見せてくれた。わたしたちは録音を聴こうと、カフェジーニョを前に腰を下ろした。

「先生は間違ってましたよ」院生はいきなり言った。テープが始まる前からもう自分を抑えられなくなったようだ。

わたしはカフェジーニョをすする手を留めた。「間違っていたというのはどういうことかな」

「要するに、創世神話を見つけたんです」院生はにんまりした。「先生はピダハンには創世神話はないとおっしゃっていましたよね。でもあったんです。テープを聴いて一緒に解読してください」

この学生が論文のテーマにピダハンを選んだ理由のひとつが、ピダハンには創世神話はなく、自分たちがどこから来たのか、世界がどのように誕生したかという過去の物語をもたない、とわたしが提唱したのを耳にしたからだった。

「いいよ、聴こう」わたしは著しく興味を掻き立てられた。

そこでわたしたちは再生を始めた。まず人類学の院生の声が、録音機のそばにいるピダハンの男性にポルトガル語で話しかけていた。院生のピダハン語はいくつか単語を知っている程度で、インタビューはポルトガル語でするしかなかったのだが、ピダハンのほうも、知っているポルトガル語はわずかだ。

**院生**　「世界を創ったのは誰ですか?」
**ピダハン**　「世界……」(質問の最後の言葉だけを繰り返す)
**院生**　「世界はどういう風に創られましたか?」
**ピダハン**　「世界は創られた……」
**院生**　「最初は何でしたか?　最初は?」
長い沈黙。
後ろのほうからピダハンの声がして、マイクのそばの男性がその声を拾う。「バナナ!」
**院生**　「では次は?　二番目は何でしたか?」

後ろのほうからピダハンの声、「パパイヤ……」

マイクのそばのピダハン　「パパイヤ」――それから急に勢いづき、「おい、ダン！　聞こえるか？　マッチが欲しい！　服が欲しい。赤ん坊が病気なんだ。薬が欲しい」

ピダハンたちは村のこと、いまここに誰々が集まっているか、欲しいもの、いつ村に戻るのか、など延々わたしに話しかけつづけた。院生は生き生きと、滔々と語られたこの部分を創世神話と思いこんだ。だがピダハンたちはそれまでに電話や無線機のような仕掛けでわたしの声を直接聞いたことがあり、録音機であっても電気的な仕掛けならどれも同じように働くと思っただけだ。彼らは院生の質問に答えたのではなく、直接わたしに話しかけているつもりだったのだ。そう聞かされても院生は気持ちよく受け止めたが、内心では自分の誤解にかなり困惑していたようだ（わたしたちは得てして自分たちが探そうとしているものが存在しなくても、見つけたつもりになってしまうものだ）。いずれにしろこの時点で彼はすでに、ピダハンの言葉を身につけるのに充分な時間を過ごせそうもないと悟り、調査が当初考えていたよりはるかに難航しそうだとも気づいていた。

彼が直面した問題は、自分は「曲がった頭（ポルトガル語）」を話しながら、「まっすぐな頭」と意思疎通しようとしていることだった。ただこれはある意味で、あらゆるコミュニケーションにともなう問題でもある。自分自身が慣れ親しんだコミュニケーション上の約束事を離れ、異なる約束事の立場から物事を見ようとする。それは、科学でも、夫と妻、親と子、上司と部下というような、仕事や家庭の領域でも起こりうる問題だ。わたしたちは対話の相手が何を言っているかたいていわかっているつもりだが、対話をよくよく調べてみると、かなりの部分を誤解しているとわかることがある。

こうした誤解からわかることは何だろうか——わたしたちの精神作用、言語活動、そして、ホモ・サピエンスとは何か、という命題について。それを知るためには少し回り道をして、知識と人間に関する議論を見ておかなければならない。この創世神話の誤解のエピソードはその回り道への道標だったわけだが、回り道をする目的は、ピダハン研究がわたしたちにもたらしてくれるもっと大きな命題への地ならしをすることだ。

わたしたちは、自分たちの文化のタペストリーを織りなす、さまざまな仮定を前提としてしゃべっている。たとえば友人がわたしに、交差点で左に曲がれ、と言ったとする。友人は、「白い線のところで停まって信号が青になるまで待つこと」とわざわざ付け加えることはない。わたしが自分たちの文化の一員であることを承知しているからだ。同様に、ピダハンの父親が息子に、川で魚を射るように指示する場合、何時間もカヌーに座ってじっとしていろとか、光の屈折があるから上から見て魚の少し下あたりを狙うんだぞ、などなど事細かに注意を与えたりはしない。じっと座って待つことも、屈折を修正することも、文化的に伝わる知恵で、ピダハンたちに代々暗黙のうちに伝わっているものだから、あえて口に出すまでもないのだ。

ピダハンにとって——そしてそれはわたしたち全員にとっても同じだが——知識とは、経験が文化と個々人の精神を鏡にして解釈されるものだ。ピダハンの場合、知識には確かな目撃証人が必要だが、彼らはこの目撃証言を「同僚の審査《ピア・レビュー》」にかけるわけではない。もしわたしが村に行って、羽根を広げたら六メートルもあるコウモリを見たと言ったら、ピダハンたちはたぶんすぐにはわたしの言葉を信じないだろう。だがおそらく自分たちで森に行って確かめようとするはずだ。またもしわたしが、ジャガーが男性に変身するのを見たと言ったら、どこで、いつ、どんな風だったかと尋ねるだろう。原則としては、わたしの目撃証言以上の権威のよりどころは存在しない。もちろん、ピダハンが嘘をつかないという意味ではない。率直に言って、虚言はピダハンでは日常茶飯事だ。それはどんな社会とも共通している（嘘には、自分自身や家族を守るなど、進化上の役割がある）。とはいうものの、知識は自分自身の体験の説明であり、最も有効な説明が知識であると考えられているわけだ。

その意味で、知識や真実、神に対するピダハンの姿勢は、ウィリアム・ジェイムズやC・S・パースらの著作から生まれたプラグマティズムに通じるものがある。それ自体も、北米先住民の人々の、物質や文化の違いに対する寛容さに影響を受けたものだ。ピダハンとプラグマティズムは、知識の価値はそれが真実であるかどうかでなく、有用であるかどうかにかかっているという点で共通している。行動するために何を知る必要があるかを知りたいと考えるのだ。行動するための知識は主として、文化的にみてどのような行動が役に立つか、という概念に拠っている。そして思想もまた、有用な行動の一部なのだ。だから文化は、その文化が発展した場所にいるとき、わたしたちにとって役に立つ道具だといえる。

だが自分にとって未知な領域にいるとき、自分たちの文化が予期していなかった精神や肉体が支配する場所にいるとき、自分の文化が障壁になることもある。ある種の環境に対して自分たちの文化がほとんど備えにならなかった恰好の例として、わたしは一〇代のピダハンの少年、*Kaioá* カイオアーと歩いた夜を思いだす。わたしたちは暗くなってから、彼の小屋からわたしの家へ向かっていた。小屋から家までは五〇〇メートルほどで、狭い沼のそばを通るジャングルの細い道だった。わたしは大きな声でカイオアーに話しかけながら、懐中電灯の光を頼りに進んでいた。カイオアーはわたしのすぐ後ろにいて、懐中電灯など持っていない。カイオアーが突然わたしのおしゃべりを遮り、低い声で言った。「前のほうにカイマンがいるぞ、見てみろ」

わたしは道の前方をライトで照らしたが、何も見えなかった。

「手に持ってるその稲光みたいなやつを消せよ」カイオアーが言った。「暗くして見てみるんだ」

わたしは指図に従った。今度はほんとうにまったく何にも見えなかった。

「何が言いたいんだ?」からかわれているような気がしてきて、わたしは問い詰めた。「あっちには何にもないじゃないか」

「あるさ、見てみろ!」カイオアーはくすくす笑いだした。自分の鼻より先をてんで見ることができないわたしの鈍さは、いつもピダハンたちの物笑いの種だった。「あそこに血走った眼がふたつ見えないか?」

わたしは目を凝らし、そうするうちに確かに三〇メートルほど向こうにふたつの赤い点があるのだけはなんとかわかってきた。カイオアーによると、あれは小さなカイマンの眼だという。彼は暗いジャングルの地面から重たげな枝を拾い上げ、わたしを置いて走りだした。ほんの二秒ほどで枝が何かを叩く音が聞こえてきたが、目には何も映らない。まもなくカイオアーが笑いながら戻ってきて、殴られて気を失っているもののまだ死んでいないカイマンを、尻尾を持ってぶら下げていた。長さは一メートルにもならない。小型のカイマンはどうやらカエルやヘビを狩ろうと、沼からはい出してきたもののようだ。命の危険を感じるような大きさではなかったが、それでも素足に嚙みつかれたら指を食いちぎられるか、ひどい怪我を負わされるかしていただろう——もしわたしがしゃべりながら、調子に乗ってあのまま歩きつづけていたとしたら。

わたしのような都会人は、道を歩くときには車や自転車、ほかの歩行者には注意を払うが、爬虫類を警戒はしない。ジャングルの道を歩くときに何に気をつければいいのか、わたしにはわからない。この夜のことも、認知と文化に関する教訓であったわけだが、とはいえそのときにはそれをはっきり意識していたわけではなかった。わたしたちは誰しも、自分たちの育った文化が教えたやり方で世界を見る。けれどももし、文化に引きずられてわたしたちの視野が制限されるとするなら、その視野が役に立たない環境においては、文化が世界の見方をゆがめ、わたしたちを不利な状況に追いやることになる。

これはまた別のある日、わたしはピダハン語の先生コーホイビイーイヒーアイと家の前の川で泳いでいた。わたしたちが話しながら体を冷やし、すっかりのんびりしているところに、女たちが二、三人、少しばかり川下のところにやってきた。女たちは焚火で焼いたばかりのサルを持っていた。毛はそっくり焼けおち、皮膚が黒ずんでいる。手足は子どもたちのおやつにもがれてなくなっていた。焼け焦げたサルを川べりに寝かせると、女たちのひとりが股から胸を切り裂き、手で無造作に内臓をつかみだした。はらわたを取り終えると、今度は腕と脚を切り落とし、川で血を洗った。灰色がかったはらわたを川に投げ込むと、彼女は土手を上がっていった。ほどなくあたりの水が泡立ちはじめた。

「あれは何だ？」わたしはコーホイに尋ねた。

「*Baixoó* バイオウー（ピラニアだ）」と彼は答えた。「やつらは血やはらわたが好きなんだ」

わたしは心配になってきた。川から上がるためにはあの泡立っているあたりを通らなければならない。もしピラニアたちがわたしのほうに、たとえば白人の肉といった餌を求めてきたらどうすればいい？

「やつら、おれたちを食わないか？」

「いや。サルのはらわただけだ」コーホイは答え、満ちたりた様子で水をはね上げた。やがてもう上がる、と言いだした。

「おれも！」わたしは言って、できるだけコーホイのそばを離れないようにして、ありがたいことに無事土手にたどり着いた。

わたしを育ててくれたカリフォルニア南部文化でも、ピラニアという生き物に関してそこそこのイメージはある。だがそれは、野生状態でピラニアが現れた兆候を見抜くほどではない。まして、ピラニアの近くでも落ち着き払っていられるような心構えを育ててはくれなかった。だがジャングルの生活では、冷静さが生死を分けるのだ。

都会の文化的社会ではジャングル暮らしの秘訣が身につかないように、ピダハンのジャングルを基盤にした文化では都会生活への備えがうまく身につかない。西洋文明育ちなら子どもでもわかるようなことが、ピダハンにはわからない場合もある。たとえば、ピダハンは絵や写真といった二次元のものが解読できない。写真を渡されると横向きにしたりさかさまにしたりして、ここにはいったい何が見えるはずなのかとわたしに尋ねてきたりする。近年彼らも写真を目にする機会が増えてきたので、だいぶ慣れてはきたが、それでも二次元描写を読み解くのは、彼らには難儀なようだ。

最近マサチューセッツ工科大学とスタンフォード大学の合同研究チームがピダハンの二次元解読能力の検査をおこなった。この検査では鮮明な写真と、さまざまな加工を加え情報量を落とした写真が使用された。のちに発表されたところでは、

> ピダハンは加工を加えていない鮮明な写真は完璧に読み取ることができたが、加工された画像を解釈するのは、元の写真と並べてあっても困難だった（アメリカ人の被験者をコントロール群とした検査とは対照的な結果となった）。現時点ではまだ予備的な段階ではあるが、視覚的抽象化が困難である（あるいは熟達していない）ことを強く示唆している……

写真を読み取るという一見ごく簡単で誰でもできそうなことの背景にも、文化が色濃く関わっていることが、ここからもわかる。もっと日常的な作業のなかでは、文化の重要性はどれほどなのだろうか。ここまででも、わたしの経験から文化の重要性を教えてくれる実例をいくつか紹介してきた。だがピダハンの日常活動にも、文化の重要性がよくわかる例がいくらでもある。

一九七九年、マラリアを患ったケレンが療養している間、わたしはピダハンの男たちをふたりポルト・ベリョに招き、ピダハン語を教わることにした。ケレンをおいて村に行けなかったからだ。ふたりは衣服といえば短パン一枚しか持っていなくて、都会っ子のブラジル人に囲まれると恥ずかしがった。ジャングルでは、ピダハンが出会うブラジル人といえばたいがいが川をやってくる商人たちで、少なくとも仕事中は短パンにゴム草履履きだ。だが街では、ブラジル人の着る衣類はもっと手の込んだものになる。特に女性の鮮やかな色のドレスやブラウスは華やかだ。

わたしといっしょに街にやってきたイプウーギとアホアービシは、女性についてあれこれ質問してきた。それから、少しでも都会風に見られるように、靴と長ズボン、襟のあるシャツを買ってもらえないかと言ってきた。そこでわたしたちはポルト・ベリョの目抜き通り、セテ・デ・セテンブロに服を買いに出かけた。わたしたちは話しながら歩いた。ピダハンの男たちは車のこと（「あの家を造ったのは何者だ？　速いな！」）、建物のこと（「あれは誰が造った？　ブラジル人ってのは、家の建て方を心得てるなあ！」）、舗道のこと（「この堅い黒い地面は何だ？」）、そしてブラジル人のあれやこれや（「どこで食料を狩るんだ？」「商品は誰が作ってるんだ？」）などなど次から次へと質問してくる。

素足に上半身裸で歩いている先住民の男たちを、通行人たちはまじまじと見つめた。ピダハンたちも見つめ返す。イプウーギとアホアービシは、清潔で色とりどりの服装をしたいい匂いのブラジル人女性をすこぶる魅力的と思ったようだ。彼女たち、おれたちとセックスしてくれるかな、と知りたがった。それはおよそありそうにないと思うぞ、なにしろピダハンを知らないんだからな、とわたしは答えておいた。

店に入ると、褐色の肌をしたきれいな若い女性店員が迎えてくれた。腕にはブレスレットをし、黒髪が長く、体にぴったりした服を着て足元はサンダル履き、にこやかな微笑みとほのかな香水を振りまいた。ピダハンも微笑んだ。

店員の助けを借りて、男たちにぴったりのズボンと靴、シャツを求めることができた。ピダハン男性の例にもれず、ふたりも身長は一五五センチほどで体重が五〇キロそこそこ、ウェストサイズは二八インチだ。店員はピダハンにたくさんの質問を浴びせたが、それをわたしがよしなに通訳する。男たちのほうも店員にいくつか質問した。ふたりが買ったばかりの洋服を着ると、わたしたちは洋品店を出て、今度は歯ブラシや消臭剤、櫛、アフターシェーヴなど、ピダハンが都会生活の必需品と聞かされてきた日用品を買い求めにまわった。筋肉質でしまった体格と浅黒い肌が西洋式の衣類でひときわ恰好よく見えた。

わたしは、心配することは何もなさそうだと考えていた。ピダハンを都会に連れてきても何も問題はなさそうだ。心配は取り越し苦労だったようだ。もっとも、ピダハンは街なかでもジャングルと同じように、どうしても一列縦隊で歩きたがって、それがどうにも滑稽だった。

繁華街の舗道を、わたしを先頭にイプウーギが歩き、そのあとにアホアービシが続く。ふたりが追いつくようにわたしが足を緩めると、ふたりも速度を落とす。さらに緩める。ふたりも緩める、その繰り返しだ。こっちが立ち止まるとふたりも立ち止まった。ふたりはどうしてもわたしと横に並んで歩こうとしない。頼んでみてもだめだった。狭いジャングルの道ならばこれももっともなことだ。何しろ幅がないから、ふたりが肩を並べて歩けるように背中と腰が痛くなるまで汗水流して道幅を広げないかぎり、縦一列になるしかない。それに、並んで歩くのは危険でもある。ふたり分の幅があるということは、捕食者にとってはより狙いやすい的になるし、ヘビその他の危険物に出くわしたときも、かばい合うのが難しい。だが街のなかでは、並んで歩いていると幅はとるものの話しやすいし、周りからもひと固まりのグループなのだなと見なしてもらえる。わたしは縦に並んだ自分たちの歩き方に思わず笑みをもらしながら、ポルト・ベリョ一番の目抜き通りを渡るため、信号が変わるのを待った。

わたしはイプウーギとアホアービシに声をかけて進んだ。「付いてきてくれ。あそこの店に入るから」と、通りの向こうの雑貨屋を示した。

道路を四分の三くらいまで渡ったところで振り返ると、イプウーギとアホアービシが恐怖に固まって、自分たちの真横でエンジンをうならせながら信号待ちしている車を凝視していた。わたしはふたりのほうに戻りかけたが、歩行者信号が変わってしまった。車は発進しはじめ、ふたりのピダハン男性に激しくクラクションを鳴らす。ふたりは完全に震えあがっていた。これまでに見知っている野生動物とはまったく違った行動をする車の動きを読み取ることができず、パニックに駆られていまにも車列の間に走りだしそうになっていた。わたしは何とかふたりのところにたどり着き、手をしっかり握って通りの向こう側まで引っ張っていった。ようやく舗道にたどり着いた。

「あれは恐ろしいな」ふたりはまだ興奮冷めやらずに叫んだ。

「わたしも恐ろしかったよ」わたしも相槌を打つ。

「ジャガーよりたちが悪い」イプウーギが締めくくった。

■

繰り返しになるが、ピダハンに関して沸き立っている論争は、彼らの言語が、言語や文化に関する現行の思想の再考を迫るものであるかどうかということだ。現在の言語学理論のうちでも、最も有名で影響力のある理論を打ち立てたチョムスキーは、ピダハン語に特有のものとしてわたしが挙げた性質をもつ言語は存在しないと――ピダハン語もほかの諸言語となんら変わりはないと言っている。チョムスキーの理論がなぜこのような否認につながるのかを理解するためには、彼の理論についてもっと深く知る必要がある。

チョムスキーは、自分が「普遍文法の真の理論」を発見しようとしていると考えており、その理論では、普遍文法はわれわれ人間が生物としてもつあまたある能力のなかで、言語に特化した能力であるとされる。「真の理論（true theory）」という言い方を彼がどのような意図で用いているかは定かでない（科学者や哲学者が「真の」という語を使うとき、厳密に何を意味しているのか推し量るのは難しく、チョムスキーにかぎって不明確というわけではない）が、思うに現実と完全に符合している理論、というほどの意味だろう。ここはよく考えてみることが肝要だ。あるレベルでは、普遍文法という考え方はほぼ不可避とも思える。結局のところ、植物も鉱石もあるいは犬もしゃべることはなく、話をするのは人間だけだ。人間としての生態の何かが、言語を出現させたということに異論がある者はいないだろう。この点でチョムスキーは、とりたてて言い立てるまでもなく正しい。しかし現実の問題は、この能力がほんとうに言語に限られたものかどうか（たとえば、言語を駆使する能力は認知能力から派生しただけと反論することもできよう）、そして、この生物としての能力が特定の言語の文法の完成にどれほど関わっているのかということだろう。さらに、一見無関係にも思えるけれども、科学的態度を貫こうとするならば、仮説を立証するための裏付けをどのように入手するべきであるかも、熟慮しておかなければならない。

科学においては、研究の場所はおもにふたつある。実験室とフィールドだ。物理学や化学といったいわゆる自然科学の分野、それに社会科学の多くの分野でも、温度や湿度が管理され、研究に必要な器材の備わった快適な部屋で研究がおこなわれる。アメリカ合衆国をはじめ、ドイツ、イギリス、フランスといった豊かな国での科学は、特に恵まれた少数者が、社会全体のためにおこなうものだ。少なくとも理論的には、研究の資金提供者は、その科学研究が容認されている社会一般の利益となるような結果を期待する。若い科学者はその分野の権威者の庇護という傘のもとで働き、言語学の世界ではチョムスキーが開拓のシンボルであり、言語学者の大半が彼の領土の住人だ。

言語学研究は、時代とともに変化してきた。以前はもっと「フィールド科学」に近く、地質学や人類学、生物学のように、研究室を離れ、厳しいフィールドに赴くことが学びだった。もちろん現在でも、多くの言語学者が世界じゅうのフィールドで言語を研究している。

だが一九五〇年代のチョムスキーの出現で、学問気風は大きく変わった。わたしを含め多くの言語学徒がチョムスキーに惹かれたのは、その理論の美しさであって、彼のフィールドワークのためではなかった。二〇代にして彼を一躍有名にした論文、「言語理論の論理構造」や、その後に書かれた『文法の構造』『文法理論の諸相』『統率・束縛理論』『ミニマリスト・プログラム』といった著作によって、世代を超えて大勢の言語学研究者が、チョムスキーの理論を信じればたしかな成果に導いてくれると確信した。ご多分に漏れず、わたしも彼の著書は残らず隅から隅まで読み込み、大学院でそのほとんどすべての理論に関して授業もおこなった。

チョムスキー言語学が広がったのは、彼のいたMITの学部が世界じゅうから優秀な学生を集めていたことにも預かっている。このあたらしい気風は、言語学の方法論にも新風を吹き込んだ。チョムスキー以前は、アメリカで言語学者になるというのは、まず一年か二年少数言語の社会で暮らし、その言語の文法を記述することと同義だった。それがいわば北米言語学者の通過儀礼だったのである。だがチョムスキー自身はフィールドワークなどしていないのに、およそどんなフィールド研究者よりも面白そうな論文を書いているとあって、チョムスキーの仮説に影響を受けた学生や新進の学者たちが、言語学の最適手法は帰納法より演繹法だ——村ではなく設備のととのった研究所でまずスキのない理論を書き、しかる後にどうすれば事実がうまく理論と符合するかを考えればいい、と信じ込んだとしても無理はない。

わたしの理解はこうだ。帰納的に進める言語学研究というのは、対象となるそれぞれの言語に「自ら語って」もらうことだ。フィールド調査によって集めた言語資料を吟味して分類し、次にその言語に見られる要素（つまり単語や語句、文、文章などのことだが、それらにどういう名前をつけるかは、その言語を論じるのに都合がいいように当のフィールド研究者が考えればいい）を抜き出し、さらにはそれらの要素がどのようにして組み合わさるか（つまり、その言語の使い手が、文章なり節といったその言語の発語単位をどのように組み立てるのか、さらには会話や物語といった社会言語学的やり取りを構成するためにそれらの単位をどのように使うのか）を考えていくという手順である。

一方演繹的手法は理論から——あらかじめ名前を付けた箱から——入り、言語の諸相をその箱のなかに収めていく。収めていく途中で新しい箱を作る場合もあるかもしれないが、それはあまり感心されない。演繹手法において争点となるのはおもに、諸相と、箱の境界だ。チョムスキーの演繹的手法の影響もあって生じた学問土壌は無視できない。それはつまり、よき言語学者になるためにフィールド調査は必要ではない、自分の母語を研究することは、フィールドでかつて研究されていない言語を研究することと同じくらい重要らしい、文法は文化とは独立した独自の体系である、ということだ。

二一世紀になり、言語の要素の意味や構造（あるいは形）に関するわれわれの知識は、以前の知識をはるかに上まわるようになっている、と主張する者が出てきている。これは、科学は進歩するものであり、われわれは先人の知識の上に、「教訓の上にさらに教訓」を組み上げていくものだという考えに基づいている。それが、モーティマー・アドラーが『西洋世界』の序文で人生の「大いなる対話」と呼ぶものだ。

だがそれと競合するように、多くの科学者が同時に信じていることがある――科学革命だ。哲学者トマス・クーンの著書によれば、科学革命とは、科学理論がそれ自体で袋小路に陥り、誰かが風穴を開けて従来の方法論というくびきから解放されたところで研究する自由を主張しないと、科学者は身動きがとれなくなるという考えだ。この場合風穴は、据わりの悪い事実が積み重なってくることで生じる。既存の理論をあちこち引き裂いたり継ぎ合わせたり無理に引っ張ったりしなければ――クーンの言う「補助仮説」によってしか――扱いきれないような事実が次々と出現してくることによって。ピダハン語は数多くの据わりの悪い事実を提供してくれた。ピダハン語に類する言語はいずれも同じで、こうした事実は今後もたくさん発見されるだろう。それらの事実はこれまでの理論の壁に大きな穴をあけ、新たなる理論の殿堂を建てることを要求してくる。いま言語学の世界を支配している理論について、ピダハン語が教えてくれたのはそういうことだ。

文化は、わたしがピダハンに街なかで横に並んで歩かせようとしたときと同じように、自分以外の人間について学ぼうとする試みにも影響を及ぼしうる。そして文化は、観察者である研究者だけでなく、対象となる人々にも作用する。人間言語の理論を理解するには、文化が対象そのものに及ぼしている力だけでなく、理論の組み立てにも影響を与えていることを意識する必要があるのだ。

ここは議論を呼ぶ争点ではある。スティーヴン・ピンカーの有名な『言語を生みだす本能』では、人間の文法の形成に文化はほとんど役割を果たしていないとされている。なるほどピンカーは、人が話す内容に、文化が大きく影を落としていることを認めてはいる（ある年代のアメリカ人はセックスシンボル、あるいはスターのオーラをもつ人物としてマーロン・ブランドとエルヴィス・プレスリーを引き合いに出すし、現代アメリカ社会において調べ物をする場合のグーグルの威力を語り合うだろうが、ピダハンが話題にするのは、ジャングルの精霊との出会いや、バスの釣り方だ）。また文化は語彙を決定する。スコットランドに行くと「ハギス」なる言葉に出会う。ハギスの中味は（ふつう）羊の内臓（心臓、肝臓、肺）で、伝統的な作り方は、これをみじん切りにし、玉ねぎ、オートミール、スパイス、脂肪、塩とよくまぜ、スープを加え、動物の胃袋に入れて三時間ほど煮るというものだ。わたしは好きだが、誰にでも人気のある料理というわけではない。その上スコットランドだけの伝統料理だ。だからスコットランド人が文化のこの伝統部分を表す語彙をもっているのも不思議ではない。

もうひとつの事例を挙げると、ブラジルに「ジェイトゥ」という言葉がある。これは字義どおり訳すと「横になる」とか「休む」という意味で、ブラジル人が自分たちには問題解決に格別の才覚というか勘どころがあるということを表すのに使われる。ブラジルでは、「ノス　ブラジレイロス　ソモス　ムイト　ジェイトーゾス（われわれブラジル人はジェイトゥがうまい）」といった表現がよく聞かれる。ジェイトゥの才覚があることと、それをブラジル人同士で話し合うこととは、文化上の価値だ。このことは、ブラジル文化の構成員の間ではたったひとつの単語でスマートに表現される——そのような概念を語ることがとても重んじられている文化のなかで。これもまた、文化と言語が手に手を携えている実例だ。

そしてもちろんピダハン語にも、カオアーイーボーギー（早口）といった、彼ら独特の精霊を表す語彙がある。

だが言語学理論において、正式文法の形成に文化が関わっていると認められるのはおろか、積極的な役割を果たしているなどとされている例はほとんどない。だからこそ、ピダハン語のように、理論研究者が思いもよらないほど深く、文法形成に文化が関わっていると見られる言語を研究する意味があるのだ。

言語の性質を理解するためにピダハン語がなぜ重要なのか。まず、チョムスキーの主たる関心事である、言語同士の相似性の問題を考えるところから始めてみよう。

世界の諸言語を見てみると、さまざまな共通点があることに気づく。相似点はひじょうに多く、また繰り返し現れるので、これがたんなる偶然の産物とはとても考えられない。西洋文明の衣鉢を継ぐ科学者としては、そうした現象にはぜひとも説明をつけなくてはならない。

こうした類似性を追究するのに、チョムスキーはわたしたちに遺伝子レベルを見るよう促し、それは原因を求めるには理にかなった場所だと言える。というのも、わたしたち人類をホモ・サピエンスというひとつの種として結びつけているのはゲノムの共通性だからであり、人間のニーズや欲望、経験や感情などもろもろの共通点を生みだしているのも人としての遺伝子だからだ。

だから、ピグミーとオランダ人は見た目にはかなりかけ離れているものの、両者の共通点は相違点をうわまわって余りある。なぜなら、両者ともに人類のほかの人々同様、同じ遺伝子基盤を有しているからだ。進化と遺伝の理解がなければ、種としてのわたしたちの本質はわたしたちの目を逃れがちだ。そこで、遺伝的に説明がつくと思われる言語間の類似性を考えることは大切だ。

まず、すべての言語に共通する品詞（動詞、名詞、前置詞、接続詞などなど）がある理由が説明できるかもしれない。すべての言語の品詞がまったく同じ一揃いではないかもしれないが、これまで見てきたかぎりでは、どれかひとつの言語にある品詞群はほかの品詞分類とよく似たものだ。

また、多くの言語において文章を組み立てていく上で共通の心理的制限がある理由も説明できるかもしれない（「Oysters oysters eat eat oysters.（カキが食べるカキがカキを食べる）」という文が文法的には完全に正しいのに理解できないのはそのためだ）。この文例の問題は、「中央埋め込み」文になっていることで、節（oysters eat［カキが食べる］という関係節）がもうひとつの節（Oysters eat oysters［カキがカキを食べる］という主節）の真ん中に来ている。埋め込み文がどこで始まるかを示す指標を入れ、Oysters that oysters eat eat oysters.（カキが食べるところのカキがカキを食べる）とすると、耳で聞く分にはずっと理解しやすくなる。

さらに、多くの言語に同じような意味上の制限が見られる。たとえば知られている言語では、意味を完全にするために名詞を四つ以上多く必要とする動詞はない（これを五つ以上、としている理論もある）。動詞が単独で、あるいは意味のないたんなる形式としての名詞ひとつをともなって現れることはできる。形式的な名詞の例が、It rains. といった文の it だ。John runs. のように名詞ひとつだけをともなって、または **Bill kissed Mary.** のように名詞ふたつとともに、さらには **Peter put the book on the shelf.** といった具合に動詞が三つの名詞といっしょに出現する場合はあるが、それより多くはならない。**John gave Bill the book Susan.** というのはあり得ない。四つ以上の名詞を出したい場合には、複数の動詞ないし文か、

John gave the book to Bill for Susan. のように前置詞が必要になってくる。*

現在のように文法が大脳の言語中枢から生まれたという理論が主流になる以前、短い期間だが純粋に行動主義的な言語研究が盛んだった時期がある。その代表がB・F・スキナーだ。

だが人がいかにして言語を習得するのか、はたまた言語同士にさまざまな共通点があるのはなぜなのかを説明するのに、認知というものを勘定に入れない行動主義的観点は決して充分とは言えなかった。とはいえ、普遍文法を基礎とした理論が成功しているかと言えばそうでもない。その理由はいくつもある。まず、この間、言語を行動一辺倒に捉えるスキナーの立場にも、文法は人間の遺伝子に組み込まれているというチョムスキーの極端な立場にもよらない素晴らしい発想が現れてきているという事実がある。コミュニケーションの必要性や、社会と文化の性質など、それ以外にも説明のすべは考えられるのだ。

言語が社会の構成員からどのようにして発生してきたかを研究しているチームのなかでも先陣を切っているのは、ドイツ、ライプツィヒのマックス・プランク進化人類学研究所のマイケル・トマセロの率いる心理言語学チームだ。彼らの研究は、行動主義やチョムスキー仮説には囚われていない。チョムスキー理論の影響力が弱まってきているもうひとつの要因は、この理論がもはやあいまいで検証に耐えなくなってきていると感じられはじめていることだ。言語学研究の現場に、チョムスキーの現行の研究内容は自分たちの研究にさほど役に立たないという感覚が広がってきている。

チョムスキーの言語理論の第三の問題点——これがいまここで掘り下げて考えてみたいポイントなのだが——は、言語というものがチョムスキーが想定していたほど互いに似ていないうえ、違いがかなり大きいというごく単純な事実である。

ピダハンが西洋社会でいう哲学や言語学を究めたとすると、彼らの言語学体系はチョムスキーのようなものにはならないだろう。デカルト流の創造性の原理とは逆に、ピダハンは話題として容認できることに線を引き、直接体験という狭い範囲にかぎって話すことに文化的価値を置く。

と同時に、ピダハンたちはおしゃべりが大好きだ。ピダハンの村を訪問する人たちが口を揃えて言うのは、ピダハンがひっきりなしにしゃべり、笑っているように見える、ということだ。ピダハンの行動には余計な遠慮はない。少なくとも村にいる間は。小屋のなかに常に絶やさない焚火の周りに寝そべり、イモや根菜を熾き火に埋めてじっくりと焼く。話題になるのは、漁のこと、精霊のこと、一番最近訪ねてきた外国人のこと、ブラジルナッツの実が今年はどうして例年より少ないのか、などなど。焼けたイモを掘りだす間ピダハンは口をつぐみ、イモを割って口に含むと、文字どおり瞑想しながらふたたび会話に戻る。

話題は多いわけではない。しかしカリフォルニア南部のわたしが育った家庭も同じだった。家畜のこと、畑の作物のこと、ボクシングやバーベキュー、カントリー・ミュージックに映画に政治、その程度だ。わたしの実家でも、誰も〝デカルトの創造性〟になど関心はなかった。言語学者は、もっと多岐にわたる内容を話すから〝デカルトの創造性〟を必要とするということか。わたしはそうは思わない。わたしが知っている言語学者たち、のみならず大学教授であっても、話の広がりという面では、ほとんど全員ピダハンたちと大差ないのが実態だ。言語学者は言語学の話とほかの言語学者の噂しかしない。哲

＊原注　英語の命令文は、Run! のように通常主語をともなわない。とはいえ命令文の主語は常に二人称であるので、命令文には暗黙の主語があるということで言語学者は一致している。「走れ！」と言った場合、誰でもいいから走ってくれという意味ではなく、きみ（たち）に走れ、と言っているのである。

学者は哲学と哲学者の噂とワインの話。おおよそこれだけのこと――仕事の話と同僚の話――を枠組みとして、たいていの人間はそのなかで言語活動をしている。もちろん、職業といってもさまざまだから、単独の言語という制限のなかでそれだけの話を可能にするためには、わたしたちの言語に幾多の学問領域、専門領域、商売などなどを表現するのに充分な語彙や体系がなくてはならないわけだ。

わたしたちはたいてい、自分たちの知識は「携帯可能」であると考える――サン・ディエゴにいて感じ、学んだ世界に関する知識が、デリーに行っても完全に通用するものだと。しかしわたしたちが知っていると考えていることのほとんどはきわめて地域限定的な情報であり、地域に根差した視点で得られたものでしかない。電圧一一〇ボルト用の電化製品を電圧が二二〇ボルトの地域ではすぐには使えないように、そのような知識も新しい環境ではそのままは使えない。たとえば大学で言語理論を学んだ研究者がフィールドに出かけたとして、もし環境の変化を敏感に感じ取る感性があれば、自分が学んできた理論が必ずしも現地で出会う言語にぴったり当てはまらないことに気づかされるだろう。理論は地域により適切な微調整がなされれば、便利なものだ。そうしようとしないのならば、理論は寝る人の体のほうをベッドの大きさに合わせてしまったプロクルステスの寝床のようなもので、現実にある言語という事実のほうを、理論に合わせて引き伸ばしたり切り詰めたりすることになる。

ことにその理論が、言語（研究者によっては「文法」と呼ぶ）を生得のものであるとする理論の場合、そのようなことが起きがちだ。そうした理論は教室で見ている分にはいたって魅力的だが、フィールドの事実にはなかなか符合しない。チョムスキーとピンカーは、文法の進化と現在の構造を理解する主要な鍵は自然（生物学）であると提唱した。普遍文法（チョムスキー）や言語本能（ピンカー）を説き、それは遺伝子の一部であるとした。ふたりの考え方は数十年にわたって、心理学や言語学の研究に大きな影響を与えてきた。しかし文法や言語一般の心理や進化、そしていまある構造を説明する方法はほかにも考えられる。そのひとつの例として、B・F・スキナーは、言語は環境条件の生成物にすぎない——すべて育ちで生まれは関係ない——と考えた。周知のとおり、一九五九年、チョムスキーはスキナーの理論を痛烈に批判し、彼のモデルでは系統発生的にも、個体発生的にも言語の発生と進化を説明できないと論破した。だが、言語の核となる要素を自然の足元だけにゆだねようとするチョムスキーとピンカーの方法論にも、問題は多い。リカージョンを内包しないピダハン言語という現実、そして、文化が文法に制限を及ぼしているという事実は、普遍文法の反証となる。言語の発生やその性質を理解する最善の方法は、たんなる二元論よりもう少し複雑なのではないか。

だがこの理論では不充分だとすると、わたしたちには何が残るのか。

わたしたちに残されるのは、言語を回転させる機構にすぎない文法よりも、世界各地のそれぞれの文化に根差した意味と、文化による発話の制限とが重要視される理論だ。

それがもし正しいとしたら、言語学研究の方法論にも多大な影響を与えることになる。言語を都合よく文化状況と切り離してこねくりまわすことはできなくなる。まして、研究対象の言語が使われる社会が、研究者の文化と大きく異なる文化的背景をもつ場合には、そんなことをしていたら、決してその言語を正しく理解することはできないことになる。

また、言語学は現在多くの言語学研究者が信じているように心理学に属するものではなく、サピアが考えたように、人類学に属するものになるだろう（それどころか、やはりサピアが考えたように、心理学すら人類学の一部であると言えるかもしれない）。人類学やフィールド調査と切り離された言語学は、化学薬品とも実験室とも切り離されておこなう化学のようなものだ。

だが時には、対象となる文化に触れるうちに、科学の目的からは遠く離れた何かを教わることもある。わたしはピダハンから自分自身の精神性について目を開かされ、それがわたしの生き方を一八〇度変えることになったのだった。

第三部

# 結び

# 第十七章　伝道師を無神論に導く

ＳＩＬの伝道者は説教もしなければ洗礼も施さない。聖職者的な行動は避けて通る。ＳＩＬはむしろ、先住民を感化する最良の道は、新約聖書を彼らの言葉に翻訳することだと信じている。ＳＩＬはまた、聖書は文字どおり神の言葉であるという信念をもっているので、聖書に自ら語らしめるべきであるとも考える。そこでわたしがピダハンとともに過ごす日々は、自然に言語学的な活動が主になり、新約聖書をできるだけ確実に翻訳するために、彼らの言語をできるだけ解明しようと努めることになる。勉強が進んでくると、わたしは聖書の部分的な翻訳にかかり、村の人たちにかわるがわる聞いてもらった。日中暇があれば、自分の信仰と、それが自分にとってなぜ大切であるかを村人たちと話した。それ以外に伝道者らしい活動はなく、ＳＩＬの一員としてはそれがふつうだった。

一九八三年十一月のある朝、途中出入りはあったもののピダハンの村で都合十四ヵ月ほど暮らしたころのこと、わたしは自分の家の居間で複数のピダハン男性たちとコーヒーを囲んで座っていた。時間は一〇時に近く、そろそろ暑くなりはじめていた。熱気は午後の四時ごろまで弱まることはなく、それ以後徐々に静まっていく。わたしは川に顔を向け、午前中のそよ風を心地よく受けながら、村から二キロあまりのマルメロス川を通る音をみんなが聞いたという船の話をしていた。そこへコーホイビイーイヒーアイが入ってきたので、わたしは立って行って彼にコーヒーを注いだ。我が家の台所には、寄せ集めの安手のプラスティックカップがたくさんあった。コーヒーは薄めで、とても甘くしてあった。

　コーヒーのカップを受け取ったコーホイは、「*Ko Xoogiái, ti gi xahoaisoogabagai.*（なあ、ダン、話がしたいんだ）」と言った。「ピダハンは知っている、おまえは家族や故郷を離れてここにきて、わたしたちと暮らしている。イエスの話をするためだ。おまえはわたしたちにアメリカ人のように暮らしてもらいたがっている。だがピダハンはアメリカ人のように暮らしたくない。おれたちはひとりよりたくさん女が欲しい。イエスは欲しくない。しかしおれたちはおまえが好きだ。おまえはおれたちといていい。だがおれたちは、もうおまえからイエスの話を聞きたくない。わかったか？」

　ＳＩＬはピダハンのような先住民の人々に対する説教を認めていないが、コーホイはわたしと会話し、聖書の翻訳を手伝ってくれるなかで、わたしが自分の信仰について話すのを何度も聞いていた。

　さらにこれまでにやってきた伝道団のメンバーの名を挙げて、彼は続けた。「アルロはおれたちにイエスの話をした。スティーヴはおれたちにイエスの話をした。だがおれたちはイエスはいらない」

　そこにいた男たちはみんな同意見のようだった。

　わたしは答えた。「もしきみたちがイエスをいらないなら、きみたちはわたしたちもいらないね。わたしたち家族はイエスの話をするためだけにここにいるんだ」

　わたしはそろそろ勉強の時間だとみんなに告げた。男たちは腰をあげ、魚獲りから戻ってきた村人と交代で空いたカヌーを駆って魚を獲りに出かけた。

　コーホイに言われたことはショックだった。はっきりと倫理上の問題を突きつけられたことでもあった。わたしはイエスの話をするためにピダハンのもとに来たのであり、当時の自分の気持ちとしては、彼らに無意味な生き方をやめ目的のある生き方を選ぶ機会を、死よりも命を選ぶ機会を、絶望と恐怖ではなく、喜びと信仰に満ちた人生を選ぶ機会を、地獄でなく天国を選ぶ機会を、提供しにきたつもりだった。

ピダハンが福音を理解し、それでもなおかつ福音を拒絶するのだとしたら、それはそれでひとつの生き方だ。だがおそらく彼らは理解していない。その可能性が高かった。わたしのピダハン語はまだまだ自由自在には程遠かったからだ。

ピダハンとの生活を始めた初期のころのまた別のとき、ピダハン語もかなり上達したので、自分がなぜイエスを信じ、救い主と考えるようになったかをそろそろ話すことができると考えた。これはいわゆる「信仰告白」で、福音主義派のキリスト教徒にはふつうのことだ。考え方としては、語る者のイエスを受容する以前の人生がひどければひどいほど神の救いの奇跡は大きく、そうなれば聴衆のなかでイエスを信じていなかった者の信じようとする動機も大きくなるだろうということだ。

それは宵の口、わたしたちの家族が夕食を終えた直後で、午後七時ごろだった。マイシ川で水浴したわたしたちはまださっぱりした気分だった。こういう時間帯、わたしたちはみんなにふるまうコーヒーを用意し、村人たちは我が家に入ってきて腰を据えたり、ただ顔を出したりする。そんなときわたしは、神への信仰や、わたしがピダハンも同じように神を求めたほうがいいと信じる理由などを語った。ピダハン語には「神」に相当する単語がないので、わたしはスティーヴ・シェルドンに勧められるまま、「*Baíxi Hioóxio* マイーーイ　ヒウオーーイオ（上の高い父）」という表現を使っていた。

わたしたちの上の高い父が、わたしの人生をよくしてくれた、とわたしは言った。以前はわたしもピダハンのようにたくさん酒を飲んだ。女に溺れ（というのは誇張だが）、幸せでなかった。すると上の高い父がわたしの心のなかにやってきて、わたしは幸せになり、人生もよくなった。急ごしらえで考えだしたこの目新しい表現や喩えがピダハンに正確に通じるのかどうか、まったく考えていなかった。自分では意味をなすと思っていた。そしてその夜、わたしはきわめて個人的な話をしようと決心していた――これを話せば、神とともにある人生がいかに重要かをきっと理解してもらえるだろうと思っていた。わたしはピダハンに、継母が自殺したこと、それがイエスの信仰へと自分を導き、飲酒やクスリをやめてイエスを受け入れたとき、人生が格段にいい方向へ向かったことを、いたって真面目に語って聞かせた。

わたしが話し終えると、ピダハンたちは一斉に爆笑した。ごく控えめに言えば、思いもよらない反応だった。この話をすれば、わたしが味わってきた苦難の連続に感極まり、そこから救いだしてくれた神に心打たれた聴衆から「ああ、神様はありがたい！」と、嘆息されることに慣れっこになっていたのだ。

「どうして笑うんだ？」わたしは尋ねた。

「自分を殺したのか？　ハハハ。愚かだな。ピダハンは自分で自分を殺したりしない」みんなは答えた。

彼らはまったく心を動かされていなかった。はっきりしていたのは、わたしの愛する誰かが自殺を図ったからといって、ピダハンがわたしたちの神を信じる理由にならないということで、実際のところこの話はまったくの逆効果、彼らとわたしたちとの違いを浮き彫りにしただけだった。伝道者としてのわたしの目標は大きく後退した。この後何日も、わたしは自分がピダハンとともに暮らす意味を必死で考えた。

何がわたしの使命を難しくしているのか、わたしにも少しずつ明らかになりかけていた。キリスト教の信仰についてはおおむね正しく伝えられていた。わたしの話に耳を傾けた者たちは、*Hisó* ヒソー（イエス）という名の男がいて、彼はほかの者たちに、自分が言ったとおりにふるまわせたがっていると理解していた。

次にピダハンが訊いてくるのは、「おい、ダン。イエスはどんな容貌だ？　おれたちのように肌が黒いのか。おまえたちのように白いのか」

わたしは答える。「いや、実際に見たことはないんだ。ずっと昔に生きていた人なんだ。でも彼の言葉はもっている」

「なあ、ダン。その男を見たことも聞いたこともないのなら、どうしてそいつの言葉をもってるんだ？」

次にみんなは、もしわたしがその男を実際に見た（比喩的な意味ではなく、文字どおりにこの目で見るという意味で）ことがないのなら、その男についてわたしが語るどんな話にも興味はない、と宣言する。その理由は、いまならわたしにもわかるが、ピダハンは自分たちが実際に見るものしか信じないからだ。ほかの者から聞いた話を信じるケースもあるが、それは話した人物が実際にその目で目撃した場合にかぎる。

当時わたしは、福音がなかなか受け入れられないのは、そのときわたしたちがいたポスト・ノヴォのピダハンはカボクロ文化に触れる機会が多すぎて、カボクロの生き方のほうが、アメリカ文化より自分たちの暮らしになじむと考えるようになっていたからではないかと推察した。ピダハンは、福音はアメリカ文化から来るものだと見なしていた。だからわたしは、交易商人のおもむかないもっと奥の村へ移動すれば、福音を届けられるかもしれないと考えた。そういう村をふたつ知っていた。ひとつはアマゾン横断高速道のそばの村、もうひとつはもっと孤立していて、おそらくアマゾン横断高速道から船で一日下ったあたり、当時わたしたちがいた村からはモーターボートで三日ほどさかのぼったあたりだった。

わたしは自分の考えをケレンに相談した。結論を出す前に、わたしたちは初めての休暇らしい休暇をとり、五年ぶりに本国へ戻ることにした。スポンサーに報告をするためでもあり、心身を休め、伝道師としての自分たちのここまでの仕事ぶりを振り返るためでもあった。

休暇の間、わたしはふたたび伝道の使命のむずかしさを考えた。幸せで満ち足りた人々に、あなた方は迷える羊で救い主たるイエスを必要としているのだと得心させること。バイオラ大学での福音学の恩師、カーティス・ミッチェル博士はよく言っていた。「救いの前に彼らを迷わせなければならない」と。もし人々が自分たちの生活に何か深刻に満たされていないものを感じていなければ、新たな信仰を受け入れるとは考えにくいし、まして神や救いを求めようとするはずもない。言語や文化の障壁は巨大だった。わたしはまだピダハン語も満足に操れないし、そもそも紀元一世紀の言葉が伝わるはずのない言語であることにも気づいていなかった。

ともあれわたしたちは奥地の、もっと孤立した村に移ることに決めた。二四〇キロほど上流のアギーオパイ村は、アマゾン横断高速道から下ること六時間ほどのところにあった。新しい村のピダハンたちも、わたしたちを温かく歓迎してくれた。この村を訪問しはじめた最初の数年は、家を建てずにテントで寝起きし、村へはヒッチハイクか伝道団から借りた車、あるいは自分たちの小さなオフロードバイクでアマゾン横断高速道を走り、それからモーターボートでマイシを下って通った。生活必需品は、SILの基地からトラックで川まで運ばれた。

この村のピダハンには、できたてのお土産があった。ピダハン語に翻訳したばかりのマルコによる福音書だ。わたしはしばらくの間必死に翻訳作業に取り組み、上流の村に向かうほんの数週間前にようやく完成したところだったのだ。

だが翻訳をピダハンに示す前に、ＳＩＬでは「校閲会議」をすることになっていた。わたしはイサウーオイ（ポルトガル名はドゥートー）に頼み込んで、ポルト・ベリョにある伝道団の施設で二週間ほど翻訳の出来を確かめるのを手伝いに来てもらった。また、オックスフォード大学で古典語を勉強したウィクリフ聖書翻訳協会理事のジョン・テイラーが、監修役を引き受けてくれた。最初の校閲会議でジョンは、ギリシャ語の新約聖書を開き、ドゥートーにマルコによる福音書のこれこれの箇所についてどのように理解しているかピダハン語で尋ねるようわたしに促した。ドゥートーはわたしの質問に耳を傾けてはいたものの顔を上げようとはせず、かかとのタコをいじくっていた。エアコンがついていた。タコいじりに飽きると、ドゥートーは下唇をエアコンに向かって突き出し、「あれは何だ？」と尋ねた。次にドアノブを指し、それから机その他、室内のほぼすべての物を指し示して、「あれは何だ？」と質問を繰り返した。ジョンははじめ、ドゥートーがわたしの訳を理解できていないのではないかと危ぶんだ。

わたしもはらはらしていた。この校閲会議にはどうしてもパスしたかったからだ。わたしはドゥートーをせっつき、しまいには彼もジョンの質問にまともに応えるようになった。やがて一日二時間ほどの質疑応答の日課ができた。二週間が終わるころには、ジョンもドゥートーがマルコによる福音を理解できていると納得していた。ウィクリフ協会の基準では、原語協力者は実際の翻訳作業に関わりをもった者ではいけないとされている。翻訳に協力しているとどうしてもチェックが甘くなりがちなので、そうした利害関係のない、「冷静な」頭の持ち主に校閲に参加してもらわなければならないのだ。

一方わたしはドゥートーが理解していることに、喜びよりもむしろ困惑を感じていた。これほどよく福音の内容をわかっているのだとしたら、どうしてこんなに感銘を受けていないのだろう。ドゥートーはマルコの福音の「教え」にこれっぽっちの関心もなければ、感じるところもないようだった。村に戻ると、わたしは自分の声でピダハン語版マルコによる福音書のテープを録音した。手まわし発電式のテープレコーダーを持ちだして使い方を教えると、驚いたことに子どもたちがいち早く覚えてくれた。ケレンとわたしは村を離れ、数週間して戻った。ピダハンたちはいまだに子どもに再生機を回させ、福音を聴いていた。最初わたしはそれを見て小躍りしたが、やがて彼らが楽しんでいるのは洗礼者ヨハネが首をはねられる部分だけだということに気がついた。「おーおー、連中やつの首をはねたぞ。もう一度聞かしてくれ！」

この人たちが福音を最初から終わりまで聞こうとしないのはわたしのアクセントのせいだ、と思った。その障害を取り除くために、今度はピダハンの誰かに吹き込んでもらうことにした。わたしが文を読み上げ、それをできるだけ自然に繰り返してもらう。そうやって全文を録音したところで、スタジオに頼んで音楽や音響効果を付けてもらい、専門的にテープを編集してもらった。素晴らしい出来栄えのテープが完成した。

テープのコピーを複数作ると、手回し式のカセットデッキを余分に購入し、数日のうちにピダハンたちは福音の翻訳を日に何時間も流しつづけるようになった。この新しい装置と教材を武器にすれば、今度こそめでたくピダハンたちを改宗できると自信がわいてきた。

レコーダーは緑色の固いプラスチックに包まれ、黄色いハンドルがついていた。初めてピダハンに使い方を教えたとき、知り合ったばかりの *Xaoóopisi* アオウーオピシの隣に腰をおろして、電力が安定するようにゆっくりとハンドルを回すところを見せた。わたしたちはテープに耳を傾けた。彼はにっこりし、気に入ったと言った。わたしは嬉しくなり、彼がひとりでゆっくり聴けるようにその場を離れた。

次の晩、わたしは川向こうの土手に男たちが焚火をして集まり、魚を食べながら談笑しているのを見つけた。わたしはボートを漕いで向こう岸に渡った。レコーダーを持っていき、聴いてみないかと誘った。「いいとも」みんな声を揃えて熱心にうなずいた。彼らが、お定まりの日常に変化を与えてくれる新しい物が好きなのは知っていた。そこまでは計算どおりだった。

わたしはハンドルを少し回し、マルコによる福音書の最初の部分を流した。内容が理解できるか尋ねてみると、みんなわかると言い、かいつまんで中身を答えてくれたので、理解されていることは間違いなかった。夜も更け、焚火の明かりを前に砂に腰をおろして福音について語り合った。まさに長い間夢見てきた瞬間だった。

ところが四人の男たちのなかにいたドゥートーがいきなり、わたしにこんなことを訊いてきた。

「おい、ダン。テープでしゃべってるのは誰だ？　*Piihoatai* ピイホアタイみたいに聞こえるが」

「ピイホアタイだよ」わたしは答えた。

「そうか、やつはイエスを見たことがない。あいつはイエスは知らないし、ほしくもないと言っていた」

このいたって簡潔な一言で、テープには何ら神聖な影響力がないことをピダハンは示して見せたのだった。福音のテープは、ピダハンの心には何ら足がかりを作ることができなかったのだ。

それでもわたしたちは諦めず、マルコによる福音書の音声だけではなく、新約聖書の写真——イエスや使徒たちの登場するスライドショーの力も借りることにした。

夜に「ショー」を見せた翌朝、カアアウーオイという年配の男性がわたしの言葉の勉強を手伝いにきてくれた。勉強を進めていると、カアアウーオイが突然驚くことを言いだした。「女たちはイエスを怖がっている。わたしたちは彼をほしくない」

「それはどうしてです?」何がきっかけになってこんなことを言いだすのか、戸惑いながらわたしは訊き返した。

「昨夜イエスがわたしたちの村に来て、女たちと性交しようとした。村じゅうをおっかけまわして、巨根を女たちに突っ込もうとしたんだ」

カアアウーオイは両手を広げてイエスのペニスがいかに長いかを示してくれた。ゆうに九〇センチはあった。

わたしは絶句した。ピダハンの男性の誰かがイエスのふりをし、何かを巨大なペニスに見せかけて振りまわしたのか、それともまったく別の意味が隠されているのか。カアアウーオイが自分で話をでっち上げたのでないのははっきりしていた。彼はただ、心配な事態を報告していただけだった。その後村人ふたりに確かめてみると、彼らもカアアウーオイの話は事実だと認めた。

ピダハンと共にいようとするわたしなりの理由づけは、自分の人生と生き方とをかけてきたメッセージがピダハンの文化にそぐわないということで、根底の部分で困難に突き当たっていた。ひとつ言えるのは、ピダハンのところにもってきた神聖なメッセージが世界のどこに行っても通じるものだと決め込んでいたわたしの自信には、じつは根拠などまったくなかったということだ。ピダハンは、新規な世界観を受け入れる市場ではなかった。人の手など借りずとも、自分のことは自分で守れるし、守りたい人々だ。初めてピダハンの村を訪れる前にかの人々に関する文献を読んでいたなら、伝道者たちがかれこれ二世紀以上も彼らを改宗しようと骨折っていたことがわかっただろう。ピダハンとその近親のムラという人々が西洋社会に最初に出会った十八世紀、彼らは「偏屈」の異名をとった——それ以後の歴史で、いかなる時代にも「回心」したピダハンの存在は知られていないのである。それを知ったからといって、わたしがくじけたとは思えない。新米伝道師の例にもれず、わたしも瑣末な事実など笑い飛ばし、自分の信念をもってすればいかなる障害も最後には乗り越えられると信じたはずだ。けれどもピダハンは迷ってはいなかったし、「救い」を求める必要も感じてはいなかった。

直接体験の原則とは、直に体験したことでないかぎり、それに関する話はほとんど無意味になるということだ。これでは、主として現存する人が誰もじかに目撃していない遠い過去の出来事を頼りに伝道をおこなう立場からすれば、ピダハンの人々は話が通じない相手になる。実証を要求されたら創世神話など成り立たない。

驚いたことに、これらすべてにわたしは心を揺さぶられてしまったのだった。わたしが信じたほうがいいと言ったというだけの理由では信じようとしないピダハンの態度は、必ずしも予期しないものではなかった。伝道の仕事が楽なものだと考えたことは一瞬たりともない。けれども自分が受けた衝撃はこれだけではなかったのだ。ピダハンに福音を拒否されて、自分自身の信念にも疑念を抱くようになったのだ。それがわたしには驚きだった。わたしは決してひよっこではなかった。ムーディ聖書研究所を首席で卒業し、シカゴのストリートでの説話もこなしたし、救済活動でも話をした。戸別訪問もやり、無神論者や不可知論者とも論争した。信仰弁護論や個人伝道の訓練も積んでいた。

しかし同時にわたしは、科学者としての訓練も積んでいた。大事なのは実証であり、ピダハンがいまわたしに実証を求めているように、科学者としてのわたしなら、何らかの主張には実証を求めて当然だった。ピダハンが求める実証を、いまわたしは手にしていなかった。あるのはただ、自分の言葉、自分の感覚という補助的な傍証だけだった。

ピダハンが突き付けてきた難問のもうひとつの切っ先は、わたしのなかに彼らに対する敬意が膨らんでいたことだった。彼らには目を見張らされることが数えきれないほどあった。ピダハンは自律した人々であり、暗黙のうちに、わたしの商品はよそで売りなさいと言っていた。わたしのメッセージはここでは売り物にならない、と。

わたしが大切にしてきた教義も信仰も、彼らの文化の文脈では的外れもいいところだった。ピダハンからすればたんなる迷信であり、それがわたしの目にもまた、日増しに迷信に思えるようになっていた。わたしは信仰というものの本質を、目に見えないものを信じるという行為を、真剣に問い直しはじめていた。聖書やコーランのような聖典は、抽象的で、直観的には信じることのできない死後の生や処女懐胎、天使、奇跡などなどを信仰することを称えている。ところが直接体験と実証に重きをおくピダハンの価値観に照らすと、どれもがかなりいかがわしい。彼らが信じるのは、幻想や奇跡ではなく、環境の産物である精霊、ごく正常な範囲のさまざまな行為をする生き物たちだ（その精霊をわたしが実在と思うかどうかは別として）。ピダハンには罪の観念はないし、人類やましてや自分たちを「矯正」しなければならないという必要性ももち合わせていない。おおよそ物事はあるがままに受け入れられる。死への恐怖もない。彼らが信じるのは自分自身だ。わたしが自分の信仰に疑いをはさんだのはじつはこれが初めてではなかった。ブラジルの知識人や、ヒッピー暮らし、それにたくさんの読書のせいで亀裂が入ってはいたのだ。ピダハンはその最後の一石になった。

そんなわけで一九八〇年代の終わりごろ、わたしは少なくとも自分自身に対しては、もはや聖書の言葉も奇跡も、いっさい信じていないと認めるにいたっていた。わたしは隠れ無神論者だった。胸を張れることではなかった。愛する者に気づかれはしないかとひやひやしていた。いつかは打ち明けなければならないと思う一方、打ち明けた結果が恐ろしくもあった。

伝道団やその財政的支援者たちには、伝道活動は尊いチャレンジだという感覚がある。イエスに奉仕するために危険な世界の果てに自ら赴くのは、自分の信仰を体現しようとしているのだという感覚だ。伝道すべき土地に着くなり、利他精神に満ちた冒険の暮らしを始められるものとされている。あきらかにそれは、自分の真実に合わせて人々を回心させたいという伝道者本人の欲求が支えになっているのだが、それ以外の思惑が潜んでいる場合もあるし、改宗が人の集団に及ぼす影響も一言では語り切れない。

わたしがようやく事態を受け入れ、自分が「脱信仰」したことを人に知られてもいいという心境になれるまでには、信仰に初めて迷いが生じてから二〇年が経っていた。そして予想はしていたものの、とうとう自分の変節を公にしたとき、結果は無残なものだった。親しい友人や家族に、みんなの人生の基盤にもなっている信仰を——血肉となっている信念を——自分はもう共有していないと告げるのは生易しいことではない。ひょっとしたら、こちらが異性愛者であることを露ほども疑っていない相手に、ゲイであるとカミングアウトするのに、似ているかもしれない。

結局、わたしが信仰を失い世界観が揺らいでしまったことで、わたしの家族は崩壊する羽目になった。わたしが最も避けたかった結果だ。

ファオラニ族の人々に伝道をおこなった殉教者ジム・エリオットは、読んだあとわたしの心に何年も響きつづけた一文を残している。「失うことができないものを得るために自分がもちきれないものを差し出す者は、おろかではない」もちろんエリオットが言いたかったのは、この世界——わたしたちが永遠にもちつづけることはできない——を諦めるということなど、神を知り、失うわけにいかない天国に住まうためであれば小さな代償だということだ。

わたしは、自分がもちきれない自分の信仰を、失うことのできないものを得るために諦めた。わたしが失うことができなかったのは、トマス・ジェファーソンが「精神の専制者」と呼んだもの——自分自身の理性よりも外部の権威に従うこと——から、自由になることだった。

ピダハンに出会いわたしは、長い間当然と思い、依拠してきた真実に疑問をもつようになった。信仰心を疑い、ピダハンと共に生活していくうちに、わたしはもっと深甚な疑問、現代生活のもっと基本の部分にある、真実そのものの概念も問い直しはじめるようになっていた。というより、わたしは自分が幻想のもとに生きていること、つまり真実という幻想のもとに生きていると思うに至ったのだ。神と真実とはコインの表裏だ。人生も魂の安息も、神と真実によって妨げられるのだ——ピダハンが正しいとすれば。ピダハンの精神生活がとても充実していて、幸福で満ち足りた生活を送っていることを見れば、彼らの価値観がひじょうに優れていることのひとつの例証足りうるだろう。

わたしたちは生まれおちたそのときから、自分の身の周りをできるだけ単純化しようとする。世界は騒音にあふれ、見るものが多すぎ、刺激が強すぎて、何に注意を払い、何は無視しても大丈夫であるか決めてしまわないことには、一歩すら踏み出せないほどだからだ。知の分野では、そうした単純化の試みを、「仮説」ないし「理論」と呼ぶ。科学者は自分の能力とエネルギーを、そうした単純化に注ぎ込む。科学財団に資金を出してもらって、自分たちの単純化を試そうと、未知の環境へと旅をしたり、新たな環境を作り上げたりする。

だがわたしは次第に、そうした「優美なる理論化」（有効な結果よりも「こぎれいな」結果を得ようとする）に満足できなくなっていた。こうした理論化に身を捧げる研究者たちは通常、自分たちが段々に真実と近しい間柄になっていくと考える。だがプラグマティズム哲学者で心理学者のウィリアム・ジェイムズが指摘するように、自分たちをあまりに過大評価するのは禁物だ。われわれは少しばかり進化した霊長類にすぎない。宇宙がわたしたちのために貞操を守ってくれていた処女地だと思い込むのはばかげている。人間は往々にして、鼻だけを見てゾウの全体像を知ることができると早とちりするおろか者であり、たんに明るいからというだけで、落としたはずのない場所で落し物を探そうとするうっかり者だ。ピダハンは断固として有用な実用性に踏みとどまる人々だ。天の上のほうに天国があることを信じないし、地の底に地獄があることも信じない。あるいは、命を賭ける価値のある大義なども認めない。彼らはわたしたちに考える機会をくれる――絶対的なるもののない人生、正義も神聖も罪もない世界がどんなところであろうかと。そこに見えてくる光景は魅力的だ。

信仰と真実という支えのない人生を生きることは可能だろうか。ピダハンはそうして生きている。もちろんわたしたちと同じような心配事も抱えてはいる。わたしたちが抱く心配事の多くは、文化的文脈とは関係なく、生物としての人間だからこそ生じる心配事であるからだ（文化はそれ自体では言葉になりにくいが、現に存在する心配事に意味を与える）。だが、ピダハンはたいていはそうした生物としての心配事にもとらわれずに生きている。なぜなら一度に一日ずつ生きることの大切さを独自に発見しているからだ。ピダハンはただたんに、自分たちの目を凝らす範囲をごく直近に絞っただけだが、そのほんのひとなぎで、不安や恐れ、絶望といった、西洋社会を席捲している災厄のほとんどを取り除いてしまっているのだ。

ピダハンは深遠なる真実を望まない。そのような考え方は彼らの価値観に入る余地がないのだ。ピダハンにとって真実とは、魚を獲ること、カヌーを漕ぐこと、子どもたちと笑い合うこと、兄弟を愛すること、マラリアで死ぬことだ。そういう彼らは原始的な存在だろうか？　人類学ではそのように考え、だからこそピダハンが神や世界、創世をどのように見ているか懸命に探ろうとする。

しかし面白いことに物事には別の見方もある。西洋人であるわれわれが抱えているようなさまざまな不安こそ、じつは文化を原始的にしているとは言えないだろうか。そういう不安のない文化こそ、洗練の極みにあるとは言えないだろうか。こちらの見方が正しいとすれば、ピダハンこそ洗練された人々だ。こじつけがましく聞こえるだろうか。どうか考えてみてほしい——畏れ、気をもみながら宇宙を見上げ、自分たちは宇宙のすべてを理解できると信じることと、人生をあるがままに楽しみ、神や真実を探求する虚しさを理解していることと、どちらが理知をきわめているかを。

ピダハンは、自分たちの生存にとって有用なものを選び取り、文化を築いてきた。自分たちが知らないことは心配しないし、心配できるとも考えず、あるいは未知のことをすべて知り得るとも思わない。その延長で、彼らは他者の知識や回答を欲しがらない。彼らの世界観——いまわたしがここで簡潔に要約したようなものでなく、ピダハンの日常生活のなかから培われてきた生き生きとした世界観は、わたしが自分の人生と、たいした根拠もなく抱きつづけていた信念とを振り返ってみたときに、途方もなく役に立ち、また得心させてくれるものだった。いまこうしてわたしがあるのは、神の不在をなんら動揺することなく受け入れられていることも含めて、少なくとも部分的にはピダハンのおかげだといって間違いない。

エピローグ　文化と言語を気遣う理由

ハンス・ラウジング消滅危機言語プロジェクトは、ロンドン大学東洋アフリカ研究所（SOAS）をベースにしている。このプロジェクトはハンス・ラウジングの娘リスベット・ラウジングからの二〇〇〇万ポンドの寄金をもとに設立された。目的は世界じゅうで消滅の危機にさらされている言語を記述することだ。

いったい全体なぜ、無力な少数部族だけが、観光客も寄り付かない世界の片隅で使っている言語を研究するために、二〇〇〇万ポンドもの大金を投じようとする人間がいるのか。つまるところ言語というものは現れては消えていくものであり、消滅しようが拡大しようが、あるいはまったく新しい言語が生まれようが、自然淘汰という力のなすがままだというのは、容易に想像できることだ。死にゆく言語は、自分たちの言語の先行きがないために新しい言語を学ばなければならなくなる者にとって不都合なものだが、それだけのことだ。実際、バベルの塔を人間に対する呪いないし人類が抱える問題の象徴と考えるとすれば、話し言葉を同化する、言い換えれば「グローバル化」することは、いいことであるはずだ。ラウジング・プロジェクトのウェブサイトでは、消滅が危惧される言語を擁護する理由のひとつをこう掲げている。

今日、世界には六五〇〇ほどの言語があり、その半数が今後五〇年から一〇〇年の間に消滅する恐れがあります。これは社会的に見ても、文化的に見ても、また科学的に見ても大変に悲惨なことです。なぜなら言語は、その言語を使用する共同体特有の知識や歴史、世界観を表現するものだからです。また個々の言語は人間のコミュニケーション能力が独自に進化を遂げた形を表すものでもあるのです。

説得力のある文章だ。ピダハンの言語と文化の組み合わせが、人間の認知についていかに示唆に富んでいるかを考えてみるといい。消滅しかかっているほかの多くの言語すべてから、同じような示唆を受け取れるとしたら、どれほどのものになるかを考えてみるといい。

言語が消滅する理由は少なくともふたつある。その言語を話す人々が消滅しそうな場合がひとつ。ピダハン語を話す人は四〇〇人を割っている。彼らは外の世界の疾病に免疫があまりなく、また、ブラジル政府が彼らの土地に入る人間を手際よく制御できないでいるために、どんどん外界の影響にさらされるようになっており、ひじょうに脆弱な状態にある。つまりピダハン語が消滅しかかっているのは、ピダハン族の人々が消滅しかかっている――部族としての存続が脅かされているためだ。

言語が消滅するもうひとつの要因は、「市場原理」あるいは自然淘汰といえるものだ。アイルランド語、ディエグエノ語、バナワ語などの少数語を話す人が経済的な理由から公用語（英語、ポルトガル語など）に転向していく。ブラジルのバナワ語使用者は、生まれた土地を離れてブラジル人の下で仕事を求めるようになっている。工業製品に頼る生活に移行しているからだ。これは、自分たち独自の言語を話すと馬鹿にされたり、ブラジル人と仕事をするには使えるのがポルトガル語しかない、という環境に身を置くことを意味する。そうやってバナワ語が使われなくなっていく。

しかしこのふたつめの観点からは、ピダハン語は消滅の恐れはない。というのはピダハンたちはポルトガル語にかぎらずピダハン語以外のどんな言語も使う気がないからだ。ほかの言葉をしゃべるためにピダハン語をやめなければならないという圧力はみじんも感じていない。

言語と文化の組み合わせという貴重な事例を論じる観点に立ち、もう少し問題を広げて考えてみよう。消滅する言語を使っていない者にとって、言語が失われる意味はなんだろうか。その言語の使用者でない者にも、損失になるのだろうか。答えはまぎれもなくイエスだ。

考えうる言語の総数はほとんど無限に近く、歴史上のどの時点をとっても、そのときに実際に話されている世界じゅうの言語の数は、そのうちのほんの一部にすぎない。言語は、特定の文化的経験の宝庫だ。ある言語が失われると、その言語の語彙と文法の知識が失われる。もしその言語が研究も記録もされていないと、失われた知識は二度と取りもどせない。そうした知識のすべてがすぐに役立つというわけではもちろんないが、それでもどれもがわたしたちに、人生に対する考え方や、地球というこの惑星での日々の暮らしの取り組み方にはさまざまな違った道があることを教えてくれる貴重なものだ。

ピダハン語のほかにわたしが研究したのはバナワ語で、この言語を使うのは、クラーレというストリキニーネ系の即効性のある毒を、投げ矢や矢尻に使うアマゾンの人々だ。クラーレ毒を作ることができるのは、何世紀にも及ぶ伝承と実験のたまもので、それはバナワ語に植物や成分抽出の語彙となって埋め込まれている。だが残り七〇人ほどとなったバナワ語使用者も順々にポルトガル語に転向しつつあるいま、その伝承のすべてが失われようとしているのだ。

バナワの人々もそうだが、多くの人にとって、自分たちの言語を失うのは、固有性《アイデンティティ》や共同体《コミュニティ》を失うことであり、伝統の精神や生きる意志の喪失にさえつながりかねない。バナワ語やピダハン語をはじめ、世界じゅうの数千に及ぶ言語を救うには、言語学者、人類学者のみならず、関心をもつ大勢の莫大な努力が必要とされるだろう。まず最低限しなければならないのは、世界でどの言語が消滅の危機にあるかを特定すること、辞書と文法、正書法を作れる程度にその言語を学ぶこと、言語の使い手を教育し、その言語の教師や研究者になってもらうこと、言語とその使い手とを保護し、尊重する行政支援を確立することだ。途方もない作業ではあるが、不可欠なのだ。

この本の考え方は、文化と言語の組み合わせはどれもが、われわれ人類という種のひとつの集団が、自分たちを取り巻く世界と折り合いをつけながら進化してきたその独自のやり方を示してくれる貴重なセットだということだ。それぞれの集団はそれぞれのやり方で、言語や心理、社会、そして文化の問題を解決してきた。あるひとつの言語が記録されることなく失われれば、人間の言語の起源というパズルのピースをひとつ失うことになる。けれどもそれより重要なことは、人間がいかに生き、環境をいかに生き延びるかの実践例をひとつ失うことだ。テロや原理主義によって、社会をつなぐ絆や共通の希望が断ち切られる恐れの蔓延する現在、消滅しかかっている言語が教えてくれる生存の技術の重要性はいや増しているし、その智慧が失われることは、人類存続の希望に大きなダメージを与えることになる。

暴力やレイプ、人種差別、さまざまな不利を抱えた人を社会でどう遇するかという問題、あるいは親子関係など、いつの時代もどこにでも見受けられる難問に対処していく上で、ピダハンのような集団は、これまでとは違った見地から、しかもきわめて有用な解決法を提示してくれる。わたしが研究したアマゾン諸語には、いわゆる「赤ちゃん言葉」――幼い子どもを相手にするときの話し言葉が一切見られなかったという事実は興味深い。ピダハン語に赤ちゃん言葉がないのは、ピダハンの大人たちの、社会の構成員はすべて対等であり、子どもも大人と違った扱いを受けるべきではないという信念に基づいているようだ。全員が共同体に対して責任を負い、全員が共同体から世話される。

ピダハンの言語と文化をもっとよく見ると、同様にわたしたちには教訓となりそうな事実がまだある。ピダハンには、抑うつや慢性疲労、極度の不安、パニック発作など、産業化の進んだ社会では日常的な精神疾患の形跡が見られないことだ。だがピダハンが精神的に安定しているのは、抑圧がないからではない。心理的抑圧を受けるのは先進国だけだとか、精神的な困難は先進国特有のものだと断じるのは独善的というものだ。

たしかにピダハンは請求書の支払期日を気にする必要はないし、子どもをどの大学に行かせればいいかという悩みとも無縁だ。だが彼らには、命を脅かす疾病の不安がある（マラリア、感染症、ウィルス、リーシュマニアなど）。性愛の関係もある。家族のために毎日食料を調達しなければならない。乳幼児の死亡率は高い。獰猛な爬虫類や哺乳類、危険な虫などに頻繁に遭遇する。彼らの土地を侵そうとする侵入者の暴力にもさらされている。村にいるとき、わたしの暮らしはピダハンたちよりはずっと気楽なはずなのだが、慌てふためくようなことがいまだに多い。違いは、わたしは慌てふためくが、彼らは慌てないということだ。

わたしはピダハンが心配だと言うのを聞いたことがない。というより、わたしの知るかぎり、ピダハン語には「心配する」に対応する語彙がない。ピダハンの村に来たＭＩＴの脳と認知科学の研究グループは、ピダハンはこれまで出会ったなかで最も幸せそうな人々だと評していた。そういう観測を実測する手立てがあるかと尋ねると、ひとつの方法として、ピダハンがほほ笑んだり笑ったりする時間を平均し、アメリカ人などほかの社会の人々がほほ笑んだり笑ったりする平均時間と比較してみることができるという答えが返ってきた。MITのチームは、ピダハンが楽勝だろうと予想した。わたしも過去三〇年余りで、アマゾンに居住する二〇以上の集団を調査したが、これほど幸せそうな様子を示していたのはピダハンだけだった。ほかはすべて、とは言わないが、多くの集団はむっつりして引きこもりがちで、自分たちの文化の自律性を守りたいのと同時に、外の世界の便利な商品を手に入れたいという欲望に引き裂かれていた。ピダハンにはそうした葛藤はない。

ピダハンとともに長い時間を過ごしてきたわたし自身の印象としては、MITチームの予測は正しい。ピダハンは類を見ないほど幸せで充足した人々だ。わたしが知り合ったどんなキリスト教徒よりも、ほかのどんな宗教を標榜する人々よりも、幸福で、自分たちの環境に順応しきった人々であるとさえ、言ってしまいたい気がする。

# 訳者あとがき

Daniel L. Everett, *Don't Sleep, There Are Snakes: Life and Language in the Amazonian Jungle* の全訳をようやくお届けすることができて、いまはとにかくほっとしている。

著者のダニエル・L・エヴェレット博士は、世界有数のピダハン（Pirahã）語の権威で、学術的な論文は数多く発表しているが、一般向けに書かれた著作はこれがはじめてだ。したがって、まとまった形で日本の一般の読者にピダハンの人々やその言語が紹介されるのは、これが最初ということになる。

ピダハン語は、ブラジル・アマゾンの少数民族ピダハンの人々だけが使用している言語で、現在およそ四、五百人しか使用者がなく、消滅の危機にさらされている言語でもある。アマゾンの奥地にまで分け入って布教や採掘をしようとする人々にはかねてから知られていたものの、ピダハンの人々が外部との積極的な交渉を好まないことや、居住地が奥地に点在していることなどから、つい近年までピダハンの外の社会には、この言語がどの語族に属するのか、発音や文法がどのようなものなのか（西洋的な科学的意味で）、体系的に理解されてはいなかった。

ピダハン語の理解が進まなかったのにはもうひとつ、言語そのものの難しさ、という要因もあったようだ。

本書をひもといていけばわかるように、著者はもともと言語研究のためというよりは、キリスト者として、聖書をピダハン語に翻訳してピダハンの人々に教えを伝えられるようにするべくピダハン語を研究するために、ピダハンの村に赴いている。カリフォルニア南部で生まれ育った著者は一九五一年生まれで、一七歳の時信仰に入り、一八歳で最初の伴侶であるケレンと結婚した。基礎的な言語調査の訓練を受けた上で、一九七七年、予備的に単身で初めて訪れたのを皮切りに、一度に数週間から長い時で一年近く、伝道者である両親にアマゾンで育てられた妻ケレンと幼い三人の子どもたちとともに、二〇年以上にわたって何度もピダハンの村を訪れてはピダハンの人々と生活をともにし、ピダハン語を難しくしている言語上の特性、ピダハン文化のユニークさを理解することで、聖書の翻訳にまでこぎつけた。言語学者として、著者がすぐれた資質を持っていた証左だろう。

ただ皮肉にも、ピダハン語とその文化への理解が深まるにつれて著者の信仰は薄れていき、ついにはキリスト教とも家族とも決別することになる。家族との別れについて本書では詳らかにはされないが、信仰から離れていく過程はそのままピダハン理解の過程であり、本書の主題を象徴する変化と言えるだろう。

訳出する上で、ピダハン語をどのように紙に移すか、ということには、編集者とともに特に頭を悩ませた。著者の用いているピダハン語の表記をそのまま載せることも考えたが、縦書きの文中に見慣れない横書きのアルファベットが頻繁に並ぶことを回避するため、冒頭にある発音の解説と、本文に時折さしはさまれている発音のヒントを頼りにカタカナに直し、初出には原書にあるピダハン語表記をつけることとした。アクセント記号のある母音は長母音で示した。ちなみに、「Pirahã」についていては「ピラハ」「ピラァ」といった表記を見るが、本書の説明によると、あえてカタカナに直すとすれば「ピーダハーン（ハーンの部分に強勢がくる）」のような音になるらしく、迷った末に「ピダハン」と表記することに落ち着いた。カタカナ表記については日本でも研究が進み、適確な表記法が工夫されることを切に願う。

本書にはピダハンの人々がたびたび名前を変える、とある。ただし、主たる登場人物の名前は首尾一貫ひとつの名前で通しているため、訳文ではそれに従っている。また、ピダハン名をもらった著者に、ピダハンの人々は「ダン、ダニエル」ではなく、その時々で「ウーギアーイ（あるいはウーー）」「アイービガイーー」「パオーアイシ」と呼びかけていると考えられるが、いくつかの例外を除いて原書では「ダン」で統一されているため、あえてピダハン名に置き換えることはしていない。

原題の「Don't Sleep, There Are Snakes」は「ヘビがいるから寝るな」というほどの意味だが、著者お気に入りの、ピダハン流「おやすみなさい」の言い回しでもある。といっても、ピダハンの人々は夜になったからといってまとまった時間熟睡してしまうわけではないらしいから、深更別れを告げるとき、油断するなよ、と警告し合うのだろう。

もし手元に世界地図帳をお持ちなら、南アメリカ北部のページを開いて、アマゾン川を河口から西南西へ辿って行ってみてほしい。アマゾンはやがてマデイラ川と名を変え、マニコレという都市を過ぎたあたりで、南へと支流がいくつか分かれている。そのうちのひとつがマルメロス川で、そこからさらに分かれている（おそらく名は付されていない）のがピダハンの母なる川、マイシだ。支流の支流の支流とはいえ、マルメロスとの合流部では川幅が二〇〇メートルにもなるというから、日本のスケールでは大河といってもいい。

世界で五番目に大きいブラジルの国土で、人口の集中する南部や海岸部から遠く離れた熱帯雨林に住む人々の生活が、アメリカ人や日本人と大きく違っているであろうことは想像に難くない。だが本書に綴られているピダハンの人々の暮らしや世界観は、表層的に、これこれのものがあるとかないとかといった物差しだけで測れるとは到底思えない。たとえば、ピダハンの人々が暗くなっても寝静まることはなく、時には夜中に狩りや釣りにも行くとしたら、人間には体内時計があって、朝太陽の光を浴びることでそれがリセットされる、という話はいったいどういうことになるのだろう。わたしたちが当たり前のこととして切り取っている世界は、どのくらい普遍的に通用するものなのだろうか。

文化は、これとこれを比べてどちらがより優れている、と簡単に取り換えられるものでもない。どちらも、長い歳月をかけて営々と紡がれてきたものなのだから。風土に根差し、そのように紡がれてきた文化を徒に恥じることもない。だが文化は多数決でもないし、わたしたちが日常これが趨勢であろうと考えているものが本当に数的にも優位にあるのかどうかは、実は定かではない。

声調、つまり音の高低が重要な役割をするピダハン語には、音楽のような語り口があるという。試みに描くあてたカタカナを声に出して読んでみる。それはとても不思議な響きを奏で、耳に鳴る。ピダハン人口からして、そう遠くない将来、この得も言われぬ響きが永遠に地上から消えてしまうのだろうか。

文化と文化の間の翻訳不可能性に魅了されて翻訳という稼業から離れられずにいるわたしに、「ぴったりです」と言って本書の翻訳を委ね、絶えず励まし続けてくださった、みすず書房編集部の市原加奈子さんに、この場を借りてお礼を申し上げたい。この本と出会わせてくれて、ありがとう。

本書を通して、特に後半に数多く登場する言語学関連用語については、慶應義塾大学理工学部の井上京子教授に校閲していただいた。また、校正の奥原希行さんには、ゲラの最初から最後まで実に丹念にチェックしていただき、数々の示唆を得た。お二人のお力添えで、この日本語版に、訳者の力だけでは届かなかった奥行きが得られたことは間違いない。通り一遍の感謝の言葉では足りないくらいだけれども、ここにお礼の気持ちを記すことをお許しいただきたい。

この本に触れ、ひとりでも多くの方がアマゾンやそこで暮らす人々、世界の消滅危機言語に関心を寄せてくだされば、訳者としては身に余る喜びである。

二〇一二年一月

屋代通子

# 人名索引

## ア

アアアーイ　*Xaaxái*　20
アイーカーイバイー　*Xaíkáibaí*　20, 99
アオウーオピシ　*Xaoóopisi*　371
アオギーオソ　*Xaogíoso*　130–133
アガシー，ルイ　Agassiz, Louis　39
アドラー，モーティマー　Adler, Mortimer　354
アバギ　*Xabagi*　53, 94, 131, 182
アーバン，グレッグ　Urban, Greg　308–310
アプリジオ　Aprígio　100, 208, 209
アホアービシ　*Xahoábisi*　2, 20, 93, 96–99, 148, 315, 348–350
アホアオリイー　*Xahoaogií*　116
アホーアーパティ　*Xahóápati*　19, 94, 171, 291–293, 297
アルフレド　Alfredo　231–234
イアーイソアーイ　*Xiáisoxái*　261, 262
イアコ　*Xiako*　99
イアビカビカビ　*Xiabikabikabi*　99
イーバイホーイーオイ　*Xíbaihóíxoi*　99, 148
イオウィタオーホアギー　*Xiooitaóhoagí*　152, 260, 269
イサアビ　*Xisaabi*　185, 186
イサウーオイ　*Xisaóoxoi*　147, 198–200, 370
イティホイオイー　*Xitihoixoí*　191, 192, 194
イプウーギ　*Xipoógi*　181, 191, 192, 292, 348–351
ヴァン・ヴァリン，ロバート　Robert Van Valin　289, 290, 322
ウィルソン，E. O.　Wilson, E. O.　295
ウーギアーイ　*Xoogiái*　20
ウーギアーイ（著者のピダハン名）　*Xoogiái*　19
ウォーフ，ベンジャミン・リー　Whorf, Benjamin Lee　303–306
ウォレス，アルフレッド　Wallace, Alfred
オタヴィオ（アプリナと結婚したピダハンの男性）　Otávio　205–209
オピーシ　*Xopísi*　130, 205, 207

## カ

カアアウーオイ　*Kaaxaóoi*　301, 372, 373
カアパーシ　*Kaapási*　20, 144, 177–179
カアブーギー　*Kaaboogí*　19, 21, 99, 144, 174, 175, 180, 324
カボイバギ　*Kaboibagi*　191, 298
ギヴォン，トム　Givon, Tom　287
クウビオ　*Koobio*　261, 262
クラッケ，ウォード　Kracke, Waud　214
グリーンバーグ，ジョゼフ　Greenberg, Joseph　44, 45
グレアム，スー　Graham, Sue　81, 82
グレイス，ジョージ　Grace, George　287
クローカー，ベティ　Kroeker, Betty　78
クロフト，ウィリアム　Croft, William　290
ケイ，ポール　Kay, Paul　307, 309
ケイシー，エレン　Kaisse, Ellen　265

コーオイー　*Kóxoí*　15–17, 253–255, 325
ゴードン，ピーター　Gordon, Peter　128, 197
ゴードン，マシュー　Gordon, Matthew　267
コーベット，グレヴィル　Corbett, Greville　273
コーホイビイーイヒーアイ　*Kóhoibiíihíai*
–ピダハン語の師として　20–22, 258, 259, 272, 273, 316, 317, 321
–飲酒のトラブル　91–95, 99, 100
–親子関係　139, 140, 152
–暴力について　146
–夫婦関係のエピソード　148, 149
–著者との友人関係　157
–いたずらのエピソード　161–163
–世界観の説明　165, 190
–「イビピーオ」のエピソード　181–183
–改名のエピソード　196
–左右の別について　299–301
–キリスト教について　365
コラリオ，アルマンド　Colário, Armando　86, 204–209
コラリオ，ジョアキン　Colário, Joaquim　202–210
コラリオ，ダルシエル　Colário, Darciel　86, 203–205
コラリオ，トメ　Colário, Tomé　205–209
ゴンサルベス，マルコ・アントニオ　Gonçalves, Marco Antonio　222

**サ**

サーストン，キャロル　Thurston, Carol　287
サール，ジョン　Searle, John　294
サイモン，ハーバート　Simon, Herbert　322, 335, 336
サピア，エドワード　Sapir, Edward　293, 303–305, 361
ジェイムズ，ウィリアム　James, William　39, 344, 378
シェルドン，スティーヴ　Sheldon, Steve　13, 14, 16–18, 22, 27, 99, 113, 130, 169, 180, 191, 297, 366
スキナー，B. F.　Skinner, B. F.　358, 361
ステパート，ユージェニー　Stapert, Eugenie　287
セイケル，ジャネット　Sakel, Jeanette　287
ソシュール，フェルディナン・ド　Saussure, Ferdinand de　276

**タ**

チョムスキー，ノーム　Chomsky, Noam
→〔事項〕チョムスキー（派）の言語学
ティーイギーイ　*Tíigíi*　160
デュルケーム，エミール　Durkheim, Émile　158, 159
トゥーカアガ　*Túkaaga*　205–210
トウェイン，マーク　Twain, Mark　39
トマセロ，マイケル　Tomasello, Michael　358
トマソン，リッチモンド　Thomason, Richmond　319

**ナ**

ニード，ディック　Need, Dick　27
ニムエンダジュ，クルト　Nimuendaju, Curt　115

**ハ**

バーイーギポーホアーイ　*Báigipóhoái*　99, 315
バイーギポーホアシ　*Baígipóhoasi*　131
パイター　*Paitá*　139, 140, 316, 329
バイティギイー　*Baitigií*　20
ハイムズ，デル　Hymes, Dell　260
ハインリクス，アルロ　Heinrichs, Arlo　17, 99, 169, 195, 232
ハウザー，マーク　Hauser, Marc　318, 325

パース，チャールズ S.　Peirce, Charles S.　344
ハーモン，ジョン　Harmon, John　78
バーリン，ブレント　Berlin, Brent　307
ピイホアタイ　*Piihoatai*　372
ピンカー，スティーヴン　Pinker, Steven　290, 355, 360, 361
フィッチ，テクムセ　Fitch, Tecumseh　318, 325
ヘッケンバーガー，マイケル　Heckenberger, Michael　45
ホアアイーピ　*Hoaaípi*　159, 160
ボアズ，フランツ　Boas, Franz　293, 303
ポイオーイー　*Poióí*　161–163
ホケット，チャールズ　Hockett, Charles　277, 337
ポコー　*Pokó*　135–138
ホルブランデ，バート　Hollebrandse, Bart　336

## マ

メイベリー＝ルイス，デイヴィッド　Maybury-Lewis, David　215
メガーズ，ベティ　Meggers, Betty　44, 45
モンテイロ，ゴドフレド　Monteiro, Godofredo　63, 236
モンテイロ，セザリア　Monteiro, Cesária　63

## ラ

ラディフォギッド，ピーター　Ladefoged, Peter　266
ルーズヴェルト，アナ　Roosevelt, Anna　44, 45
レイ，アリソン　Wray, Alison　287
レヴィンソン，スティーヴン C.　Levinson, Stephen C.　301
ローパー，トマス　Roeper, Thomas　336
ロバーツ，イアン　Roberts, Ian　325

# 事項索引

## ア



## カ

## サ

## タ



## ナ

## ヤ



## ラ



## ワ

## 著者略歴

(Daniel L. Everett)

言語人類学者．ベントレー大学認知科学教授．1975 年にムーディー聖書学院を卒業後，あらゆる言語への聖書の翻訳と伝道を趣旨とする夏期言語協会（現・国際 SIL）に入会，1977 年にピダハン族およびその周辺の部族への布教の任務を与えられ，伝道師兼言語学者としてブラジルに渡り調査を始める．以来 30 年以上のピダハン研究歴をもつ第一人者（その間，1985 年ごろにキリスト教信仰を捨てている）．1983 年にブラジルのカンピーナス大学で PhD を取得（博士論文のテーマは生成文法の理論にもとづくピダハン語の分析）．マンチェスター大学で教鞭をとり，ピッツバーグ大学の言語学部長，イリノイ州立大学言語学部長，ベントレー大学人文・科学部門長などを歴任．アメリカ，イギリスで刊行された本書の原著は日本語以外にもドイツ語，フランス語，韓国語，タイ語，中国語に翻訳されている．ほかの著書に，*Linguistic Fieldwork*（共著，Cambridge University Press, 2011），*Language: The Cultural Tool*（Pantheon Books, 2012），*Dark Matter of the Mind: The Culturally Articulated Unconscious*（University of Chicago Press, 2016），*How Language Began: The Story of Humanity's Greatest Invention*（Liveright Publishers/W.W. Norton, 2017）〔松浦俊輔訳『言語の起源――人類の最も偉大な発明』白揚社，2020〕，ほかがある．また，本書への反響の余波としては，著者の人生を描いたドキュメンタリー映画 *Grammar of Happiness* が制作され，その作品が 2012 年の FIPA（TV 番組の国際的なフェスティバル）で European Jury Prize を受賞している．

## 訳者略歴

屋代通子〈やしろ・みちこ〉翻訳家．訳書にケイレブ・エヴェレット『数の発明』（みすず書房），トリスタン・グーリー『ナチュラル・ナビゲーション』『日常を探検に変える』（以上，紀伊國屋書店），デヴィッド・G・ハスケル『木々は歌う』『生物界は騒がしい』ウィリアム・ブライアント・ローガン『樹木の恵みと人間の歴史』（以上，築地書館）など，自然科学系翻訳に取り組む傍ら，被暴力体験のある若者の自立支援に携わり，その方面の仕事ではイギリス保健省・内務省・教育雇用省『子ども保護のためのワーキング・トゥギャザー』（共訳・医学書院）などがある．

ダニエル・L・エヴェレット
ピダハン
「言語本能」を超える文化と世界観
屋代通子訳

2012年 3月22日 第1刷発行
2025年 5月15日 第26刷発行

発行所 株式会社 みすず書房
〒113-0033 東京都文京区本郷2丁目20-7
電話 03-3814-0131(営業) 03-3815-9181(編集)
www.msz.co.jp

本文印刷所 萩原印刷
扉・表紙・カバー印刷所 リヒトプランニング
製本所 松岳社


ISBN 978-4-622-07653-7
[ピダハン]